5th Edition

航空客運與票務

Air Transportation and Ticketing

張瑞奇◎著

揚智觀光叢書序

　　觀光事業是一門新興的綜合性服務事業，隨著社會型態的改變，各國國民所得普遍提高，商務交往日益頻繁，以及交通工具快捷舒適，觀光旅行已蔚爲風氣，觀光事業遂成爲國際貿易中最大的產業之一。

　　觀光事業不僅可以增加一國的「無形輸出」，以平衡國際收支與繁榮社會經濟，更可促進國際文化交流，增進國民外交，促進國際間的了解與合作。是以觀光具有政治、經濟、文化教育與社會等各方面爲目標的功能，從政治觀點可以開展國民外交，增進國際友誼；從經濟觀點可以爭取外匯收入，加速經濟繁榮；從社會觀點可以增加就業機會，促進均衡發展；從教育觀點可以增強國民健康，充實學識知能。

　　觀光事業既是一種服務業，也是一種感官享受的事業，因此觀光設施與人員服務是否能滿足需求，乃成爲推展觀光成敗之重要關鍵。惟觀光事業既是以提供服務爲主的企業，則有賴大量服務人力之投入。但良好的服務應具備良好的人力素質，良好的人力素質則需要良好的教育與訓練。因此觀光事業對於人力的需求非常殷切，對於人才的教育與訓練，尤應予以最大的重視。

　　觀光事業是一門涉及層面甚爲寬廣的學科，在其廣泛的研究對象中，包括人（如旅客與從業人員）在空間（如自然、人文環境與設施）從事觀光旅遊行爲（如活動類型）所衍生之各種情狀（如產業、交通工具使用與法令）等，其相互爲用與相輔相成之關係（包含衣、食、住、行、育、樂）皆爲本學科之範疇。因此，與觀光直

接有關的行業可包括旅館、餐廳、旅行社、導遊、遊覽車業、遊樂業、手工藝品以及金融等相關產業,因此,人才的需求是多方面的,其中除一般性的管理服務人才(如會計、出納等)可由一般性的教育機構供應外,其他需要具備專門知識與技能的專才,則有賴專業的教育和訓練。

然而,人才的訓練與培育非朝夕可蹴,必須根據需要,作長期而有計畫的培養,方能適應觀光事業的發展;展望國內外觀光事業,由於交通工具的改進、運輸能量的擴大、國際交往的頻繁,無論國際觀光或國民旅遊,都必然會更迅速地成長,因此今後觀光各行業對於人才的需求自然更為殷切,觀光人才之教育與訓練當愈形重要。

近年來,觀光學中文著作雖日增,但所涉及的範圍卻仍嫌不足,實難以滿足學界、業者及讀者的需要。個人從事觀光學研究與教育者,平常與產業界言及觀光學用書時,均有難以滿足之憾。基於此一體認,遂萌生編輯一套完整觀光叢書的理念。適得揚智文化有此共識,積極支持推行此一計畫,最後乃決定長期編輯一系列的觀光學書籍,並定名為揚智「觀光叢書」。依照編輯構想,這套叢書的編輯方針應走在觀光事業的尖端,作為觀光界前導的指標,並應能確實反應觀光事業的真正需求,以作為國人認識觀光事業的指引,同時要能綜合學術與實際操作的功能,滿足觀光科系學生的學習需要,並可提供業界實務操作及訓練之參考。因此本叢書有以下幾項特點:

1.叢書所涉及的內容範圍盡量廣闊,舉凡觀光行政與法規、自然和人文觀光資源的開發與保育、旅館與餐飲經營管理實務、旅行業經營,以及導遊和領隊的訓練等各種與觀光事業相關課程,都在選輯之列。

2.各書所採取的理論觀點儘量多元化,不論其立論的學說派別,只要是屬於觀光事業學的範疇,都將兼容並蓄。

3.各書所討論的內容,有偏重於理論者,有偏重於實用者,而以後者居多。

4.各書之寫作性質不一,有屬於創作者,有屬於實用者,也有屬於授權翻譯者。

5.各書之難度與深度不同,有的可用作大專院校觀光科系的教科書,有的可作為相關專業人員的參考書,也有的可供一般社會大眾閱讀。

6.這套叢書的編輯是長期性的,將隨社會上的實際需要,繼續加入新的書籍。

　　身為這套叢書的編者,謹在此感謝產、官、學界所有前輩先進長期以來的支持與愛護,同時更要感謝本叢書中各書的著者,若非各位著者的奉獻與合作,本叢書當難以順利完成,內容也必非如此充實。同時,也要感謝揚智文化執事諸君的支持與工作人員的辛勞,才使本叢書能順利地問世。

李銘輝 謹識

作者序

　　雖然國際航空市場迭遭衝擊，許多航空公司宣布虧損、倒閉或重組，但在全球化下，航空交通絕不會萎縮，航空旅客仍在持續成長中。國際航空運輸協會（International Air Transport Association, IATA）預測航空業乘客數將持續成長。2018的獲利率將達二百八十億美元，主要因素是飛機燃料成本下降、效率增加及全球經濟復甦，推動了航空運輸需求。台灣華航表示，台灣與中國兩岸航權開放，飛行大陸一線及二線城市，未來五年我國航空業成長率至少每年5%，飛機與人才需求旺盛。我國交通部長也表示，目前我國與五十一個國家簽屬雙邊通航協定，約有六十八家航空公司在台經營二百七十六條國際及兩岸航線，可達全球一百二十九個城市，桃園國際機場（2018）年旅客運量達四千六百五十三萬人次，空運表現亮眼，機場運量增加。台灣的地理位置佳，若能積極向大陸爭取台灣為陸客中轉站，通往世界主要區域和國家；反過來，世界其他國家的人民，也可以台灣作為中轉站，通往大陸各地區，不但便民同時有利台灣經濟發展。如此作為，撐起桃園航空城將有希望，航空市場對人才的需求將更殷切。

　　航空市場對人才的需求包含旅遊業與航空業。票務專才薪資比一般行政工作高。專業領隊年薪輕易破百，飛機機師保守起薪三十萬元，空服員月薪至少六萬元，地勤至少三萬元，報考人數踴躍，競爭也相當激烈，當然英語能力及專業態度是進入旅遊及航空業之基本門檻，此書內容包含一般航空飛行須知及基本票務常識，偏重實務，對就業職場有一些幫助。

　　即便如此，航空市場仍是強烈競爭的，航空公司將以企業重組、合併、轉投資（如投資低價航空）、聯營等方式降低營運成本，強化公司的競爭力。由於飛機價格日益昂貴，對航空公司而言是一筆沉重負擔，飛機租購、租賃情況會日益普遍。如華航曾因應東北亞航線擴大需求，向ILFC公司租賃波音737-800飛機，國際租賃金融公司（International Lease Finance Corporation, ILFC）是全球最大的獨立飛機租賃公司。航空公司的飛行員、空服員、維修人員也可能由不同公司擔任，航空公司走向國際化分工合作型態，進而達成降低成本與提升服務品質的目的，因此航空從業人員必須有資訊能力、國際觀以及移動能力，以便滿足多樣化乘客需求，以及不同性質之工作挑戰。

　　2014年對航空業而言，也是多事之年。馬來西亞航空波音777，機上有239人，前往北京首都國際機場失去聯絡，至今仍未尋獲，失事原因仍未明。此外，馬航MH17班機在烏克蘭慘遭擊落，機上乘客與組員共298人全數罹難。無獨有偶地，台灣復興航空ATR72機型，7月23日於馬公空難，造成48人死亡。2019年發生華航及長榮相繼罷工事件，這些事件使航空公司須面對巨額賠償外，事件也造成許多航空公司保費上漲，對航空運輸相當不利。

　　廉價航空如今百家爭鳴，競爭激烈，廉價航空紛紛崛起，低價航空首先來自於1973年美國西南航空（Southwest Airlines），為航空業開啟新的營運模式。目前許多廉價航空是由傳統航空公司轉投資，低價航空近年來才在亞洲快速崛起，與亞洲經濟快速發展、中產階級消費力大幅提高有關。在國際機票紛紛喊漲時，廉價航空趁勢崛起，旅遊業者積極爭取台灣代理權，廉價航空暴增，華航及復興航空也不甘示弱，決定開航自家品牌的廉價航空。本書也特別增列廉價航空市場介紹及其經營策略與成功因素。

　　航空業務千變萬化，隨著電腦科技發展與電子商務興起，機票結構，以及開票與使用，趨向簡化，一般傳統機票不再見到，取而代之的是電子機票，因此有關機票內容之介紹將逐漸減少，增加一些航空經營策略。感謝一些讀者之建議與鼓勵，希望本書對莘莘學子們有所助益。

張瑞奇　謹誌

目　錄

第三篇　航空票務　247

第一篇
空運概論

　　隨著時代的進步、科技的發明使得空中運輸日益普及，世界各國紛紛成立民航主管機關，負責航空事業之設立、發展、管理與監督，如國際民用航空組織（International Civil Aviation Organization, ICAO）。為了讓世界各國的航空運輸得以互相合作聯繫，減少各國各行其政的混亂，於是有國際航空運輸協會（International Air Transport Association，簡稱IATA或航協）的出現，統一相關運輸標準與票價，進而協助世界各國發展天空中的運輸。由於空中運輸日漸成熟，競爭加劇，先進國家乃力主開放天空（Open Sky），解除空中航線管制，希望政府減少限制與干預，讓航空市場自由化。開放天空使航空市場更多元化、競爭更激烈，雖對航空業者未必有利，而最大的贏家則是一般的消費者。

　　拜科技之賜，在各國努力研發下，各型高效能的飛機應運而生，其中波音製造公司所生產的B747機型是越洋航線的寵兒，曾經受各國青睞，而Airbus A380空中巨無霸，純經濟艙可載客800人，更讓世人驚艷，世界上雖然有許多飛機製造公司，然而飛機製造公司卻也形成歐美兩大製造公司對抗的局面──歐洲各國合作的空中巴士（Airbus）公司對美國的波音（Boeing）公司。

航空概論

- 我國民航主管機關及航空公司設立條件
- 航空公司的分類
- 航空事業職務簡介
- 空運的特性

航空公司的經營可分為數種，其中以定期航線業務最受各國重視，但不可否認私人專機也成長快速；而航空事業的職務可分空勤及地勤，這些職務因擁有光鮮的外表及可翱翔世界各地的機會，一直吸引著許多年輕人的追求。另外，空運產品有許多特性，其消逝性之特質與一般產品有相當大的差異，航空業經營者必須特別注意此特性。以上這些都是本書所涉及的探討範圍。

第一節　我國民航主管機關及航空公司設立條件

交通運輸可以分為陸上運輸、海上運輸及空中運輸（air transportation）三種；在空中運輸方面，民航局（Civil Aeronautics Administration, CAA）為我國負責民航運輸的主管機關。所謂的空中運輸即是指利用各種空中運輸工具，將人及貨物由一地運送到另一地，克服陸上及海上運輸所無法完成的缺點。空中運輸以航空器（air craft）及機場（airport）為主軸，其中航空器包括氣球、飛船、飛機及其他能飛航於空中的運輸工具；至於機場相關事務方面之空中飛行、地面管制等均有其專責，我國之主管機關負責的民航運輸由民航局統籌管理。

一、我國民航主管機關

(一)民航局組織

交通部民用航空局（簡稱民航局，CAA）是中華民國民用航空事務的最高主管機關，隸屬於交通部，總部位於台北松山機場

旁。民航局設企劃、空運、飛航標準、飛航管制、助航（航站管理小組）、場站、供應等七組，以及人事、會計、秘書、資訊、政風等五室。局內設十六個航空站及兩個編制單位，計有：台北、高雄兩個甲等航空站，花蓮、馬公、台南、台東等四個乙等航空站，台中清泉崗、嘉義水上及金門尚義機場等三個丙等航空站，蘭嶼、綠島、七美、望安、南竿、北竿、恆春等七個丁等航空站，以及飛航服務總臺、民航人員訓練所等計十八個機關，分掌航站管理、飛航服務與訓練、機場興建及空運貨物等業務。另有機場工程處、桃園航空客貨運園區開發中心、飛航管制聯合協調中心等三個任務編組單位，以及附屬監督管理機構航空警察局與航空醫務中心（**圖1-1**）。

(二)民航局主要職掌

民航局主要職掌的業務包括下列各項：

1.民航事業發展及民航科技之規劃與政策之擬訂事項。
2.國際民航規劃、國際民航組織及國際民航合作之聯繫、協商與推動事項。
3.民用航空業之管理督導及航空器之登記管理事項。
4.飛航標準之釐訂、飛航安全之策劃與督導、航空器失事之調查及航空人員之訓練與管理事項。
5.航空通訊、氣象及飛航管制之規劃、督導與查核事項。
6.民航場站及助航設施之規劃、建設事項。
7.軍、民航管制之空域運用及助航設施之協調聯繫事項。
8.民航設施器材之籌補、供應、管理及航空器與器材入出口證照之審核事項。
9.民航資訊系統之整體規劃、協調與推動及電腦設備之操作、

航空客運與票務

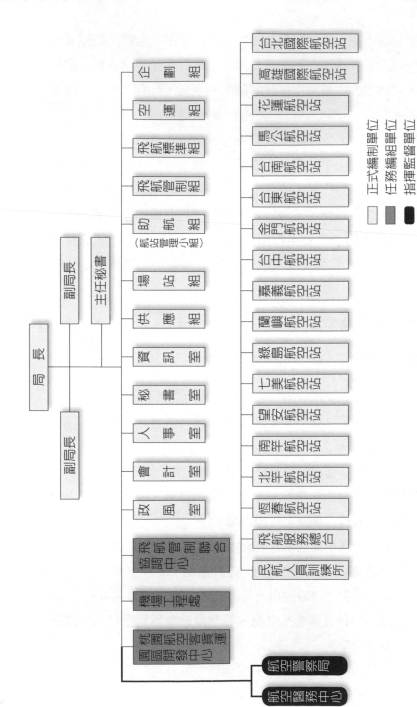

圖1-1　交通部民用航空局組織系統表

資料來源：交通部民航局網站。

維護與管理事項。

10.航空器及其各項裝備、零組件之設計、製造、維修、組裝過
　　程與其產品及航空器製造廠、維修廠／所之檢定、驗證事
　　項。

11.其他有關民航事項。

二、航空公司設立條件

　　根據我國交通部發布之「民用航空運輸業管理規則」（民航
法），將民用航空運輸依航空器性質分為飛機運輸業務、直昇機運
輸業務，並有別於「普通航空運輸業」。普通航空運輸業乃指以航
空器經營航空客貨、郵件運輸以外之航空事業，其範圍包括農、
林、漁、礦、水電、照測、狩獵、消防、搜救、教練、跳傘、拖
吊、遊覽及其他經專案核准之營業性飛行。

(一)民用航空申請資格（民國107年11月）

　　申請經營民用航空運輸業之飛機運輸業務應具備下列資格之
一：

1.公司董事長及董事逾半數為中華民國國民，公司之資本總額
　　或股份總數逾百分之五十為中華民國之國民、法人所有，屬
　　於股份有限公司組織者，其單一外國人持有之股份總數不得
　　逾百分之二十五。公司具新臺幣十五億元以上財力證明者，
　　得申請經營國內航線定期或不定期航空運輸業務。

2.經營國內航線民用航空運輸業，公司財務及組織健全，最近
　　三年未曾發生財務或股權糾紛致影響公司正常營運，且最
　　近三年承運旅客人數累計達九十萬人次以上，未曾發生重大

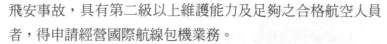

飛安事故，具有第二級以上維護能力及足夠之合格航空人員者，得申請經營國際航線包機業務。

3.經營國際航線包機業務二年以上，公司財務、維修及航務組織制度健全，最近二年未曾發生財務或股權糾紛致影響公司正常營運，每年經營達六十架次以上，最近二年未曾發生重大飛安事故，具有第二級以上維護能力及足夠之合格航空人員者，得申請經營國際航線定期或不定期航空運輸業務。

4.公司董事長及董事逾半數為中華民國國民，公司之資本總額或股份總數逾百分之五十為中華民國之國民、法人所有，屬股份有限公司組織者，其單一外國人持有之股份總數不得逾百分之二十五。公司具新臺幣六十億元以上財力證明者，得申請經營國際航線定期或不定期航空運輸業務。

5.公司董事長及董事逾半數為中華民國國民，公司之資本總額或股份總數逾百分之五十為中華民國之國民、法人所有，屬股份有限公司組織者，其單一外國人持有之股份總數不得逾百分之二十五。公司具新臺幣七億五千萬元以上財力證明者，得申請經營國內離島偏遠航線定期或不定期航空運輸業務。

6.經營普通航空業，公司財務及組織健全，最近二年未曾發生財務或股權糾紛影響公司正常營運，飛行時數達500小時以上，最近飛行時數500小時內無航空器失事，最近飛行時數250小時內，無重大意外事件、飛航違規紀錄者，得申請經營國內離島偏遠航線定期或不定期航空運輸業務。

上述第5、6兩點所稱之國內離島偏遠航線，係指台灣本島與澎湖縣之七美鄉與望安鄉、台東縣之蘭嶼鄉與綠島鄉等離島地區或離島與其離島地區間航線。

(二)民用航空實收資本額

申請經營民用航空運輸業在實收資本額方面有下列規定：

1. 以飛機經營國際航線定期或不定期航空運輸業務者，實收資本額不得低於新臺幣六十億元。
2. 以飛機經營国際航線包機運輸業務者，實收資本額不得低於新臺幣三十億元。
3. 以飛機經營國內航線定期或不定期航空運輸業務者，實收資本額不得低於新臺幣十五億元。
4. 以直昇機經營國內航線定期或不定期航空運輸業務者，實收資本額不得低於新臺幣七億五千萬元。
5. 以飛機經營國內離島偏遠航線定期或不定期航空運輸業務者，實收資本額不得低於新臺幣七億五千萬元。

依照我國民航局民用航空運輸業規定，以飛機經營國際或國內航線定期航空運輸業務者，必須使用之飛機至少三架以上。

第二節　航空公司的分類

航空公司依照經營的項目可分客運及貨運（air cargo），絕大多數的航空公司以經營客運為主，或者客運與貨運同時經營，只有少部分航空公司專營貨運，以美國之聯邦快遞（Federal Express）最為有名，其貨物運輸網遍及世界各地，為全球最大的快遞公司。在一個航空收益面臨極大壓力的市場上，專營貨機業務極具挑戰性，全貨運航空公司都在努力與客運航空公司建立合作關係。

航空公司依經營區域不同來區分，可分離島航線、國內航線、國際航線；所謂離島航線乃指一國疆域內飛行本島至離島或離島之

間的航線，如我國之德安航空公司（Daily Air Corporation）、美國之阿囉哈（Aloha）航空公司；國內航線指一國疆域內各城市之間的航線，至於國際航線則飛行於不同國籍領土之間。以經營方式不同來區分，可分包機航空運輸（charter air transportation）、不定期航空運輸（non-schedule transportation）及定期航空運輸（schedule transportation）；目前全世界的航空公司仍以定期航線業務為主。

一、包機航空運輸

包機航空公司主要是順應顧客的特殊需求而興起，不受限於搭機時間、搭乘人數，只要能飛行的航線，均可以提供服務，它比定期航空彈性大、價格低、受約束少，容易滿足特殊團體旅客之需求，最適合假日及度假地區的市場，但缺點是座椅較小，座位之間的距離也縮短，機上服務不如定期航線。包機航空公司的經營可分為兩方面：由數家旅行社或團體包機，風險自理；由包機公司自行規劃路線先行試飛，風險由航空公司承擔，營運到達一定量後，再申請為定期包機或定期航班。包機業務對定期航線造成很大的威脅，尤其是在歐洲地區經營得很成功，且逐漸擴及到海外度假市場，其中以北歐到地中海地區度假包機成長最大。包機運輸主要是解決無班機或班機艙位不足的缺點，包機航空在經營方面的優勢如下：

1.由於不是國際航空運輸協會的會員，不受有關票價及運輸的條件限制。

2.其運輸對象是團體旅客或特定單位，業務較定期航空單純。

3.不管乘客多寡，按照特定租金收費，營運上的虧損風險由承租人負擔。

4.依照承租人與包機公司契約，約定其航線及時間，並無定期
　航空公司的固定航線及固定起降時間之約束。

5.彌補沒有直達航班的不足，且不用中轉（減少貨損或丟失的
　現象）。

6.可緩解在空運旺季航班緊張狀況。

　　基於企業國際化，以及因應新興度假市場需求，許多小型私人
包機公司應運而生。如為商務專業人士提供私人包機服務，可以幫
助商務乘客輕鬆完成多天多城市旅行的任務，為休閒度假客提供豪
華、舒適和隱私的旅行體驗。其中由灣流航太製造的雙發商務噴射
機G650（圖1-2）相當受商務人士歡迎，如鴻海集團董事長郭台銘。

　　因應市場需求，未來大小包機業務也將持續成長，主要包機客
戶涵蓋相當多元，列舉如下：

1.旅行社：如安排日本團或度假島嶼團。

2.朝聖團、進香團：如世界各地的穆斯林組織包機飛往麥加朝
　聖，以及台灣香客前往福建湄洲媽祖廟進香（或湄洲媽祖來
　台出巡）等。

圖1-2　雙發商務噴射機G650

資料來源：維基百科。

3.大型企業：如安排跨國企業總裁或高階主管的私人行程。跨國貨運包機，如電子製造業、精密儀器工業、古董及藝術品、蔬果與肉類運輸等可保障貨品平穩與快速到達。使用知名的大型貨運包機如美國製波音747、烏克蘭製An-124與An-225等。

4.動物運輸：表演團體包機或某些體型較大或需要特殊生存條件的動物，如貓熊、無尾熊和鰻魚苗等。

5.軍隊及救護團隊：以包機方式進入災區救災。因爲濃霧等原因導致機場關閉以至於無法提供民航機起降時，軍用包機即被賦予接送離島軍民的任務。

6.體育隊伍：如世界盃足球賽、奧林匹克運動會等場合，都有各國代表隊的包機。

7.政治人物：部分的國家元首出訪他國時，會組織包機團隊，如我國華航、長榮等也爲政治人物提供出訪包機服務。

8.演藝團體或藝人：除了人員運輸外，也擔負器材運輸的工作。

二、不定期航空運輸

不定期航空運輸係指除了定期航空運輸業務以外之加班機及其他運輸。航空公司爲了因應市場需求或配合政府政策，有時會在特殊狀況下增派飛機，如旺季時增派加班機以紓解大量湧入的旅客，或者因戰爭及人道因素臨時加開之班機。

 飛 航 資 訊

飛特立航空（Executive Aviation Taiwan Corp）

　　成立於2010年。飛特立航空集團旗下擁有飛特立航空、飛特立國際、飛特立全球，總部設於台灣，位於台北市松山機場及高雄市高雄國際機場。飛特立航空擁有先進的機隊及最專業的飛航營運團隊、航空醫學與急重症醫療團隊及飛航教練團隊。目前在台灣註冊的飛機共有9架（龐巴迪環球快線噴射機4架）。其服務涵蓋私人商務專機、私人醫療專機、飛行訓練等。

一、私人商務專機
- 商務包機
- 飛機託管
- 飛機諮詢
- 維護管理
- 地勤支援

二、私人醫療專機
- 緊急醫療專機
- 醫療專機會員產品

三、私人飛行訓練中心
- 專屬飛行教練
- 訓練機隊

資料來源：維基百科。

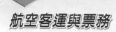

三、定期航空運輸

　　定期航空公司無論乘載量多少，必須定時提供空中運輸的服務，且需在取得飛行服務的地區或國家的政府許可後才得簽合約取得航權，採固定航線、固定班次方式飛行，可分為國營及私營定期航空。國營航空公司須考量政治利益及社會服務，私營航空的股東則關心營利能力及投資報酬率。為因應市場變化，也有航空公司使用短距離往返（shuttle）的飛行方式，在商業交通繁忙的兩地經營定期班機服務；旅客不須事先訂位，但一定保證有位子，隨時有加班機可以載運增多的旅客。這種shuttle的服務最早出現在1960年代的美國，英國在1975年即在倫敦和格拉斯哥實施，美國西岸的大城舊金山與洛杉磯也有shuttle的服務。

(一)定期航空運輸的特質

　　經營定期航線的特質為：

1.必須遵守按時出發、按時抵達所飛行的固定航線的義務，絕不能因為乘客少而停飛，或因無乘客上、下機而過站不停。
2.大部分的國際定期航空公司，均加入國際航空運輸協會的組織，即使未加入亦能遵守IATA所制定的票價和運輸條件。
3.除美國外，大多數國際定期航空公司為政府出資經營，公共事業特質較濃厚。
4.由於航點多、航線不同，旅客須涉及換機、轉機之問題，故其運務較為複雜。

(二)定期航空公司之單位及其相關業務

　　無論國內外航空公司，除了飛行離島航線、小型航空公司外，

其組織結構大致如下：

1. 市區辦公室：業務部、訂位組、票務部、旅遊部、總務部、
   貨物部。
2. 機場：客運部、貨運部、貴賓室、維修部、空中廚房。

各單位之業務內容如下：

1. 業務部：年度營運規劃、機票銷售、旅行社接洽、旅行社信
   用額度之設定、銷售獎勵（volume incentive）等。
2. 訂位組：團體及個別訂位、飛機起飛前機位管制等。
3. 票務組：機票訂位、開票、改票、退票等。
4. 旅遊部：旅行行程安排、團體旅遊、簽證代辦等。
5. 總務部：營收、報稅、薪資、人事等。
6. 貨物部：貨運承攬、裝運、保險等。
7. 客運部：辦理登機手續、劃位（check in）、行李承收、臨時
   訂位、開票、緊急事件處理、行李遺失（lost and found）。
8. 機場貨運部：負責航空貨運裝載、卸運、行李運輸、動植物
   檢疫等。
9. 貴賓室：貴賓接待、公共關係等。
10. 維修部：飛機安全、零件補給等。
11. 空中廚房：機上餐點之供應等。

 ## 第三節　航空事業職務簡介

航空服務業的工作繁雜，需要各式各樣的人才服務旅客，台
灣隨著社會的需求，相繼與國外通航，再加上國內開放天空政策，

新的航空公司紛紛成立，使得台灣的航空事業呈現高幅度成長，無論國外或國內航空均求才殷切，對空、地勤人員的需求日益增多，一家大型的航空公司成立需上千名的員工來服務，根據2017維基百科，2017年世界上航空業員工數排名，第一名為擁有十一萬八千名員工的漢莎航空（Lufthansa），而美國航空（American Airlines）則以十一萬三千名員工排名第二。法荷航集團（Air France-KLM）、美國之達美（Delta Air Lines）及聯合航空（United Airlines）也僱用相當多員工，快接近十萬員工。我國之中華航空員工人數則約一萬兩千人。

　　航空事業的職務可分兩大類：空勤人員及地勤人員。空勤人員包括操作飛機的人員及在機上提供服務的人員，地勤人員則包括那些使飛機保持能飛狀況及安排旅客上機的人員。

一、空勤人員

(一)駕駛艙人員（cockpit crew）

　　飛機駕駛艙通常有三個人，包括機長（captain）負責開飛機，指揮所有機上人員；副機長（first officer or copilot）協助機長，規劃飛行路線（flight routings），計算飛行時間等；飛行工程師（flight engineer）負責飛機起飛前及降落後的儀器檢查及飛行中的儀器作業。新的機種如B747、B777有自動化設備，只需兩位人員操作，因此就不需要飛行工程師了，我國民航機師的來源許多是由空軍退役，本身具有豐富的飛行經驗，或者由外國聘請具有豐富飛行經驗的機師，尤其是正機師。近來我國籍的航空公司也積極自我培訓，由民間應徵，然後送到國外接受飛行訓練，如華航將培訓人員送到美國的北達科塔州受訓。

飛航資訊

空勤職類

　　空勤職類包括機師與空服員，在機師之職涯發展方面，要成為一位合格的副機師，其前置訓練需要大約兩年的時間，成為合格的副機師後，由副機師晉升為正機師約需八年的時間，至少要有4,200小時飛行經驗的累積。在升格為正機師後，若表現優秀而有志於管理工作者，公司會栽培成為未來管理階層；亦或是對訓練工作有興趣者，公司會栽培成為教師機師，負責飛航訓練課程。在空服員職涯發展方面，可朝向一線督導人員——座艙長方向發展；若對於地勤職類有興趣者，亦可朝向地勤職類之管理職發展。

　　一位機師培訓不易，尤其是大型飛機的機師，至少需有1,500小時的飛行經驗，往往要花上一、二十年的時間才能升到正機師，同時還要保持良好的身體狀況，每半年需作一次例行的身體檢查，還需接受各項考核，以確保機師的身心狀況良好，以目前的航空市場狀況，機師的職位是被看好的，由於各家航空公司都在增加機隊，對機師需求量大，女性機師也日漸增加。

(二)機艙人員（cabin crew）

　　機艙內的服務人員依飛機的大小及頭等艙、商務艙的座位數而有不同，一架飛機可能有高達十六位的空服員，其中有一位是座艙長，負責機艙內的空服員工作安排及指揮調度。他們提供機內餐飲、安全、醫療等服務，由於與旅客面對面接觸，最能代表公司的

形象，因此個人的服裝儀容、應對進退的禮儀非常重要。我國的空服人員（flight attendants）俗稱空中小姐（flight stewardess）或空中少爺（flight steward），頗受年輕人歡迎，但市場需求以年輕女性居多；不過像美國、澳洲的航空公司所聘請的空服員則不再以年輕女性爲主，有許多是年長或已婚的女性，又稱飛行媽媽。在沒有加入勞工組織的航空公司裡，空服員也需負責地勤人員的工作。

空服員（flight attendants）的工作性質由初創期至今日有許多改變，在1930年聯合航空首先僱請八位有執照的護士充當空中服務員，在空中值勤時她們穿白色衣服照顧旅客，並得時時注意旅客去洗手間時不會誤將逃生門打開，或將未熄滅的菸蒂掉出機外；在地面上時，空中服務員改穿綠色毛織的斜紋制服，頭戴扁圓柔軟羊毛小帽，幫忙下行李、清潔飛機、加油，甚至有時候得幫助駕駛員推飛機進入機庫。

雖然大多數人承認空中服務員只是外表光鮮、讓人崇拜的服務員，不過其職務仍吸引許多人追求。根據東方航空公司的說法，每一個職務空缺時約有八十人前來申請，可見早期在美國空服員的工作是如何受年輕人所嚮往。至今在亞洲，空服員的工作一樣受年輕人青睞，因爲這工作使她們有機會接近社會菁英及經濟富裕者，事實上的確有許多空服員嫁給有錢人。

隨著航空市場的競爭壓力，航空公司對空服員的服務能力要求增加，訓練趨向嚴格，其中以亞洲籍的航空公司表現最好，其訓練項目如：國泰航空要求空服員每天須練習凝視別人的眼神10分鐘，新加坡航空的空服員則學習以微笑、謙遜、和氣的態度對待旅客。在各家航空公司競相提高艙內服務品質的壓力下，空服員不但須扮演酒保的角色，工作也變得吃重，忙著在飛機降落前服侍所有的旅客用完餐點，甚至販賣免稅品。

初期的女空服員受到歧視待遇，一旦結婚或懷孕將被迫辭職，

工作權不受保障，因此空服員大部分加入勞工組織以保障薪資及工作權。1971年泛美航空因為拒絕接受男性申請成為空服員而被告，自此以後許多大型航空公司開始聘請男性空服員，但目前男性空服員仍屬少數，女性空服員結婚生子後仍可繼續工作，工作權受到更多的保障。

一般大眾，尤其是女性，對空服員這個職務相當嚮往，但空服員也有他們的苦衷及不足之處。例如有長榮航空2019罷工事件；不同於華航及其他航空公司之空服員有男性，長榮航空是目前國際主要航空公司中，少見的空服員清一色全是女性的，2019年桃園市空服員職業工會針對長榮航空空服員之福利問題發起的罷工行動，並向資方提出八大訴求：(1)外站津貼費調高至每小時150元（與中華航空相同），且非會員不得享用調高後的福利；(2)各航班派遣的外籍空服員不超過兩位；(3)東京、北京、金邊等九條航線改為過夜班執勤；(4)國定假日出勤給付兩倍工資；(5)給予工會理監事、會員代表會務每月公務假；(6)開放桃空職工參與會員的人評會等懲處機制，並擁有發言及表決權；(7)開放勞工參與公司管理，提供必要的經營資訊並要求在公司董事會中擁有一席代表勞方的「勞工董事」；(8)變更空服員現有勞動條件與工作規則應事先與桃空職工協商。結果部分要求不被資方同意，協商破裂，長榮航空共取消1,439班航班，影響逾27萬多人次，營業損失達27.8億元新臺幣，歷經十七天，在各方協調下，進行投票，結束罷工行動。

此次長榮航空空服員罷工並未得到一般民眾相當認同，也造成空服、地勤內鬨，也引發長榮提告工會賠償之局面。罷工事件引發機師揚言送「特別餐」給反對罷工者之言論，長榮航空認為事態嚴重，已經影響到飛安安全，特此召開紀律評議委員會，認為該朱姓機長已經嚴重違反公司機師管理辦法，包括煽動他人企圖加害公司員工、傳播挑釁言詞製造恐慌，並考量其心態已不適合飛行勤務，

經紀律評議委員會討論後給予兩大過免職處分。此次罷工引發空服員工作「三寶」，指護照、台胞證及工作識別證之爭執。

飛航資訊

長榮與華航的福利比較

　　兩家薪資結構不相上下，但一般認為華航較優。2018年長榮航空平均員工薪資為124.2萬元，華航平均員工薪資120.9萬元。另外，就員工福利費用方面，長榮航空為173.3萬元，略低於華航的173.6萬元。兩家差異數千元，若加上機票福利結構，長榮航優於華航，整體而言，長榮航薪資與華航一樣。

　　空服員的薪資主要是由底薪、飛行加給以及日支費（華航為外站津貼）三種組成。有關外站津貼，雖然華航每小時是150元較長榮（每小時90元）高，若長榮航空空服員滯留於國外，並安排入住飯店，公司皆會提供免費早餐，但中華航空卻不提供；此外，華航的服勤計算時間是從「起飛」計算到「降落」，但長榮航空的計算時間則是從「報到」計算到「報離」，就連準備備品、乘客上下機的時間也都算入，在時間計算中，起飛前兩小時報到以及降落後的一個小時，長榮會多出三個小時，所以整體外站津貼費不比華航低。

資料來源：自由時報；維基百科。

飛航資訊

華航福利制度

　　華航服務人員福利制度，包括勞保、健保、團保，以及各式旅遊折扣、休閒設施、福利金與獎金、員工心理諮商等多項福利項目。其休閒設施有松山機場附近的松訓區，具有相當完備的休閒設施，包括：溫水游泳池、洗衣部、健身房、職工福利社、網球場、籃球場、羽球場、桌球場，可提供員工使用，但其中以機票優待最讓人羨慕。

◎機票之優待

　　員工本人、父母、子女、配偶可同步享有華航免費機票及各式折扣機票（票面價之十分之一、四分之一與二分之一不等），飛遍全球五十個航點，還可以串聯各航空公司的聯航優待機票（如票面價之十分之一、四分之一、二分之一，以及部分航段比十分之一票價低的ZED票等）優遊於世界與台灣的各個角落。

　　開放天空市場自由競爭後，有更多的航空公司進入空運市場營運，機票價格下跌，航空公司利潤減少，為了維持競爭能力，只好減薪及減少機上服務人員，雖然此舉引起旅客抱怨服務品質降低，空服員以罷工方式來爭取福利，但成效不彰，畢竟航空市場已不再如往昔的風光榮耀。

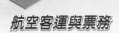

二、地勤人員

(一)訂位、票務人員

　　旅客或旅行社最先接觸的是接受訂位的工作人員,他們回答旅客有關飛行班次、空位及訂位事宜,同時也接受旅客開立機票,隨著航空公司訂位系統的電腦化,訂位、票務人員更顯專業,但人員也在減少中,漸爲旅行社所取代,他們絕大部分工作地點在市區的辦公室。

(二)業務人員

　　業務人員主要負責機位之銷售及相關事宜,例如:旅行社之年度訂位、業績獎金之協議、機位之授權代理、旅行社信用額度之擬定、優待票之申請以及個別客戶之臨時訂位。

(三)機場運務人員

　　機場運務人員的主要工作地點在機場內。辦理登記劃位人員工作範圍包括販售機票、處理旅客登記、行李托運、宣布飛機起降及登機門的登機服務。至於旅客服務人員(customer service)則協助旅客的特別需求,如殘障及單獨旅行的小孩,及處理旅客行李遺失事宜,至於行李搬運人員則負責將旅客行李送上旅客搭乘的飛機。

(四)維修人員

　　維修人員可分爲航空公司的機務維修人員及機場當局負責機場維護的人員,航空公司的維修人員負責飛機安全的檢修、零件補給、載重調配等。

飛航資訊

阿聯酋航空公司空服員召募資格、福利制度

　　阿聯酋來自阿拉伯聯合大公國的一家航空公司,是中東最大的航空公司,待遇好、福利佳,擁有完善的培訓課程,薪資約新臺幣八萬元,比台灣多二至三萬元,等於年薪多了三十六萬元,在當地不但有免費宿舍、家具,提供醫療保障、交通津貼、人壽保險,每年多三十天休假,另外,父母和兄弟姐妹都能買到一折機票,且升遷機會較大。

　　空服員應徵資格:

1.年齡屆滿二十一歲,三十五歲以下。
2.高中職以上學歷。
3.英文說寫流利或有第三國語言能力。
4.具護士、服務業經驗尤佳。
5.身高限制為:伸手可觸及212公分處(需脫鞋,可踮腳)。

資料來源:阿聯酋航空公司網站;今日新聞網。

飛航資訊

卡達航空（Qatar Airways）空服員召募資格

　　2019年中東卡達航空來台灣舉辦公開招考，這是今年的第二次招考，去年2018年一共來了五次招考！

資格：

　　年滿二十一歲，墊腳摸高達212公分，男女不拘，具高中學位，英文流利！

其英文招募文如下：

Qualification:

- Minimum of 21 years
- Minimum arm reach of 212 cms (on tip toes for female)
- High school diploma
- Fluency in written and spoken English
- Outgoing personality with excellent interpersonal skills.
- Ability to work within a multinational team

- A love of travel
- Passionate about customer service
- Excellent health and fitness
- Willingness to relocate to Doha, Qatar

Other information:

Our Cabin Crew uniforms are smart and formal. We recommend you to wear formal business attire for the interview

Procedure:

Step 1: Complete your online application.

Step 2: Our Recruitment team will review your CV (curriculum vitae) and invite shortlisted applicants to our Open Day through email.

Step 3: Prepare to attend the Open Day.

Step 4: Once you receive your Open Day invitation, meet our Recruitment team and provide the following documents:

1. Applicant ID

2. An up to date CV in English

3. Photocopy of your passport

4. A passport sized photograph

資料來源：航發協會（ACDA），Airline Career Development Association 2019.

 ## 第四節　空運的特性

　　空中運輸由於性質特殊，運輸功能較易受限，其產品也較複雜，需求與供給易受經濟景氣及政治影響，其產品特性可歸納成以下各項：

一、抽象性

　　航空運輸所提供的產品非常抽象且種類繁多，顧客在購買前無法看到，也不能試用，只能假設一切服務在正常運行下得到滿足，如果產品缺貨或有瑕疵，也無法退貨或換貨。

二、不安定性

　　貨品製造商在正常條件下雖可暫時確保產品安全，但卻無法保證產品永久安全，由於航空公司飛行易受天候變化、人為操作、機械運作、機身結構及儀器操控等不確定因素影響，雖然其意外事件比率不如其他交通工具高，但一旦發生意外，人員存活率低，死傷人數非常高，對搭乘飛機的旅客形成強大的壓力，不少人會產生所謂的搭機恐懼症或密閉空間狹隘症。

三、易消逝性

　　航空產品不像一般產品可以保存或儲存。航空產品一旦製造，就必須按照製造時間同時去消費，若班機中的座位沒有賣出，就永

遠無法賣出，形同損失，此即產品的易消逝性。所以，損益平衡點及平均載客率是每一條航線的經濟性評估重點，以確保這條航線沒有座位過剩或不足的現象發生。

四、勞務密集性

航空產品有服務業的特性，必須提供大量的人力以滿足旅客的需求。其產品特別重視人的品質及訓練，旅客由買機票、辦登機、機上餐飲享用到抵達後行李之領取，均需良好及密集的人力服務，其中任何一個環節脫落，馬上會造成顧客的抱怨。

五、嚴控性

安全是空運的最高指導原則。飛航中，只要有微小的失誤都可能造成重大生命及財產的損失，所以任何國家對其航空公司的核准及監控均非常嚴格，航空公司及飛機製造商除了為自己的利益考量，對飛航時的安全措施也有很高的要求，駕駛員在操控飛機時必須完全依照飛行安全檢查及程序小心操作，飛行員也必須定期接受身體檢查，以確保身體狀況良好。

六、價格彈性

航空公司的成本以固定成本為主，加上少量的變動成本。固定成本含人事費、飛機折舊費、管銷成本、燃料成本、機場租金、起降費。變動成本含每增加一位旅客所產生之邊際成本，如旅行社佣金。航空公司必須試圖將所有機位賣出以降低總成本，於是利用折價來吸引不同背景的消費者及提早購票者，同時空運產品季節分

明，淡旺季明顯，業者不能僅以價格一致來坐以待斃，須提出有效的方案，將產品加以劃分，針對市場機能，利用產品價格進行彈性調整，如以低價促銷淡季機位，而在旺季時調漲票價以彌補淡季時的虧損。

七、季節性

航空的需求受到時間季節影響，很難有高平均的載運率，定期航線以固定假日及7、8、9月為旅遊旺季。在每週的七天中因國情不同，需求也各有不同，在商務旅行盛行的地區以週一至週五的需求最盛，週末及週日反而少。在度假地區的航線正好相反，度假的旅客以週末為度假旺季，機位反而難求，至於每日的需求，以早晚為多。航空公司基於服務原則、大眾利益及社會要求，仍須於淡季時段提供定期班機，雖然不符合經濟效益，但政府相對地也會核准航空公司提出較高的票價。

八、難以取代性

距離越近，旅客改搭其他交通工具的機會越高，但距離遠，則非空運莫屬。空運講究時效、快速，距離已不再是阻礙旅行之問題，空中交通可將任何人或物送到地球的任一角落，使地球的面積變小，國與國之間的疆界消失，人與人的接觸增加，雖然通訊科技的進步可讓人類藉由電子傳訊面對面洽談，但空中交通的需求仍殷，更非速度緩慢的陸上、海上交通所能取代。

九、供應僵硬性

　　航空公司所提供定期航線的數量不具彈性，即使訂位人數不多，仍有義務按時飛行，不得和別家航空公司合併或使用小型飛機。在旺季時，往往對需求量的大增調整能力差，主要是因為飛機的載運量僵化，短時間內較難改變，更換機型增加座位須考慮是否會造成機隊的調整困難及機場設備的不足，如跑道長度太短，增加飛行班次找不到起降空間及時段（runway and terminal slots）讓飛機起降。

Chapter
2

航空組織與航空運輸之認識

- 航空運輸組織
- 解除管制開放天空
- 輻軸式系統
- 空中航線、航權與航空運輸區域

　　國際上有不少航空相關組織，其中國際航空運輸協會（IATA）是航空運輸組織中最重要的機構，有許多重要貢獻，由於航空市場的變化及各航空公司本位主義，其功能雖迭遭質疑，但其所訂之規則仍被各國遵行，同性質的Airline Reporting Corporation（ARC）則是美國國內航空公司重要組織，不過其影響力只侷限於美洲。

　　因應市場需求，新政策出現，開放天空政策由美國率先實施，衝擊到世界各國的航空政策；大型的航空公司為了因應競爭市場的壓力，乃實施輻軸式系統（hub-and-spoke system）以追求最大利潤。空中航線與航權的開放使得航空公司經營空間擴大，也加速了國與國之間的交流。

第一節　航空運輸組織

　　為了促進國際間旅遊之發展，不同類型之航空運輸組織相繼出現，其中國際航空運輸協會（IATA）、ARC及國際民航組織（ICAO）對國際航空運輸市場有相當大的影響。

一、國際航空運輸協會

　　國際航空運輸協會（International Air Transport Association, IATA），是全球航空公司的同業公會，也是非政府組織。原創於1919年，由一群歐洲的航空業者所組成，1945年重新改組，其功能有如美國之航空組織ARC，主要功能是簡化及統一國際航空交通運輸及與之相關事宜。這是個世界性的商業航空組織，以航空公司為其主要會員，會員可分正式會員（full members）及準會員（associate members）兩種。正式會員由經營國際航線之航空公司

參加；準會員由經營各國國內定期航線之航空公司參加。目前全世界約有二百九十家航空公司近一百二十個國家加入，是世界上最重要的國際航空組織，總部設在加拿大的蒙特婁市，該組織基本上由歐洲會員所掌控。

IATA的其他功能包括：建立飛航安全標準、飛行時間班次、旅客行李處理、運費之擬定與相關規則之設定、協調聯合運輸、統一飛航設施等。IATA所設計的機票是一種標準格式，適用於各家航空公司使用，大幅地簡化開票手續。但隨著科技進步、新的法規建立及航空公司營運成本高漲，IATA宣布自2008年6月1日起，不再對其下所屬的二百四十個會員航空公司提供紙本機票，完全改用「電子機票」（E-ticket）。

IATA的影響不限於其會員航空，許多非會員之航空公司亦接受其指導並遵守其規定，IATA雖是私人組織，但有一半的會員都是國營航空公司，運作起來卻有官方機構的特性，許多航空公司都與之有合作關係。此外，世界上有許多旅行社亦接受IATA的認證，並因此而得以被授權販賣及發行機票。IATA為了便利清帳，在倫敦設有IATA清帳所（Clearing House），旅行社每半個月將所銷售之機票結帳一次。

二、Airline Reporting Corporation

Airline Reporting公司簡稱ARC，性質如同IATA，成立於1984年，是美國國內航空公司組織，該組織的成立主要在建立美國國內航空交通標準的空中運輸規則與機票銷售制度，該組織會員包含航空公司與旅行代理店。ARC的功能包括：

1.針對販售機票業務之旅行代理店，建立一標準工作要求。

2.替有代理販售機票之旅行代理店印製、分配,並維持基本機
　票庫存量。

3.針對訂位、計算票價及開立機票,建立一套標準工作程序。

4.扮演清帳中心的角色,透過Area Settlement Plan之運作,旅行
　代理店每星期結帳一次。

　　旅行代理店如果要代理航空公司機票銷售業務必須先經過ARC
的認證,其核准資格含:

1.人員資格:旅行代理店必須至少有一位全職人員,且具有兩
　年業務銷售經驗,其職務為老闆、合夥人或經理。

2.地點:旅行代理店的辦公地點必須有明顯的標示且進出方
　便。

3.財務:必須提供至少二萬美元的擔保債券。

4.機票收藏:旅行代理店內必須準備保險箱存放機票。

三、國際民航組織

　　另一個重要的航空組織稱為國際民航組織(International Civil
Aviation Organization, ICAO),1944年在芝加哥成立。ICAO為聯
合國的附屬機構,官方的國際組織,國際民航組織的總部設在加拿
大的蒙特婁,主要目的在建立一套國際標準航空設施以及訓練、
計畫、操作程序,同時舉辦會議協助解決會員間的爭議,目前約
有一百九十個締約國。我國為ICAO創始會員國之一,1971年退出
聯合國後即被排除於ICAO體系之外,台灣目前還不是國際民航組
織的成員,但台灣的航空事業發展依然遵守著國際民航組織相關
規範,在所管轄的「台北飛航情報區」(Taipei Flight Information
Region, Taipei FIR)內致力維護飛航安全。

飛 航 資 訊

英檢未過　16機師停飛

　　航空機師與塔台人員如果英文太爛，小心丟了飯碗。

　　為符合國際民航組織（ICAO）最新規定，國際線飛行員都要通過航空「無線電英文」檢定，我國2,097位受測機師大多過關，但有16位補考仍不及格，而被予以停飛補考。民航局表示，這16位英檢未過的機師已被下令禁飛國際航線，其中有14人為國內航空機師。

　　過去因機師與塔台間英語南腔北調，或英文不流利造成溝通障礙，差點引發事故的情況時有所聞，日本某航空站便曾發生過實習副駕駛搞錯標準作業流程，又沒聽懂塔台指令，差點與另一架飛機發生撞機的事件。

　　國際民航組織於2007年7月起，要求全球正副機師及航管人員必須強制接受航空會話英文檢定，共分六級，並規定無法通過第四級英語檢定者，不得飛航或導航國際線航班，得停飛補考或只能轉國內線飛航。

　　民航局指出，英文太爛危險事件層出不窮，如美國紐約機場曾有飛機油料不足，機師不懂求救專業用語，而不斷向飛航管制員說：Priority! Priority!（優先！優先！），塔台以為只是要求優先降落，不知遭遇緊急狀況，導致飛機油料耗盡墜毀；又如日本北海道機場某機師因聽錯塔台指示：「請等候起飛」，機師卻只聽到Take-off（起飛），而差點追撞上跑道上另外一架剛降落的班機。

資料來源：陳俍任（2008）。〈英檢未過　16機師停飛〉，《聯合報》。
　　　　　檢索修改自聯合新聞網http://udn.com/NEWS/LIFE/LIF1/4245684.
　　　　　shtml，檢索日期：2008年3月6日。

國際民航組織的宗旨和目的主要有以下幾點：

1.保證全世界國際民用航空安全地、有秩序地發展。

2.鼓勵發展為和平用途的航空器的設計和操作藝術。

3.鼓勵發展國際民用航空應用的航路、機場和航行設施。

4.滿足世界人民對安全、正常、有效和經濟的航空運輸的需要；防止因不合理的競爭而造成經濟上的浪費。

5.保證締約國的權利充分受到尊重，每一締約國均有經營國際空運企業的公平的機會。

6.避免締約各國之間的差別待遇並保證各地民航運作的一致性。

7.預測和規劃國際航空運輸的發展，並促進國際航行的飛行安全。

 ## 第二節　解除管制開放天空

航空市場的發展與政府的政策有密切關係，其中影響航空市場最深遠的莫過於航空公司解除管制（deregulation）、開放天空（open sky）的政策。

一、解除管制開放天空的爭執

解除管制、開放天空的精神在於市場的自由進出及票價的自由化，且政府減少干預。1978年美國國會通過「航空公司解除管制法案」（Airline Deregulation Act of 1978），美國國內市場遭到巨大衝擊，航空市場自由化後，在開放申請新航線的第一天，美國國內

市場總共開放一千三百條新航線，新的航空公司陸續成立，有陽春式服務的Laker Airways、People Express和Southwest Airlines，也有提供豪華型服務的MGM Grand Air和英、法航的協和號（Concorde, SSC）客機，其中也有提供多元化服務的航空公司，例如英國的維京航空（Virgin Atlantic Airways）在同一班飛機上於上等艙提供豪華服務，於經濟艙則提供陽春式服務，這種混合式的經營方式也頗受好評。為了生存，航空公司開始削價競爭，1982年美國大型航空公司之一布拉尼夫（Braniff）航空公司成為航空自由化之後第一家宣告破產的航空公司，陸續也有許多航空公司宣告破產或重整，如澳洲安捷航空、瑞士航空等。

開放天空、解除航空公司管制的政策也影響到世界各國，雖然許多國家為了本身利益仍採取保護政策，但許多航空公司卻認為法令所提供的保護反而阻礙了經營效率，它們希望政府能減少法令對航空事業的干擾，讓市場自由化。於是直至美國採行開放政策十年之後，世界各國才紛紛效尤，歐洲於1992年，澳洲於1991年，台灣也於1987年實施。開放天空的結果，1995年底，台灣地區共計有十家航空公司經營民用航空運輸業，國內航線和飛航班次雖然增加，但承載率下降，最後僅剩數家仍繼續經營，國際線只剩長榮航空為主。

開放天空的政策支持者與反對者皆有，部分反對國家對此開放天空政策採取審慎態度，係因航空運輸有以下數點特性，使得政府不能不加以保護，因而影響到空中市場自由化的腳步：

1.航空運輸被視為有關國家利益及國家形象：世界各國除了美國的航空公司全為民營外，其他國家的主要航空公司不是全屬國營性質，就是在私有化後仍有官股在內，接受國家補助，因此政府要有法令來管理及保護這些航空公司，以保障

其獲利性與獨占性。此外藉由空中迅速的運輸功能，政府可有效拓展外交或執行公家事務，建立國家在國際上良好的形象。

2.飛航安全的考量：設立航空公司必須有雄厚的資金，政府擔心一般民間企業財力不足以維護飛航的安全標準，政府限制競爭，提供原有業者穩定的經營環境，維持獲利能力，使業者能遵守安全法規。

3.公共運輸的需要：航空運輸有公共服務之責任，以協助人民行的需要，在政府保護、支持下，可讓航空公司以較低的價格對部分民眾提供可靠的空中運輸，尤其是對偏遠地區，政府可以補貼方式來彌補其經營虧損。

儘管在保護本國產業的政策下，許多國家不願開放天空，但隨著市場的需求增加及國與國間利益交換，開放天空也有許多好處：

1.航空業者有自由發展的空間，增加經營上的效率，在競爭壓力下，不得不求新求變，提升服務品質。

2.航線、航點及飛行頻率增加。航線闢增，提供非大都會地區的航空交通；飛行頻率的增加，除了增加較好的到、離時段外，也可以低價鼓勵民眾使用較差的時段，達到營運及紓解交通擁擠的問題。

3.機票價格降低帶動觀光市場。旅客有較好的機會買到低價的機票進而帶動空中交通，促進商業往來，對觀光客而言也是一大福音，尤其是許多國家的外匯收入是依靠外國觀光客，價廉的機票往往可以吸引許多外國觀光客前來消費。

4.新的航空公司加入經營，創造出許多小型航空公司，帶動商業契機，增加就業機會。

二、競爭使價格下降

　　價格競爭是開放天空必然的結果，最大的受惠者是消費者。業者明知如此會降低獲利但也有其因應之道。由於競爭者可以自由進出航空市場，為了減少競爭者進入市場的威脅，將航線的票價訂得比成本稍高一點，使其他航空公司因無高利潤的誘因而打退堂鼓，如此在價格降低的情況下，可刺激更多需求，利潤雖然不高但可因需求量的增加而穩定成長，業者在提高價格行不通的情形下，只好朝降低成本方面努力，反而使得經營更有效率。

　　價格戰一旦開打，很難再將價格回漲。在數家航空公司經營的市場，一航空公司若將票價提高，甚少競爭者會跟進，其市場占有率將因此而下跌，除非是旺季供不應求，否則不會漲價；但是若有一家航空公司降低票價，其他競爭者勢必跟進，以維持市場占有率，此時整個市場價格會全面下降，率先降價者之市場占有率僅會稍微上揚，並未有太大好處，日後除非聯合漲價，否則市場價格很難回到原有水準，所有航空公司均受其害，因此一般業者也不願以價格為競爭手段，而以增加服務、提供非價格之優惠（如貴賓累計里程優惠計畫等）來吸引旅客忠誠度，但對於新加入的業者而言，若不以價格作號召，實難占有一席之地。

🌐 第三節　輻軸式系統

　　開放後的航空市場，大型的航空公司未必有成本上的優勢，其獲利能力與經營規模無關，降低成本、增加經營效率反而是致勝之道，航空公司為了尋求高密度的市場，節省成本、追求利潤，於是

一改過去線形航線網為輻軸式系統（**圖2-1**）。

輻軸式運作為大型航空公司以大城市為營運中心，如早期達美航空（DL）以亞特蘭大為營運中心，美國航空（AA）以達拉斯為營運中心，倫敦則為許多航空公司的營運中心，一家航空公司可能使用數個營運中心來運作此系統。於短時間內有大量的班機同時進出營運中心，以配合銜接由衛星城市飛來之班機，達到高承載率及順利轉運旅客的目的。這種路線結構能夠重疊，以便創造出更寬廣的航線，例如聖路易是小機場的中心，丹佛是聖路易等機場的中心，丹佛則以洛杉磯為營運中心。

輻軸式系統的實行使更多的城市有銜接的班機，旅客也有更多航空運輸上的選擇往返於城市之間；大城市與大城市之間的運輸因旅客增加，使航空公司得利用大型飛機及增加班次來運送旅客，以達到最佳的乘載量，增加營運收入。至於大城市與小城市之間的運輸則使用載客量小的飛機，或與規模較小的航空公司合作，以降低空載率、節省開銷。由於大型的航空公司早已將各機場的起降黃金時段（slots）占盡，而新成立或中小型的航空公司則無足夠的資金及機會與大型航空公司在這些市場競爭，只好退而飛行偏遠地區航線或與大型航空公司合作飛行衛星城市，擔任次航線的轉運工作。

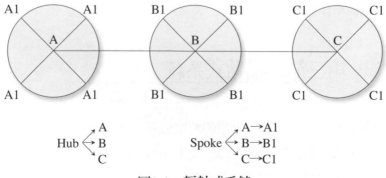

圖2-1　輻軸式系統

所謂的「黃金時段」係指飛行起降頻率最高、旅客使用最多的時間，約早上七點到十點、下午四點至七點，以倫敦的希斯洛機場為例，由於飛機起降過於頻繁，所有的時段均是黃金時段。

輻軸式系統的實施，大城市之間由於高度的競爭，票價因而降低，至於小城鎮與大城市之交通因航空公司家數不多，競爭較小，旅客反而須支付較高的票價。這種將小城鎮的旅客先送到大城市後再集中送往目的地的運作方式，廣受大型航空公司使用，雖然旅客的航空運輸班次增加，但卻造成不停留（non-stop）班次減少，中途停留站增加，造成飛行時間的增長，並使hub的機場更為擁擠，為了等待遲到的銜接班機，反而導致整個航線的全面延遲，對追求高品質服務的商務旅客而言反而不便。

解除管制、開放天空的目的原本是希望能有更多的航空公司加入市場競爭，以避免市場寡占，但一連串的破產及購併使得航空公司數目減少，以美國為例，於1979年到1988年間共有五十一件購併案，2019年而造成今日四家大型的航空公司，分別為美國航空（AA）、達美航空（2010年，達美與西北完成合併，曾經是美國前五大之西北航空品牌正式走入歷史）、聯合航空（著名之美國大陸航空（Continental Airlines）也於2012年併入聯合航空）、西南航空公司（Southwest Airlines）。

我國民航事業起步晚，航空公司規模也不大，雖然開放天空才不久，但市場早已飽受競爭的壓力，再加上飛安問題頻頻發生，合併之聲早已響徹雲霄，已有數家小型航空公司改組或合併。

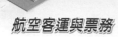

 ## 第四節　空中航線、航權與航空運輸區域

　　航空市場的拓展必須依賴各國之間經過複雜的談判方能形成，當一家航空公司要飛行國際航線，經過另一國領空及降落時，均必須先取得飛越其領空及降落之許可，為此航空公司還必須繳交「越空費」，此外航空公司也須付著陸機場費用、使用登機門費用，至於購油協定、保養補給等則均須再經過兩國之磋商。

　　早期，世界各國認為開放領空有其困難，1919年在第一次世界大戰後的巴黎和會中，不承認空運自由的觀念，並強調各國領空權至高無上的想法。這種保守的做法，無法阻擋實際航空交通的需求，當然各國政府也同意全面地開放航空市場是不可能的，在透過政治的運作、政府的同意，以及各國都有空運需求與利益的考量下，逐漸達成共識。1944年，芝加哥會議開啓空中航權（freedoms of the air）的議題，並協議達成五項空中航權的自由，對國際航空運作有莫大的影響，奠定了一國的航空器有權在另一國卸客及載客的自由，可惜芝加哥會議未能達成建立多國商用航權的協議。1946年，百慕達協定，美國和英國協商雙邊協定（bilateral agreement），為日後空中航權建立模式，並立下雙邊協定的觀念。

一、雙邊協定與多邊協定

(一)雙邊協定

　　空運的「雙邊協定」（Bilateral Interline Traffic Agreements, BITA）均由兩國政府循外交途徑簽訂，對於無外交關係但有實質之

經濟、文化等關係存在的國家,可由雙方民航局簽訂,或由代表政府之國家航空公司(flag carrier)、財團法人簽訂。其主要協商內容為雙方指定之航空公司名稱、經營之航線、每週飛行班次、使用之機型及航權等,本著平等互惠原則,即甲方給予乙方之實質經營內容應等於乙方給予甲方之實質經營內容。

(二)多邊協定

空運的「多邊協定」(Multilateral Interline Traffic Agreements, MITA)為航空業聯運網路的基礎,航空公司加入多邊聯運協定後,即可互相接受對方的機票或是貨運提單,亦即同意接受對方的旅客與貨物,因此協定中最重要的內容就是客票、行李運送與貨運提單格式及程序的標準化。

二、空中航權

根據「芝加哥公約」制定五大航權,而後續發展出第六至第九航權。

1. 第一航權——飛越權:航空公司有權飛越一國領空到達另一國,中途沒有著地。例如:美國航空公司飛越墨西哥領空前往巴西。
2. 第二航權——技術降落權:航空公司有權降落另一國做技術上停留,非營利為目的,例如加油、維修等,但不卸載或卸下旅客。例如:美國航空公司在墨西哥加油,再飛往巴西。
3. 第三航權——卸運權:A國航空公司有權在B國卸下A國搭載來的旅客,但回程不能在B國搭載旅客。例如:台灣航班飛往日本卸下旅客及貨物,但回程不得搭載旅客及貨物。

4.第四航權——搭載權：A國航空公司有權在B國搭載旅客返回A國。一般與第三航權互相使用。例如：美國航空公司在墨西哥載客後回到美國。

5.第五航權——延伸權：A國航空公司有權在B國搭載旅客飛往C國，只要該航空起點或終點是在A國。例如：美國航空公司前往巴西途中，在墨西哥停留載客。

6.第六航權：A國航空可接載其他兩國旅客及貨物往返，但中途需經過A國。例如：美國航空公司載運英國旅客從倫敦到巴西，中途在邁阿密短暫停留，再飛往目的地。

7.第七航權：A國航空有權在A國以外的其他兩國之間載運旅客，而不用經過A國。例如：美國航空公司可載客往返墨西哥與巴西之間。

8.第八航權：A國航空有權在B國境內任何兩地之間運送旅客，但須以A國為起點或終點。例如：台灣航空公司飛往洛杉磯後又載客飛往紐約。

9.第九航權：A國航空在B國境內兩個或兩個以上機場來回乘載旅客。目前很少國家願意洽簽此航權。例如：台灣航空公司可載客往返洛杉磯與紐約之間。

九種空中航權圖示如**圖2-2**。

1.第一航權

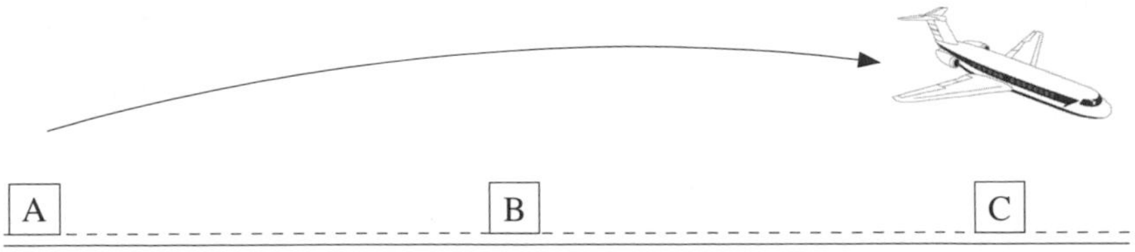

例如：A國航空公司飛越B國領空前往C國。

2.第二航權

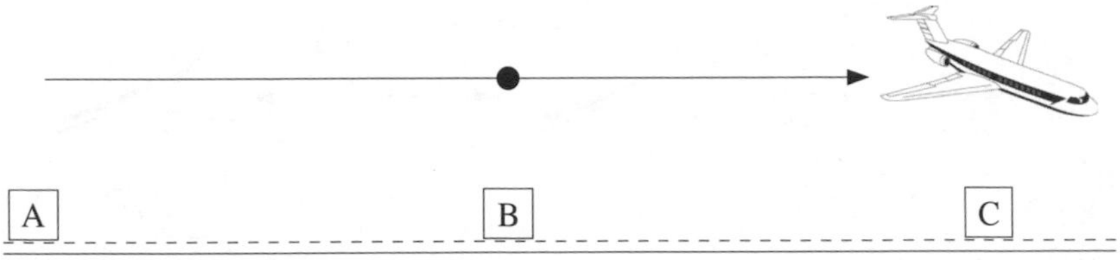

例如：A國航空公司在B國加油，再飛往C國。

3.第三航權

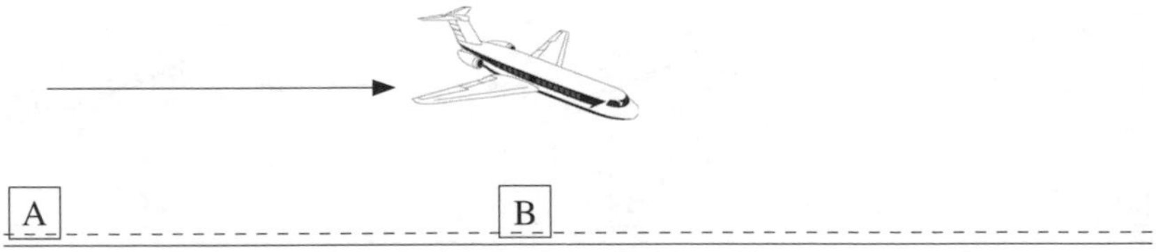

例如：A國航空公司在A國載客後，在B國卸下。

4.第四航權

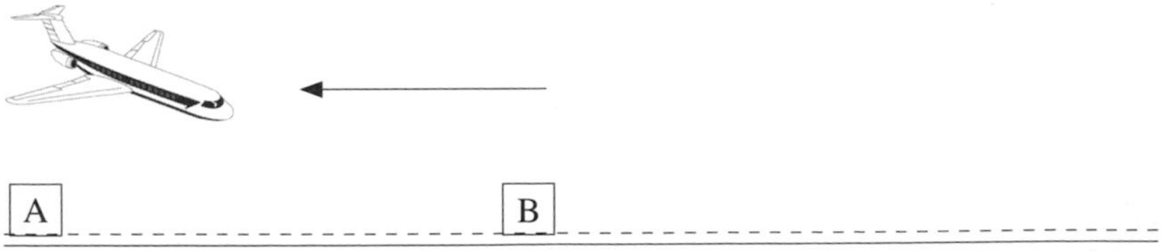

例如：A國航空公司在B國載客後回到A國。

圖2-2　九種空中航權

5.第五航權

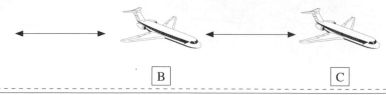

A　　　　　　　　　B　　　　　　　　　C

例如：A國航空公司前往C國途中，在B國停留載客。

6.第六航權

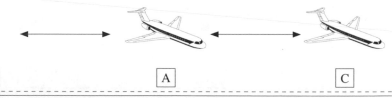

B　　　　　　　　　A　　　　　　　　　C

例如：A國航空公司由B國起飛前往C國，途中在A國城市停留。

7.第七航權

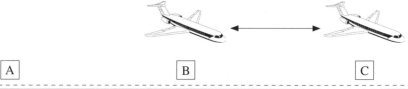

A　　　　　　　　　B　　　　　　　　　C

例如：A國航空公司可載客往返B國與C國之間。

8.第八航權

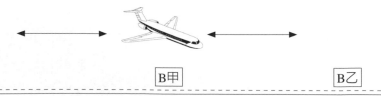

A　　　　　　　　　B甲　　　　　　　　B乙

例如：A國航空公司飛往B國甲地後又載客飛往B國乙地。

（續）圖2-2　九種空中航權

9.第九航權

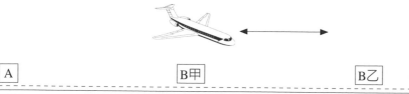

例如：A國航空公司可載客往返B國甲地與乙地之間。

（續）圖2-2　九種空中航權

資料來源：修改自容繼業（1996）。《旅行業理論與實務》。台北：揚智文化。

上述九條航權中，第一及第二航權又稱通行權（transit rights），為國際所廣泛採用；第三至第六航權又稱交通權（traffic rights），需透過雙邊協定來會商達成協議，至於第七至第九航權則涉及多國協議，屬於限制航權，困難度較高，不易達成協議。

雙邊協定使國際空中運輸得以順利進行，它提供航空市場發展的準則，其主要目的有三：

1.讓各國的航空公司能參與市場經營，避免惡性競爭，而產生國際糾紛。
2.協調載客量與飛機班次，使經營更有效率。
3.擬定制度建立價目表，防止惡性殺價。

由於雙邊的航空協定未能真正有效地滿足各國航空公司合作的需求，IATA的成立加強了各國航空公司合作的關係，任何聯合國會員國家的航空公司均可參加此組織，許多非會員的航空公司也能遵循IATA的決議。透過IATA的運作，旅客能使用一種機票搭乘數家不同的航空公司旅行，簡化空中旅行的手續。

IATA的主要功能是制定國際票價，其他功能包括促進空中旅行

的發展、加強飛航安全、扮演各會員航空公司機票清帳角色、解決各航空公司之間的紛爭，它的功能倍受航空公司的尊重。但IATA建立航空秩序的功能，以及藉由雙邊協定達成航空市場的和諧也隨著市場的變遷而面臨挑戰。多年來IATA對國際定期航線的票價作了有成效的控制，曾經有80%的世界各國國際線航空公司屬於其會員，也都能夠遵守IATA交通會議（Traffic Conferences）所協調的固定票價。但是也有不少批評者認為，IATA使用雙邊協定控管方式以及所擬定的票價政策過於僵化且價格過高，無法面對非IATA的航空公司的競爭，同時國營航空公司票價的擬定也受到政策影響，通常其票價較低，會員航空公司難以匹敵，美國的航空公司有部分因不願遵行固定價格政策，而採行交易價格方式來運作，結果有一些航空公司退出IATA的正式會員資格。

許多因素造成雙邊協定及IATA遭到批評，這些壓力來源有：

1. 各國政治利益的衝突：由於各國的市場及資源不同，在利益與政策考量下，雙邊協定被視為不公平，部分國家偏向廢除。

2. 戰爭與革命：由於國與國之間的戰爭、外交關係破裂以及一國政權的移轉。

3. 機位過剩：由於廣體客機（wide body）的引進，飛機的座位數增加，載客能力加大，同時因過度擴充，造成機位過剩，航空公司為了提升載客率，政府與航空公司不得不被迫違反當初協議，想辦法尋找市場填滿機位。

4. 非定期班機與包機增加：在協議下，航空公司以經營定期航線為主，有固定的班次及裝載量，但部分航空公司以非定期班機及包機的方式加入，使得該航線產生更大的競爭，造成市場混亂，原本的航空秩序蕩然無存，協定不再有意義。

三、航空運輸三大區域

飛行區域的劃分影響航空運輸甚鉅，IATA為統一管理及制定與計算票價，以及方便解決區域性航空市場各項問題，將世界分成三大飛行交通區：第一區、第二區及第三區，或稱Traffic Conferences-TC1、TC2及TC3。

(一)第一區域（TC1）

TC1西起白令海峽，東至百慕達，包括：

1. 北美：美國可分美國大陸（The Continental USA）及美國（The USA）。美國大陸指美國本土四十八州及哥倫比亞行政特區（District of Columbia）。美國指美國本土大陸及波多黎各（Puerto Rico）、維爾京群島（Virgin Islands）。
2. 中美（不含巴拿馬）。
3. 南美（含巴拿馬）。
4. 加勒比海（Caribbean）、夏威夷群島（Hawaiian Islands）、格陵蘭（Greenland）。

(二)第二區域（TC2）

TC2西起冰島，東至伊朗的德黑蘭，包括：

1. 歐洲：含摩洛哥（Morocco）、阿爾及利亞（Algeria）和突尼西亞（Tunisia），及歐亞大陸的土耳其（Turkey）還有俄羅斯的烏拉山脈（Ural）以西。
2. 中東：含埃及和蘇丹。
3. 非洲：不含摩洛哥、阿爾及利亞、突尼西亞、埃及和蘇丹。

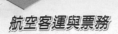

(三)第三區域（TC3）

TC3西起烏拉山脈、阿富汗、巴基斯坦至亞洲全部，東到南太平洋的大溪地（Tahiti），包括：

1. 亞洲：含俄羅斯的烏拉山脈以東、關島、威克島（Wake Island）。
2. 南太平洋群島：美屬薩摩亞（American Samoa）、法屬大溪地。
3. 澳洲、紐西蘭。

了解IATA的三大區域及各城市位在何區域是非常重要的，因為某些價格或限制條件涉及到進出各個不同區域。

四、飛行方向

計算票價與飛行方向（direction of travel）是有重要關聯的，一個行程會因旅行方向不同而產生不同票價，兩地之間也會因飛行方向不同而產生不同的里程數。

飛行方向以兩個字母的環球指標（Global Indicator，簡稱GI）來代表，下列是常用到的飛行方向代號（**圖2-3**）：

1. AP：指經過大西洋（Atlantic Ocean）和太平洋（Pacific Ocean）。如：巴黎→紐約→東京。
2. AT：指經過大西洋。如：波士頓→倫敦。
3. EH：在東半球內（Eastern Hemisphere），亦即第二區和第三區。如：雪梨→法蘭克福。
4. PA：指經北、中、南太平洋。如：台北→西雅圖。

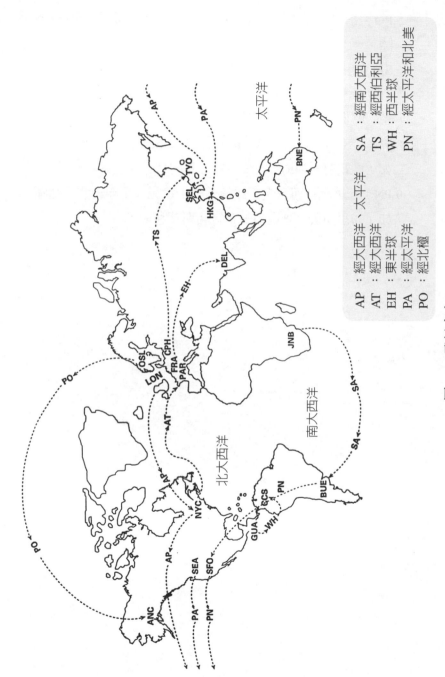

AP	：經大西洋、太平洋	SA	：經南大西洋
AT	：經大西洋	TS	：經西伯利亞
EH	：東半球	WH	：西半球
PA	：經太平洋	PN	：經太平洋和北美
PO	：經北極		

圖2-3　飛行方向

5.PO：指經北極路線（North Polar）。如：安克拉治→奧斯
　　陸。

6.SA：指經南大西洋。如：約翰尼斯堡→聖保羅。

7.TS：指經西伯利亞路線（Trans Siberia Route），中途不可停
　　留、轉機。如：首爾→哥本哈根。

8.WH：在西半球內（Western Hemisphere），亦即第一區。
　　如：蒙特婁→利馬。

9.PN：起終點在西南太平洋與南美，途經太平洋和北美地區。
　　如：布里斯班→舊金山→布宜諾斯艾利斯。

Chapter
3

空中交通的演進

- 航空器之發展
- 美國航空公司之崛起與航空政策
- 飛機的種類與功能
- 客運飛機機型簡介
- 機場功能與各國機場簡介

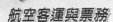
航空器的發展，縮小了人與人、國與國之間的距離，雖然廣體客機載客量大，但窄體客機仍是航空公司的主流。1997年波音（總部於西雅圖有tour供遊客參觀）合併麥克唐納‧道格拉斯（McDonnell Douglas）飛機製造公司後，與歐洲的空中巴士形成兩大超強飛機製造公司。為了容納繁忙的空中交通，機場設備換新與擴建，刻不容緩，許多地區及國家受到機場容量不足的限制，無法充分發展航空事業，為了解決空中交通問題，只好興建新機場、增加新航線。

第一節　航空器之發展

飛機在交通運輸業扮演非常重要的角色，它讓世界縮小、讓人與人的距離縮短，雖然在飛機發明之前，人們就知道使用空中交通比陸上交通來得迅速，於是使用氣球飛行早為一些發明家、探險家所嘗試過，可惜成效不佳，速度、載重有限；1937年由歐洲飛往美國的德製熱氣球載客飛行，意外發生爆炸，終止了人們以熱氣球載客的美夢。

一、飛機機型與功能的演進

最早的飛機是無動力的滑翔機，1903年萊特（Wright）兄弟在北卡羅萊納州首先成功的使用引擎來推動飛機飛行，總共飛行了12秒。由於第一次世界大戰，大大地推動飛機的發展，當時使用鐵製的機身並將引擎量加大，每小時飛行速度可達65～130英里。歐洲的航空服務在第一次世界大戰後發展迅速，一方面是私人公司利用戰後剩餘下來的飛機從事運輸用途，另一方面則是政府積極的補

興登堡號飛船

　　興登堡號取名於德國陸軍元帥保羅・馮・興登堡，是一艘德國製造體積龐大的載客飛船。它由齊柏林公司在腓特烈港的博登湖設計並建造，於1931年開始建造，1936年投入運營，是作為跨大西洋載客、貨運以及郵件服務而設計的運輸工具，但是在德國國民教育與宣傳部的命令下，興登堡號第一次的工作則是被帝國航空部用來散發納粹宣傳單的工具。

　　1937年5月6日，在一次跨大西洋飛行時，在美國新澤西州曼徹斯特鎮萊克湖（Lakehurst）海軍航空總站上空，因為進入雷雨區嘗試降落時爆炸燒毀，烈火僅34秒鐘便吞噬了這艘史上最大的飛船，飛船上的36名乘客以及61名工作人員中有13名乘客和22名工作人員喪生，地面工作人員有1名死亡，造成36名人員失去了生命。

　　興登堡號位於上層的甲板包括給乘客居住的小房間，兩側則是面積巨大的公用艙室：包括一個位於左舷的餐廳、一個休息室以及一個位於右舷的寫作室。位於下層的甲板有洗手間、一個工作人員使用的

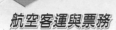
餐廳以及一個吸菸室。

興登堡號有4具16缸各1,200匹馬力柴油引擎,最大速度135公里／時,航程可達16,500公里。第一次跨北大西洋航行載著56名工作人員,50名乘客。之後變更設計,飛船一次最高可搭載72名乘客,飛船上還安裝了用於收集雨水的水槽,雨水被收集起來用於充當壓艙物。1936年7月,興登堡號創下了於5天19小時51分鐘內完成跨大西洋旅行的紀錄。

有關爆炸事件,當時「興登堡號」灌入了700萬立方呎的氫氣,雖然氦氣遠遠超過氫氣安全,但氫對飛船的操控更具機動性。災難後調查,因飛船上氫氣大量外泄,碰觸瞬間出現的火花而引起爆炸。這一事件打破了公眾對這艘巨大飛艇的信心,也標記著飛艇時代的結束。

資料來源:維基百科;美聯社。

助。1927年,查理士‧林白(Charles Lindbergh)由紐約到巴黎,首度完成單獨駕機飛越大西洋的壯舉,振奮了美國人心及飛行的興趣。1936年,雙引擎時速170英里的Douglas DC-3,可載客21人,開始了空中服務,1937年美國的主要國際線航空公司——泛美航空(Pan American World Airways, Pan Am)開始了飛越太平洋的載客服務,接著於1939年開始飛越大西洋的載客服務。

第二次世界大戰使得商用航空事業更向前邁進,戰爭加速了飛機工業的研發,製造出飛得更快、更遠、更安全的新型飛機,DC-7、B377、Lockheed Super-Constellation是當時的代表作,能飛越大洋不需停留,可載客100人,使用螺旋槳引擎可飛行18小時。美國私人公司對飛行器的研發,使得美國在航空事業上居於領先的地位,至於大部分屬於國營的歐洲航空公司則緊追在後,力圖發

展，創造更好的成績。

在1950和1960年代之間，由於噴射商用客機的出現，取代了螺旋槳式的飛機，使得兩地之間的距離更為縮短，經營效益增加，1960年代後期，幾乎所有大型航空公司都使用噴射式的客機。隨著科技不斷的發展，飛機續航力增加，飛行更平穩、安全，機艙內空間更寬廣、舒適，機內的餐飲、娛樂、服務也不斷的提升，尤其是對跨洋的長程飛行人們不再視為畏途。

目前世界所使用的飛機種類繁多，由早期波音707噴射引擎客機問世，1958年10月28日美國的泛美航空公司首度使用707客機，由紐約飛抵巴黎，載客180人，時速590英里，開啓商用噴射客機時代之序幕。到今日Airbus380、B787的發明，飛機製造公司每隔數年即有新機種之推出，試圖製造出最有效益的機型，以節省營運成本，適應各國市場及滿足航空公司之需求。基本上航空公司在選擇飛機種類時會考慮的因素很多，包括：

1.航程：飛機的適用飛行距離一般分短程（1,500英里以下）、中程（1,500～3,500英里）及長程航線（3,500英里以上）。基本上短程航線的操作費用較長程航線高，因素有二：
  (1)短程航線飛機起降頻繁，須消耗較多的油料，此外短程空中飛行油料效益低，飛機爬升時最耗油，一旦爬升到最省油的飛行高度後，不久就須準備下降。
  (2)短程航線飛機停留在地上的時間久，產值相對降低。
2.載客數：一般可分50、70、100～120、150、180、250及300人以上。
3.直接營運成本：如耗油情況及維修成本。

到了1970年代，各飛機建造公司紛紛推出飛得更遠、更快、載客量更高的飛機，1975年前蘇聯的超音速客機圖勃列夫144型

（Tupolev-144）問世，隔年英、法合作的協和號超音速客機開始載客服務，開創了以超音速飛機載客的紀元。其中1970年廣體客機B747的出現，使得空中旅行更完善、舒適。雖然從事飛機製造的廠商不少，但製造大型客機的國家並不多，絕大部分集中於美國及前蘇聯，其餘為歐洲各工業國合造。

製造廣體客機的公司有美國洛克希德公司如三星客機（Lockheed Tristar 1011）（機齡已久現逐漸淘汰中，仍在執勤的不多）、美國麥克唐納‧道格拉斯公司如MD-11（已被波音合併）、美國波音公司如B747、歐洲數國合作的空中巴士如A340。這些飛長程的廣體客機能由紐約直飛到印度或日本，舊金山飛到布宜諾斯艾利斯中途不須加油。1981年至1982年遭遇第二次石油危機，使得波音和麥道遭遇重大衝擊，尤其是廣體客機，直到油價回穩才見好轉，但也使得機種開發型態上轉向開發經費少的現有機種改良方面。

根據歷史的軌跡，飛更遠、更快、載客量更大的飛機將是未來的目標，但這種趨勢必須建立在全球經濟景氣持續良好，以及有更節省燃料的設計出現，以降低飛行成本。目前航空事業成本漲高，利潤下跌的情勢，使用省油設計的機型是各家航空公司的政策，實務上以載客150～180人、雙引擎、短程線機種市場占有率最高。

二、機上餐飲設施

飛機上的廚房（galley）最早出現在1950年代，由洛克希德公司製造的長程客機Constellation最先使用，當時機上的空中廚房相當簡單，僅提供旅客簡單的糕點及咖啡。今日的機上廚房，特別是飛行長程的越洋班機，則提供種類複雜的餐飲，所需的設備也頗具規模，它具備有儲藏食物、進行簡易烹調及調配飲料的功能。

飛機的設計在於增加載客空間，因此必須儘量減少其他空間

以增加旅客座位數，因此對於機上廚房的裝置以及餐車的設計均要求具有簡易操作、快速、質輕、性能好、易維修的特性。其廚房的設備包括空服人員使用的調理台、加熱用的高溫烤箱、冷熱毛巾保溫箱、儲存食物的冰箱、冷卻器、開水機、微波爐、咖啡、茶壺、餐車等。這些相關配備都必須合乎美國聯邦航空署（FAA）的檢驗要求，因此機上廚房的造價均不低，當然其功能與品質均屬上乘之作，以煮咖啡的設備為例，它可以在兩分半鐘內煮沸1.4公升的咖啡。至於食物的衛生條件更需經過嚴格的監控，無論在製造、運送及冷凍、加熱過程，均有一套科學化的運作流程。為確保飛行的安全，空廚會為飛機的正、副駕駛準備不同的餐食，以避免意外事件發生。

航空公司均有特定合作的空廚，且會定期與空廚召開會議，研擬每季變化的菜單，讓旅客有嶄新的感受。機上食物的準備，一般在飛機出發前24小時，空廚人員就要將所有食物準備好，8小時前調理完成，將餐點放置於暫存室中保持鮮度，並於飛機起飛前2小時由運餐卡車送至機場，當空服員開始供餐時再將之加熱，使旅客能享受新鮮美味的菜色。我國目前計有五家空廚公司，其主要營業地點為：

1.桃園國際航空站：華膳空廚公司、長榮空廚公司、復興空廚公司。
2.高雄國際航空站：高雄空廚公司、立榮航空公司。

第二節　美國航空公司之崛起與航空政策

一、美國航空公司之崛起

　　美國航空運輸業的成長與茁壯，與美國政府對航空運輸業的資助與立法有很大的關係。1929年美國的郵政總長——布朗（Walter F. Brown）著手建立空中航運網路，他以獎勵措施及不斷遊說，將小規模、經濟力量薄弱的空郵和載客航空公司合併成美國大陸四大民營航空，分別是：

1. 聯合航空公司：由波音及國家等航空合併而成，營運北方航線。
2. 環球航空公司：由洲際及西方空中客運系統合併而成，營運中部航線。
3. 美國航空公司：由很多小公司合組而成，經營南方航線。
4. 東方航空公司：航線由紐約到佛羅里達州。

　　布朗建立了經濟上可自給自足的空中交通網，並透過空郵合約之補助，使四家航空公司發展成全國性載客航空公司。1938年美國之民航法通過，1940年民用航空委員會（Civil Aeronautics Board, CAB）成立，CAB對美國空運之發展功能很大，它一方面激發具競爭能力之航空運輸公司成長，一方面訂定法規約束。1950年，當四大航空公司脫離政府補助後，CAB開始輔導一些小規模、獨立的航空公司，使這些區域性的航空公司如西北、達美、西方（American West Airlines）、大陸、布拉尼夫等能日漸茁壯。

　　1960年CAB又轉移注意力，以資金補助地方性的航空公司，這些公司提供小城市間飛航服務，對於營運規模越小、成本越難回收的小城鎮，補助越多，以便加速這些公司經營獨立。

　　美國對國際間空中運輸不如歐洲各國來得早，直到1935年由邁阿密一家小公司發展出來的泛美航空首次跨洋航行，並於1939年以波音314型飛機由紐約州飛到英格蘭的南安普敦，成為第一架載客飛越北大西洋的定期商業客運，隨後環球、西北、達美相繼投入國際航空市場。泛美航空帶動了美國國際運輸，曾經飛航世界八十多個國家，盛名一時，可惜因面臨市場競爭壓力，虧損連連，已宣布破產，其所經營之航線已轉賣給其他航空公司。

　　美國的航空市場競爭相當激烈，如就連大型的航空公司因面臨破產而申請重整的新聞也時有所聞。2001年9月11日的恐怖份子攻擊活動對全球航空業者而言是一大挑戰，美國的航空公司受害最深，赤字連連；2008年又逢油價高漲與金融海嘯先後重創，有許多美國的航空公司將再度面臨破產、重整或合併的命運。例如2010年西北航空（Northwest Airlines）正式併入達美航空公司，「西北航空」的品牌走入歷史。美國大陸航空（Continental Airlines）2012年併入聯合航空。全美航空（US Airways）2015年所有航班營運均併入美國航空。

二、美國的航空政策

　　美國一直到70年代中期都實施嚴格管制其航空運輸市場，主要是根據「民用航空法」及1958年公布的「聯邦航空法」，還有交通部的聯邦航空署（FAA）的規定，而民用航空委員會（CAB）則為其最高民航主管機關。

　　美國航空主管機關限制競爭的政策，不久就受到批評，CAB

管制下的航線價格過高，因為CAB在估算機票價格時，都把飛行的距離當作計算的依據，因此所計算出的票價，長程航線的總成本太高，而短程航線的總成本則過低，1974年美國的反對黨開始對CAB的市場政策進行調查，並討論解除管制的優缺點。

1978年「航空公司解除管制法案」出爐，並擴展到國際航線上，作為市場控制主管機關的CAB被廢除後，其職責由不同的專業部門特別是運輸部（Department of Transportation, DOT）接收。運輸部成立於1967年，其功能為規範、審核新進航空公司、航空公司合併、消費者保護，以及國際航線之開闢、使用，原本這些功能是由CAB負責，CAB取消後，由DOT接手，美國開始進入自由航空市場的時代。美國的國內市場形成：

1. 價格彈性：由1983年起，美國國內航空運輸價格由各家航空公司決定。
2. 市場進出：每家航空公司都可以自行決定是否要繼續經營一條航線，對於小城市的交通聯繫，交通部可以命令航空公司繼續經營其虧本的路線，必要的話，航空公司可以獲得理賠。
3. 安全管制：FAA是監督的主管機關，可發布新的安全規則。

解除管制後的美國航空市場產生巨變，機票價格較管制前低，在1988年，89%的旅客是以總價64%的折扣價來購買機票。航空公司在計算機票價格時都是以「經濟平衡」來考慮每條航線實際的生產成本，來作為訂定機票的標準，幾乎90%的交通收益是發生在成本較低及競爭激烈的遠程航線上。自由價格的形成，使得市場價格越來越混雜，各種特價票及不同的限制紛紛出現，且價格經常變動。由於價格大戰而引發許多航空公司宣布破產的危機，直到1986年，大約二百家航空公司獲准經營，但競爭之後其中就有一百四十

家宣布倒閉，如今美國國內交通運輸服務三分之二都是由美國、聯
合、達美、西南四家大航空公司提供。

 ## 第三節 飛機的種類與功能

　　不同的機型，有不同的設備與功能，商用的飛機公司因使用目
的、飛行距離、承載量、耗油量、維修成本等因素而決定購買不同
類型的飛機。根據發動機的種類可把民航機區分成螺旋槳飛機（含
直昇機、噴射螺旋槳）及噴射機兩種。

　　一般螺旋槳飛機適用於短距離、外島或區域性飛行，降落於小
機場，飛行於起降頻繁的航線，比較符合經濟效益。至於噴射式飛
機承載量大，適合較長距離的飛行，以飛中、長程航線較佳，但也
有不少用於旅客量大的短程航線，例如日本使用747飛行一些交通
量大的國內航線。噴射式引擎飛機可分單走道及雙走道，單走道載
客量較小，飛行距離一般屬於短、中程飛行，雙走道的廣體客機有
二到四個引擎，載客量大，飛行遠，常用於長程或越洋航線，最受
旅客歡迎，波音747是典型的代表。

一、直昇機

　　台灣客用直昇機於1994年開放，但由於相關設施及法令無法
配合，直昇機業務以鳥瞰、航照及噴灑農藥為主。1998年德安航空
公司開闢由台中水湳機場到溪頭米堤飯店的航線，飛行時間約20分
鐘，票價新臺幣二千元，這條國內航線的開辦，為台灣本土直昇機
市場帶來一片先機。

　　直昇機拿來當作商業用途在國外頗為普遍，至於當作觀光用

途亦行之有年，由於直昇機可低空飛行，視界寬廣，容易飽覽景點風光，同時航站面積小，不易受地形地物影響，容易起降，在一些觀光城市中，遊客可以找到提供直昇機空中遊覽服務的據點。在台灣，直昇機的觀光市場始於1997年，由德安航空公司開闢台東—綠島以及台東—蘭嶼的離島航線，由於台灣地小、人稠、交通擁擠，開放直昇機觀光市場，潛力無窮。

目前全世界大型商用直昇機製造公司以美國的貝爾公司（Bell Aircraft Corporation）出產的直昇機，市場占有率最大，其次則是歐洲的直昇機公司（Eurocopter）。

貝爾直昇機公司位於德州的沃斯堡（Fort Worth）（靠近達拉斯），由於其產品行銷世界各地，因此設置了四大零件供應廠——沃斯堡、加拿大的卡加利（Calgary）、荷蘭的阿姆斯特丹以及新加坡——以便隨時供應需求，至於位在加拿大蒙特婁的貝爾廠則是負責最後的直昇機組裝工作。

台灣目前有中興航空、德安航空和凌天航空領有民用直昇機經營執照，我國的漢翔航空製造公司也與貝爾合作生產直昇機。

二、客機

(一)最大起飛重量

在全球眾多機型中，單就機身重量曾經以B747-400的180噸最重，其次為B747SR的155噸及A340-300的126噸。就每架飛機的承載量（包括旅客、貨物、燃料三項）來說，越大的飛機承載量就越大。如B747-400最大起飛重量（機身淨重＋承載重量）可達394噸、A340-300則為253噸、MD-11型273噸。2007年啟用的雙層Airbus A380設計的載客量為555人，但最大載客量能達到840人，機

上的空間足夠停放70輛小轎車,飛機起飛時的重量為421噸,而最大起飛重量可達560噸。Airbus A380這些驚人的數字讓任何客機都顯得相形見絀,位居所有機型之首。

另外,飛機在完全載滿,亦即在最大起飛重量下起飛的情況是不會發生的,除了安全上的考量外,因為必須在飛機強度臨界點所能承受的重量範圍內飛行,一旦飛機在最大起飛重量下進行飛行時,不僅需要較長的跑道起飛(一般跑道約3,000公尺),且起飛能力會變得困難,同時也會減少飛機的壽命。

(二)客機飛行高度

基本上,在飛行高度越高的地方飛行,耗油量越少,但飛得高,爬升距離遠,耗油量便越大,對短程飛行較為不利。

各式客機飛行的高度不一,一般渦輪螺旋槳飛機飛行高度在10,000～20,000英尺、噴射客機的飛行高度約在20,000～40,000英尺左右、超音速飛機高度在50,000英尺左右。最佳飛行高度,一般噴射飛機是在30,000英尺,大約是9,000公尺左右,比8,800公尺的聖母峰還高,因此保持在9,000公尺飛行的飛機是不需擔心會撞到山的。由於巡航在30,000英尺是噴射機最適宜的高度,也因此造成航道飛行過密的不利因素,至於世界飛行最快的協和號客機飛行高度則在55,000英尺,沒有飛行擁擠的困擾。

(三)飛行速度與續航力

飛機的速度由螺旋槳發展到超音速飛機可說增進許多,以目前飛機的標準巡航高度及承載量,最有經濟效益的飛行速度是0.75～0.82馬赫,有四具引擎的波音747每小時最大飛行速度為939公里,空中巴士340型則超過1,000公里。現今最快的超音速客機其速度是音速的2.02倍,或稱2.02馬赫(1馬赫等於音速,約每小時1,223公

里）。

除了飛行速度外，續航力也是經營越洋航線的航空公司所關切之問題，目前777-200LR Worldliner在2006年投入服務時，成爲世界上飛得最遠的商用飛機。LR意指「長距離型」（longer range）。搭載了額外加設的油箱後，此機可於18小時內，飛行17,445公里；而空中巴士的A340-500續航力也可以到15,400公里；至於波音777及747續航力也都能超過13,000公里。

(四)飛行距離

空中飛行距離受到風的影響。由於地球自轉，在高緯度地區會產生非常強勁的氣流由西向東吹，其風速達到100海里，冬天時甚至會超過250海里。台北到紐約的航線是世界最長的航程之一，全長12,472公里，接近B747的13,000公里航程，以往飛機均會選在美國阿拉斯加州的安克拉治停留，如今在冬季，台北到紐約可以直飛不停。例如DL航空台北到紐約直飛約17小時，回程約20小時。

第四節　客運飛機機型簡介

許多先進國家均設有飛機製造公司，有的只製造軍用飛機，有的只製造商用客機，有的則兩者均備。事實上有許多製造公司是以合作裝配的方式生產，由各個製造公司製造飛機的一部分，最後再運輸到某一總廠組裝起來。本節所介紹的飛機以商用客機爲主；另外，軍用飛機不在本書討論範圍之內。

一、航空公司飛機外型與內部座位陳設

　　飛機製造公司在飛機生產、裝置過程中，均會依照航空公司之
要求而作不同之設計調整，以達到航空公司市場上之需求與最大利
益，因此載客艙艙別的配置上未必相同，有些分兩級，如美國國內
線或部分飛國際線航空公司，曾經艙內只有頭等及經濟艙之設置，
我國國內線因飛程短，一般均只有經濟艙，但部分航空公司為了提
升服務，在台北、高雄航線則設有商務艙。早期一般飛國際航線的
航空公司均設有頭等、商務、經濟三艙，而我國之長榮航空，則另
加設長榮客艙（或稱豪華經濟艙），成為世界僅有的四等艙別。如
今許多航空公司推出豪華經濟艙，航空公司推出的目的主要是吸引
一些想享受比經濟艙位子較好的設備及服務，但又不想付出像商務
艙如此高的價格的旅客。每一家航空公司對各艙別的座位數設置也
不相同，若為了增加載客人數則可增加經濟艙座位，減少頭等及商
務艙座位，但該班機之營收未必會增加，根據航空公司之營收統
計，航空公司之主要營收以占旅客人數20%的商務客為最大的利潤
來源。商務艙的票價約為經濟艙之一倍，而頭等艙票價則又比商務
艙高出甚多，目前航空公司有減少頭等艙之趨勢，增加商務艙數目
及舒適度與服務，以招徠更多旅客搭乘商務艙。

　　機艙座位之配置，飛機之機身可分單走道及雙走道廣體客艙，
且各家飛機製造公司設計之機身寬度亦不同，因此座椅之排列有很
大的變化。通常頭等艙及商務艙的座椅寬敞舒適，均以左2、右2或
左2、中2、右2之方式排列，以方便旅客進出，但經濟艙因旅客所
付費用相對低廉，航空公司則精打細算，座椅排列較密集，不同機
型有不同配置方式（**圖3-1**）。

由於團體旅客均搭乘經濟艙，在辦理登機手續習慣上以英文字母排列順序來辦理，旅客無法事先向航空公司要求座位靠窗或走道，也無法指定希望與某人為鄰，這時若能了解飛機座椅排列方式，則能在拿到登機證後私下互相交換位置，以避免許多團體旅客上了飛機後，發覺親人沒有坐在一起而忙著喧譁換位，久久不能安定坐下，造成機內一片混亂，不但影響他人及飛機起飛，也有損國人顏面。

依照國際慣例，經濟艙座位若以機首為前方，在雙走道客機，左側靠窗座位固定為A，右側靠窗座位固定為K，左側靠走道的位置為C、D，右側靠走道位置為G、H（並非所有飛機座位均按此排列），例如：B747的3-4-3座位為ABC-DEFG-HJK，由於I會引起口誤，所有飛機均不採用。至於單走道客機，走道左側為C，走道右側為D，但也有另一種採用方式，如長榮MD-90的左3右2座位，左邊是ABC，右邊是HK。

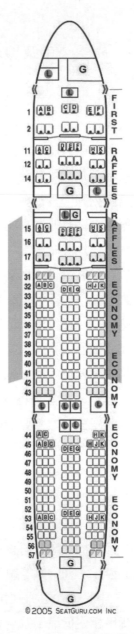

圖3-1　B777-200座位排列

資料來源：華航網站。

 飛航資訊

豪華經濟艙

　　豪華經濟艙（Premium Economy Class），部分航空公司會有另外稱呼，是機上服務中，介於經濟艙與商務艙間的艙等之間，價錢約為經濟艙的110～225%。豪華經濟艙設計專用座椅跟經濟艙不同，除了較大椅距、較多後躺角度及較寬的空間外，有的有腿部伸展墊。豪華經濟艙通常會與其他艙等分開，並設置於經濟艙及商務艙之間，通常出現在中、長程航線。

　　此艙等是1992年由長榮航空率首設置，取名「長榮客艙」，成為全球第一家使用豪華經濟艙的航空公司。除非因個別乘客的要求，旅行團通常不會安排使用豪華經濟艙。

　　豪華經濟艙的服務大致與經濟艙相同，不過大多會免費提供個人用品包。航機餐點、飲食種類大多會比經濟艙多，餐點品質通常也會較高一些，但仍會依據航程的進餐時段供餐，與頭等及商務艙能夠自選用餐時段有所不同。豪華經濟艙之乘客無法享用航空公司的機場貴賓室。

資料來源：維基百科。

二、飛機製造公司

　　影響世界航空市場的飛機製造公司有四大家：波音、麥克唐納‧道格拉斯、洛克希德及空中巴士。這四家均曾在國際市場占有一席之地，可惜在歷經嚴酷之市場競爭後，其中兩家已成歷史名詞。

(一)波音公司

波音（Boeing）公司創於1916年，創業人叫威廉‧波音，父親是德國人，母親是越南人，成立之初的主要工程師是麻省理工學院畢業的華裔美人王助，當時公司名為太平洋飛機製造公司。至今已有九十多年歷史的波音，是美國著名的飛機製造公司，原本業務是製造戰機，二次世界大戰後，波音乃轉攻商用客機市場，並超越原本是商用客機翹楚的麥克唐納‧道格拉斯公司。

波音公司的成長，可說是人類航機發展的寫照，從最早推出的波音707、727、737、747、757、767，至今日的777與787，廣受世界各航空公司的喜愛與採用。波音歷經驚濤駭浪充滿艱辛，曾有一連十七個月沒賣出一架飛機的紀錄，不過終能屹立不搖，且日益挺拔、茁壯。今日，它是美國科技發展的代表，所建立的飛機各項設備與安全標準也為其他公司所一致遵從。位在西雅圖的波音公司有兩大機身組裝廠——Everett和Renton，這兩棟龐大的廠房約十一樓層高，廠內一架架飛機正進行著不同階段的組裝工作，為了讓世人能對航空業進一步了解，廠房有開放供一般民眾參觀。

1997年8月波音公司收購美國的麥克唐納‧道格拉斯公司，成為波音旗下的一個部門，全球員工總數超過二十萬人。由於地球圓周的一半是19,000多公里，飛機製造公司不需發展航程超過繞地球一半的商用飛機出現，換句話說，只要飛機能飛行19,000公里，該飛機就足可飛達全世界任何一個角落；因此，無論是波音或空中巴士，對未來飛機的發展，其續航力是有其限制的。

專欄3-1　誰是未來的空中霸主

空中巨無霸V.S.夢想飛機

　　一直以來國際遠程航空客運市場，基本上被美國的波音747客機所壟斷；1965年8月，空中巴士研製了A380，甫推出時就贏得了各家航空公司的青睞，這個天之驕子打破了波音747統一大型客機天下的局面。

◎空中巴士A380

　　A380飛機機身長78公尺，機艙長度50.68公尺，翼展近80公尺，高24.1公尺，比波音747客機大了將近70%，分三個機艙，標準客艙布局為555座，比波音747多載150人，最大載客量可達850座，最大航程14,800公里。並且設計過程充分考慮現代化機場對雜訊和汙染的規定，有助於因應旅客數量增加，又不會對環境造成負面影響，各種設計與技術的革新讓A380不僅滿足當前機場的噪音限制，更比波音747客機安靜。

　　此外，A380飛機比同類型的波音747客機的座椅和走道更寬大，寬闊的空間可讓乘客自由伸展腿部。大容積的置物箱可為旅客容納更多拖輪行李箱，同時還方便取放行李，而且不會影響頭頂的空間和在客艙的走動。

　　空中巴士公司甚至在A380上設置新一代的空中娛樂系統，這是迄今為止最先進的機上娛樂系統，還可利用寬大的機身設置健身房、美容院等娛樂設施，使顧客在搭機時感覺像乘坐豪華遊艇般一樣舒適。

◎空中巴士集團：**2010年訂單產量均創紀錄**

　　2010年各國航空業者都擺脫景氣低迷，創造不錯營收數字。而飛機製造商也傳出好消息：歐洲的「空中巴士集團」發布年度報告指出，去年度各生產線，總計交出510架民航機給94家客戶；至於商用客機的訂單則是達到644架，雙雙創下紀錄。

　　「空巴集團」表示其中，「單走道」的A320家族依舊是銷售主力，總計訂單達到452架。至於A330/A340系列有91架。至於超級巨無霸A380客機，2009年共交運了18架。

A380頭等艙

A380頭等艙

A380商務艙

A380經濟艙

A380經濟艙

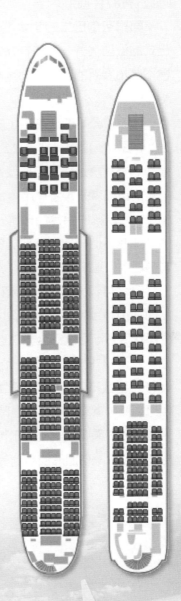

A380配置圖

◎波音787客機

面對空中巴士的步步緊逼，波音公司研究了夢想飛機，並確定正式的機型代號——波音787，針對的是遠程中型客機市場；設計目標不是拓展新的市場空間，而是替代現有的波音767飛機和空中巴士A380。

在波音公司的規劃中，航程約為5,556公里的787-3型飛機，可載客296名；航程約為15,742公里的787-8標準型飛機可載客223名；航程約為15,372公里的加長型787-9型飛機，可載客259名。波音787設計上的重點就是大量採用複合材料，各種複合材料的比例達到空前的50%，而傳統的鋁合金材料只占了20%，複合材料的使用使「夢想飛機」擁有其他機種無法比擬的其他優勢。故有人認為波音787在複合材料使用上堪稱革命。

複合材料大量使用有效減低飛機重量，與波音767和空中巴士A330相比，燃油消耗降低20%，且複合材料可降低生產成本及提高生產速度，亦可讓乘坐更加舒適並承受更大壓力。與其他中型飛機相比，波音787的客艙更大，座椅也寬許多，客艙頂部用特殊的照明燈光，營造出天空的感覺，乘客一抬頭就像在天空飛翔。同時這些燈光也可調節，當乘客需要休息時，空服員可將艙頂調整成美麗的夜色。

另外，乘客無論坐在飛機的任何位置，都可透過比目前普通民航機的窗戶大一倍的舷窗看到美麗的地平線。

專欄3-2　A380命運

　　A380客機是全球載客量最高的客機，打破波音747過去三十一年的世界載客量最高的民航機紀錄。A380亦不同於波音747客機，是飛機首架真正的雙層客機，當採用最高密度座位安排時，最高可承載893名乘客。

　　A380提供夠寬敞的座位空間，艙內噪音也比其他種客機小，飛行穩定性也更好，軟硬體完善，較受到財大氣粗的航空公司喜歡，精打細算的美國航空公司目前就沒有一家買過A380。A380在2007年一架約為3億美元，2018年一架全新的要價4.45億美元。除了售價高昂之外，由於A380耗油過大，座位數雖然增加許多，但在對等航線中，搭載旅客並未明顯增長，航線受限制在樞紐到樞紐飛行，A380往往無法滿載，總搭載人數與機型更小的飛機相差無幾，造成經營成本更高。

　　空中巴士共交付了237架該飛機，阿聯酋航空是最大買主，但2019年阿聯酋航空削減A380訂單，由於訂單減少，空中巴士宣布於2021年完成訂單交付後將停止生產該款客機。第二大用戶新加坡航空擁有19架A380。於2019年，最早使用A380的新加坡航空公司就已經開始將其A380退役，新加坡航空公司因為找到不到新的買主，擬將A380租賃或拆卸並分售零件。卡達航空也已經考慮在其A380投入運營十年後將它們退役，基本上A380是沒有轉租或二手市場。

　　至於競爭對手波音787，2013年787客機接連發生諸多故障，美國聯邦航空總署（FAA）則發布命令讓所有登記於美國的787客機強制停飛，並要求波音公司徹查787客機的安全性，在調查後，各項證據直指787客機所使用的鋰電池系統為首要事故原因，在進行一連串的改良、測試後，2013年4月26日復飛，到2018年止總交付數781架。

資料來源：TachNews；維基百科。

◆波音飛機製造生產系列

波音飛機製造公司生產系列如下：

【波音707系列】			
首航	1958年。美國第一代噴射客機，泛美率先使用		
價值	初期售價為1,000萬美元以上，1988年1月因噪音管制法規定，不能再使用		
載客量	最多180個座位	座位排列	3-3
出廠架數	1,000架以上	引擎	4個，均在機翼

【波音727系列】			
首航	1963年。曾為我國空軍一號總統專機。在1960年代出產但已停產的飛機中，銷售量很大		
特色	T型機尾，三個發動機在機身後方，是波音唯一將引擎放在後機身及有三個發動機之機種		
價值	初期約1,000萬美元		
載客量	145個座位	座位排列	3-3
出廠架數	約1,800架以上	引擎	3個，其中一個位於機身後上方

【波音737系列】			
首航	1968年		
特色	為波音公司最暢銷的機種，有第一代的100／200，改良的300／400／500，到最近的600／700／800，及未來型的900。737曾是台北←→高雄的主要機種，華航於1998年9月率先購買737-800型機種，此機種有最先進的「加強型地面接近警示系統」。一般飛機在機腹裝有雷達感應器測量和地面距離，在碰撞前20秒會發出警告訊號，737-800則將碰撞警告時間拉長至20秒前。是目前世界上民航機中生產壽命最長、交付量最多的系列		
價值	1995年約2,000萬美元，目前約3,000萬至5,000萬美元，依型號而定		
載客量	120～150個座位	座位排列	3-3
出廠架數	5,000架以上，仍在生產中	引擎	2個，在機翼

美國US Airways航空公司波音737-400型飛機。

【波音747系列】		
首航	1967年	
特色	為全世界機種中，唯一分上下兩層甲板的機型。自從1969年生產以來，一直是全球最大的民航機，直至空中巴士A380的出現才將這頭銜卸下	
價值	最新的747-400約1.5億美元	
載客量	全部規劃為經濟艙，有500個座位以上	座位排列	3-4-3（雙走道）
出廠架數	1,300架以上	引擎	4個，均在機翼

澳洲Qantas航空公司波音747-400型飛機。

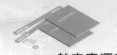

航空客運與票務

專欄3-3　波音747各種機型

波音公司生產的747各種機型有：

①747-100

最先生產的機型，上層較短。

②747-200

747-100改良型，外型上與747-100差異很小。

③747-300

747-200的改良型，上層客艙加長，由於上層艙無法載貨，因此無全部載貨機型。

④747-SR（Short Range）

專為短程、起降頻繁、高載客量航線所設計之機種，主顧幾乎都是日本的航空公司，由於飛日本國內線，載客量大，1985年日本一架747-SR因故撞山失事，計520人罹難，為空難事件中死傷第二慘重，但為最大的單機空難事件，日航羽田機場的修護主任因而自殺謝罪（世界上最大的死傷空難事件為1977年3月27日，荷蘭皇家航空與泛美的747在跑道上互撞，造成583人死亡）。

⑤747-SP（Special Performance）

747-SP是為加強航程所設計，機身長度減為56.31公尺，比747短14.35公尺，看似身材短胖，由於上層客艙較短，從外觀可容易辨別。SP係指特殊性能，波音暱稱為「巨無霸寶寶」（baby jumbo），它是波音為了因應超長航線需要而發展的特別機種，747-SP可飛11,000公里，可由台北直飛美國東岸。1976年南非一架747-SP搭載50人由西雅圖直飛開普頓市，航程達16,560公里，創下民航航程最遠紀錄。由於市場上並不需要超長航線的飛機，因此747-SP產量並不多，共只造了45架，華航曾兩度用來作為中華民國總統專機。

⑥747-400（圖**3-2**）

　　機身70.66公尺、高19.33公尺、翼長64.31公尺，目前是747系列中唯一尚在製造的機種。上層客艙較長，中間被一扇門分隔成前後兩段，如同747-300，外型上最大的特徵是在翼梢增加了翼端小翼（winglet）（747-300無翼端小翼），可以減輕翼梢渦流產生的阻力，可飛行更遠，油料更省，最大巡航速度每小時939公里，最大航程13,600公里，由於航電設備自動化程度提高，747-400只需兩名飛行員駕駛，經濟性更高。第一架747-400於1989年12月交給美國的西北航空，目前最大用戶為新航。747-400是目前波音公司的機種中，航程最遠、載客最大，可搭乘420多人，機身重量184噸，最大起飛重量為394噸，是載重量最大的客機。

⑦747-400Combi

　　指客貨兩用機種。747機型曾面臨發動機問題及石油危機而重挫，所幸航空市場逐漸復甦以及其優異表現而重現生機，銷售量大增，到現在其銷售總數已突破1,100架，在歷史上銷售排名第四位（前三名為波音737、DC-9／MD-80、波音727）。747是目前載客量最大的機種，一架747若全都是經濟艙可搭載550位旅客，最高載客量為以色列的撤僑行動；以色列將機內不必要的設備拆卸下來，創下了裝載1,084人從衣索比亞起飛的紀錄。

　　直到2008年747共生產了約1,400架，共有45架因意外而報銷，未來747最新型號為747-8。

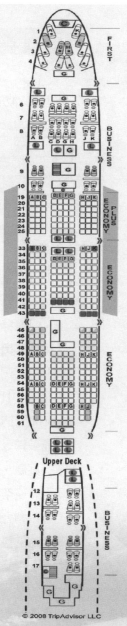

圖3-2　波音**747-400**

資料來源：維基百科。

專欄3-4　波音747-8簡介

省油低碳 波音亮相，橙紅機身誘亞洲客 成本比A380低6%

　　美國航太業巨擘波音公司（Boeing）於2011年2月推出最新的747-8型洲際客機。和波音典型的大型客機相較，這款飛機機身較長，但燃料消耗量更低。波音希望藉此款客機和目前全球最大的客機空中巴士A380抗衡。

　　747-8型洲際客機在華盛頓州艾佛瑞特市舉行的揭幕儀式，約有一萬人參加，這款造價約九十億元台幣的客機捨棄波音客機傳統的藍色，把機身漆成紅橙色，藉此向亞洲客戶表示敬意。在亞洲文化中，紅橙色象徵繁榮與吉祥。747-8型洲際客機雖維持典型波音客機的駝峰造型，但機身較長，可容納較多座位和較大貨艙。

　　該款客機適用於長途飛行，能搭載467名乘客，空中巴士A380則有525個座位。波音公司表示，747-8型客機除了成本低、安靜、碳排放量低、比其他客機更節省燃料外，它也是目前市場上座位介於400～500間的唯一一款客機。747-8型客機部分科技和內裝設計靈感來自命運多舛、遲遲不能交貨的波音787夢幻客機（Dreamliner），除了天花板挑高，還有迴旋梯通往上層客艙。波音已接到33張訂單，包括德國漢莎航空（Lufthansa）和南韓大韓航空（Korean Air）。

　　波音747曾經帶來不錯商業商機，但由於油耗量等因素，且更符合燃油效益的雙引擎飛機不斷推陳出新，波音公司在2017年6月宣布，被譽為「空中女王」的747飛機將停產，並全面由波音777替代，只留下貨機和特殊用途飛機，如空軍一號等。波音747於1968開始生產，截至2017年生產數量共1,528架，波音747保持「全球載客量最高」的紀錄長達三十七年，如今已陸續退役中，日本航空引進最多的747，總共有108架，如今已全數退役。華航曾擁有24架747-400飛機（包括6架客機與18

美國航太總署的太空梭飛行測試運載器

架貨機），中華航空公司的波音747-400型客機於2015年開始退役，最後一架次班機於2016年正式退役，但將繼續使用波音747-400F貨機。

資料來源：歐陽梅芬（2011）。《蘋果日報》，2011年2月15日。維基百科。

【波音757系列】			
首航	1983年		
特色	為中程窄體客機，與767同時生產，操控可以互通，採用省油引擎		
價值	現約6,000萬美元		
載客量	約178～224個座位	座位排列	3-3
出廠架數	1,050架以上，目前已停產	引擎	2個，均在機翼

【波音767系列】			
首航	1982年		
特色	767與757外型差異不大，767有下巴，機身較胖。767飛機是針對1970年代石油危機所產生之衝擊，而研發出來耗油量低的飛機，為中程運輸用，航程約5～6小時		
速度	最大巡航速度每小時850公里，續航能力7,408公里		
價值	現約7,000萬至9,000萬美元		
載客量	190～250個座位	座位排列	2-3-2（雙走道廣體客機）
出廠架數	300架以上	引擎	2個，均在機翼

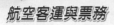

美國Delta航空公司波音767-300型飛機。

【波音777系列】			
首航	1995年，由美國聯合航空率先使用		
特色	是目前推力最大的發動機，最大巡航速度每小時905公里，最大航程13,000公里，機身長63公尺		
價值	現約1.2億美元		
載客量	290～350個座位	座位排列	2-5-2
出廠架數	現仍持續	引擎	2個，均在機翼

【波音717系列】			
首航	1999年。原為麥克唐納‧道格拉斯公司生產，1997年8月4日波音購併麥克唐納‧道格拉斯公司後改名為717		
特色	專為短程、班次密集地區使用，營運成本低，跑道需短，機身與客艙配備如DC-9型		
價值	1,900萬美元		
載客量	106個座位	引擎	2個，在機尾

【波音787系列】	
首航	2011年。787系列又稱為「夢幻客機」（Dreamliner），是波音公司最新型號的廣體中型客機
特色	787比以往的產品更省油，效益更高。此外在用料方面，787是首款主要使用複合材料建造的主流客機
引擎	提供兩種引擎架構作為選擇，分別為通用電器（GE）的「GEnx」及勞斯萊斯的「傳特（Trent）1000」引擎，不同廠商的787引擎均有著相同的標準介面，因此航空公司可把飛機的引擎互換，不存在不相容的問題
載客量	210～330個座位

專欄3-5　波音777簡介

　　波音777是美國波音公司民用噴射機系列最新成員，是波音系列中屬於因應市場導向而設計的機種，於研發初期即參考聯合、英國、國泰、日本等航空公司的意見而設計，並以風險分攤方式與日本飛機製造廠（含三菱重工、川崎重工和富士重工）投資六十億美元完成波音777的開發。1994年4月第一架777正式出廠，有777-200及777-300兩種款式，是屬於中、長程第一個被允許飛越海洋的雙引擎廣體客機，可載客305～440名乘客，能按航空公司要求裝上普惠、奇異或勞斯萊斯發動機，是波音公司耗資數十億美元設計出的既經濟又有效率的新機種，它有高效能的發動機、特輕的複合材料機身，有寬敞的機艙，採用雙走道，雖然只有二個引擎，其載客量卻可媲美波音747。其中777-300為777家族中機型最輕、機身最長的成員，機身全長73.8公尺，原設計機艙內可容納近350個位子，其載客量與續航力與747-100、747-200相近，最大巡航速度每小時905公里，航程達13,000公里，可節省三分之一的燃油與40%的維修成本。777的機翼設計是機翼加長、厚度增加，可達到更大的巡航速度。由於機翼可折疊，能適合日漸擁擠的機場需求。777另一特色是可在72小時內改裝好內部陳設，一般飛機則相對地須花費二至三星期。777是波音公司二十世紀的經典作品，一推出即廣受各國航空公司訂購，並得到好評，我國華航、長榮均在訂購之列。

(二)麥克唐納・道格拉斯公司

1967年麥克唐納公司與道格拉斯飛機公司合併,麥克唐納・道格拉斯公司前身創設於1920年,總公司設於聖路易市,原本是以製造軍機起家,曾是客機市場的龍頭,但為波音超前,並於1997年為波音合併,其飛機設計與別家不同處是引擎的位置及數量,共三具引擎,其中一個裝在機身後上方。

◆麥克唐納・道格拉斯飛機製造生產系列

麥克唐納・道格拉斯飛機製造公司生產系列如下:

【DC-8系列】			
首航	1965年。是美國第一代的噴射客機,目前在市場上已少見		
特色	其機身較A340細長,發動機外型也細長		
價值	出廠時約1,000萬美元		
載客量	180～259個座位	座位排列	3-3
出廠架數	約600架	引擎	4個,均在機翼,依噪音管制法,不再使用

【DC-9系列】			
首航	1965年。為波音727的競爭對手,銷售非常成功,在1960年代出產,當時銷售量僅次於B727,但目前已停產		
價值	出廠時約1,000萬美元		
載客量	約120個座位,中短程	座位排列	2-3
出廠架數	1,171架	引擎	2個,在機身後方

【DC-10系列】			
首航	1971年		
價值	出廠時約5,000萬美元		
載客量	250～380個座位	座位排列	2-5-2
出廠架數	約400架，已停產	引擎	3個，2個在機翼，1個在機尾的垂直尾翼根部

美國大陸航空公司McDonnell Douglas DC-10-30機型飛機。

【MD-80系列】			
首航	1980年。麥克唐納和道格拉斯合併後稱MD，含MD-81 / 82 / 83		
載客量	137～172個座位	座位排列	2-3
引擎	2個，在機尾；低噪音		

【MD-90系列】			
首航	1995年。MD-80的機身加長，外型如雪茄修長，是中短程區間客機		
載客量	約153～172人	座位排列	3-2，非對稱式的座位配置
出廠架數	約130架	引擎	2個，在機尾，後置式引擎設計，專為起降頻繁之中、短程飛行，低噪音，波音與麥克唐納‧道格拉斯公司合併後停產

專欄3-6　MD-90簡介

　　MD-90是麥克唐納‧道格拉斯公司繼MD-80後於1989年開始計畫生產，1993年作首次飛行，並於1994年獲得美國聯邦航空署的通航證明，航程約3～5小時，可搭載約150名乘客，採用一排五個座位的配置，是當前最符合環保要求、最寧靜的機型（後置式引擎設計，有低噪音特色）。

　　由於1997年麥克唐納‧道格拉斯公司被波音公司收購，MD-90與MD-80不再生產（其中MD-95改名為波音717），台灣的長榮、立榮及大華航空公司均有此類機型。

　　MD-90的祖先是DC-9，座位115個，由於廣受歡迎，乃在DC-9之後，麥克唐納‧道格拉斯公司續推出MD-80，亦得到良好口碑，麥道公司乃將MD-80的機身加強，並換裝發動機，將原本可載140人的MD-80型改為單走道、左2右3非對稱配置的MD-90。最高可載客172人的MD-90型，飛行巡航速度為0.76馬赫（約每小時812公里），航程約2,400海里（5,800公里），是屬於中短程客機，起飛跑道長度約在1,500公尺到2,200公尺之間，以載重狀況而定，適合區域性飛行。

【MD-11系列】			
首航	1990年。是DC-10的加長，駕駛員改為2人操作		
特色	MD-11與DC-10類似，但MD-11的翼尖有翼端帆，DC-10則無。巡航速度每小時932公里，最大航程12,570公里，只需2名駕駛員		
價值	現約1.2億至1.4億美元		
載客量	250～400個座位	座位排列	2-5-2
出廠架數	不詳	引擎	3個，2個在機翼下，1個在機尾的垂直尾翼根部

(三)洛克希德

洛克希德是美國的飛機製造公司,因有三具引擎,故有三星客機之稱,該公司一度市場看好,享譽國際,可惜最後不堪市場競爭,現只生產軍用飛機。

◆洛克希德製造生產系列

【Lockheed Super Tristar L-1011(三星客機)】			
首航	1972年。L-1011曾與DC-10競爭激烈,是洛克希德最後機種,目前大都已退休,洛克希德公司也已退出民航客機業務		
價值	出產時約5,000萬美元		
載客量	250~400個座位	座位排列	3-4-3(或2-5-2)
出廠架數	247架	引擎	3個,2個在機翼下,1個在機尾上,這具發動機的排氣管像B727在機身末端下方排氣

(四)空中巴士

空中巴士(Airbus)於1970年創立,總部設在法國的圖魯茲(Toulouse),目前員工有四萬人。空中巴士集團為歐洲四大廠所組成,包括法國宇航(Aerospatiale)(37.9%)、德國Daimler-Benz(37.9%)、英國宇航(Aerospace)(20%)及西班牙CASA(4.2%),其中以法、德占比率較高,各約38%。四個國家按各自專長和持股比重來從事機身各段及系統製造,然後再送到法國的圖魯茲去組裝。空中巴士為了與波音競爭,打破波音公司三百五十人座廣體客機市場,如火如荼的進行A380計畫,希望超前波音開發更大的飛機。空中巴士同時採取合縱連橫策略,與亞太地區國家合作,開發亞洲市場。

◆空中巴士製造生產系列

【Air Bus-300系列】		
首航	1974年。是空中巴士集團的處女作,為最早的雙引擎廣體客機	
價值	出廠時約4,000萬美元	
載客量	201～345個座位	座位排列	2-4-2廣體
出廠架數	560架以上	引擎	2個,在機翼下

【Air Bus-310系列】		
首航	1983年。為A-300型機身縮短,2人駕駛	
價值	現約7,000萬美元	
載客量	210～255個座位	座位排列	2-4-2廣體
出廠架數	200架以上	引擎	2個,在機翼下

【Air Bus-320系列】		
首航	1988年。是空中巴士最暢銷的機種	
價值	現約4,500萬美元	
載客量	150個座位	座位排列	3-3
出廠架數	不詳	引擎	2個,在機翼下

加拿大楓葉航空公司Airbus A320型飛機。

【Air Bus-330系列】		
首航	1993年	
特色	速度每小時880公里,最大航程8,340公里	
價值	現約1億至1.2億美元	
載客量	375個座位	座位排列	2-4-2廣體
出廠架數	300架以上	引擎	2個,在機翼下

【Air Bus-340系列】		
首航	1992年	
特色	4個發動機、單層、有翼端帆;巡航速度每小時1,032公里,航程15,400公里,比B747-400還遠,是現今廣體客機直飛距離最遠之客機(A340-500最遠),只需2名駕駛員,可攜帶15萬加侖燃油	
價值	現約1.2億美元	
載客量	近400個座位	座位排列	2-4-2廣體
出廠架數	300架以上	引擎	4個,在機翼下

【Air Bus-350系列】		
首航	2013年	
特色	為空中巴士目前研發中的最新世代中大型廣體客機,未來將取代A340系列機種。它的競爭對手為波音的B777及B787	
載客量	約270~400個座位	引擎	2個,在機翼下

【Air Bus-380系列】		
首航	2005年	
特色	是法國空中巴士公司所研發的巨型客機,也是全球載客量最高的客機,有「空中巨無霸」之稱。2007年將第一架A380交給新加坡航空	
載客量	最高約可達850個座位	引擎	雙層4個引擎客機

Airbus A380型飛機。

【AE316／AE317】	
特色	為空中巴士所製造的最小的噴射客機,以百人座的區間短程市場為目標
載客量	105個座位

(五)其他歐洲生產的飛機

其他歐洲生產的飛機尚有:

1. 英國出品的:

(1)BAE146:88～100個座位,以3-3排列,4個引擎,噴射客機。

(2)BAC-Trident:103～139個座位。

(3)British Aerospace-ATP:64個座位。

2. 法國出品的Caravelle:128～140個座位。

3. 荷蘭出品的福克:

(1)FoKKer-VFW F28 Fellowship:85個座位。

(2)FoKKer-100:107個座位。

4. 法、義合作出品的:

(1)ATR-42:50個座位。

(2)ATR-72:74個座位(屬雙引擎的螺旋槳飛機)。

5. 德國出產的多尼爾(Dornier)。

6. 瑞典出產的SAAB:35個座位,以1-2排列,雙引擎、渦輪螺旋槳,最大巡航速度每小時526公里,航程1,450公里。

(六)英、法合造的協和客機

協和客機於1962年由英法兩國合作研發,1976年首航載客,飛行速度每小時2,200公里,約音速的2.02倍,飛行高度約18,000公尺,由於飛行高,遠離雲層,少空中亂流干擾,比一般飛機飛行平

航空客運與票務

穩,同時機窗外一片無垠湛藍,景觀奇妙,雖然飛行速度極快,但在機內卻毫無速度感覺。由巴黎飛往紐約只要3小時45分,比波音747快四個小時(波音747需7小時55分,若由紐約到巴黎因順風只需7小時),它是唯一可以追得上時間的客機。假若一位旅客在巴黎度完聖誕夜後,馬上搭上協和客機飛往紐約,該旅客可以在飛行途中因時差關係再慶祝一個聖誕夜,並且來得及在紐約機場歡度第三個聖誕夜。

協和號因耗油,從機翼到機腹除了底層貨艙之外,幾乎全部都是油箱,總共可載100噸油料。其外型設計也很特別,除了三角翼的設計外,有升降自如的機鼻,在起飛和降落時,機鼻下垂,可增加飛行員視野,在超音速飛行時,可拉升機鼻,以減少飛行阻力。

協和號速度高,且僅有100個座位,共25排,每排兩邊各兩個座位,票價十分貴,全機不分等級都是頭等艙,由巴黎到紐約單程機票約十一萬新臺幣,因此乘客均以大企業家、政要為主,搭乘協和號可獲保證書一張及特製深灰色手提包以資紀念。由於造價高、耗油量驚人、高噪音,其高速所產生的音爆,遭到許多國家抵制,因此市場有限,僅生產16架,只飛越洋航線巴黎←→紐約及倫敦←→紐約,安全性高,至今無意外紀錄。協和客機超音速的特點讓人嚮往,但協和號驚人的票價、載客量小、噪音大、成本和高油耗等是協和號致命的弱點,讓許多航空公司敬而遠之。於2000年法航的協和號客機於巴黎機場起飛時不幸意外墜毀,造成如今所有協和號客機遭到停飛命運。

1.首航:1976年。

2.載客量:100個座位。

3.出廠架數:16架。

4.座位排列:2-2。

5.價值：出廠時6,500萬美元。

6.巡航速度：每小時2,300公里。

7.起飛需跑道長度：3,500公尺。

8.降落需跑道長度：2,000公尺。

9.起飛速度：每小時402公里。

10.降落速度：每小時300公里。

11.飛行組員：機師3人（含飛行工程師）、服務員6人。

(七)前蘇聯製造之系列

1.伊留申86型（Ilyushin 86）：

  (1)載客量：316～350個座位。

  (2)座位排列：3-3-3。

2.伊留申62型（Ilyushin 62）：

  (1)載客量：186個座位。

  (2)座位排列：3-3。

3.圖勃列夫154型（Tupolev TU-154）：

  (1)載客量：164個座位。

  (2)座位排列：3-3。

4.圖勃列夫134型（Tupolev TU-134）：

  (1)載客量：64～72個座位。

  (2)座位排列：2-2。

5.雅克42型（Yakovlev YAK-42）：

  (1)載客量：100～120個座位。

  (2)座位排列：3-3。

6.伊留申96型（Ilyushin 96）：

  (1)載客量：300個座位。

  (2)引擎：4個。

(3)時速：870公里。

(4)續航力：11,000公里。

7.圖勃列夫204型（Tupolev TU-204）：

(1)為蘇聯航空首次使用英國勞斯萊斯引擎。

(2)載客量：166個座位。

(3)座位排列：3-3。

(4)引擎：2個。

(八)其他

加拿大龐巴迪（Bombardier）的DH8（DH8-100、DH8-200、DH8-300、DH8-400）可容納37～78人座，座位排列2-2，有兩具螺旋槳，最大飛行速度每小時648公里。加拿大的龐巴迪將繼麥克唐納‧道格拉斯之後，成為世界第三大飛機製造商（以員工人數計）。

(九)超音速噴射客機

◆第一代超音速客機

蘇聯於1968年底讓世界首架超音速客機TU-144升空；英、法兩國合製的協和號客機也在隔年初完成處女航；美國方面，則於1966年底選定波音和奇異公司為SST（Super Sonic Transport，超音速客機）計畫合約商。但因經濟和環保考量，1971年中宣布取消發展SST。

◆第二代超音速客機

1970年初的環境並不利於超音速客機，但美國的研究實際上仍然一直進行。美國的第二代超音速客機以「先進超音速客機」（Advanced Supersonic Transport, AST）為名，包括三家主要的飛機

製造商——波音、道格拉斯、洛克希德。此外，第二代超音速客機以減輕噪音、提高燃油效率為目標。然而此時超音速客機在經濟性方面已經難以和普通高次音速客機競爭。隨著以波音747為代表、載客300～400人的新一代次音速廣體客機在1970年代起迅速普及，超音速客機已經完全不具備優勢。另一方面，現有的技術上超音速客機在航程上仍然難以和次音速客機匹敵，最終「先進超音速客機」的計畫也在1980年代中取消。

◆高速民用運輸機計畫（HSCT）

美國國家航空暨太空總署於1990年聯合了波音和麥道啟動了「高速民用運輸機」計畫（High Speed Civil Transport, HSCT），以改進超音速客機設計為目標。設計指標為載客250～300人，兩倍音速，務求令超音速客機的機票價格不會高於普通航班超過20%。俄羅斯則在1990年代中期為一架TU-144重新裝上新發動機，為HSCT計畫進行實驗以收集數據。

◆次世代超音速客機（NEXST）

在1990年代初，日本政府就把開發第二代超音速客機設定為重要技術戰略之一。日本宇宙航空研究開發機構（JAXA）發起的「次世代超音速客機」（National Experimental Airplane for Next Generation Supersonic Transport, NEXST）開發計畫於2005年正式啟動，主力研製新一代的超音速客機，設計指標為載客300人、速度2馬赫、比協和式客機節約75%燃料並多兩倍的航程。期望能於2015年進行首飛。2002年7月14日，新一代超音速客機模型在澳洲由火箭發射升空後不久，就與火箭脫離墜毀，原因是兩者之間連接不良的技術錯誤，導致第一次試驗就以失敗告終。

2005年6月，法國和日本在巴黎航空博覽會上正式簽署合作協議，將NEXST項目擴展至兩國合作，由兩國的合資公司共同研製。

2005年10月10日，JAXA在澳洲西部荒漠伍默拉試驗場成功試飛超音速客機的1：10模型。原型機由日本三菱重工業公司研製全長11.5公尺，僅重2噸。

超音速客機持續聯合研發，歐洲宇航防務集團於2011年的巴黎航空展中，宣布推出「零排放超音速客機」（Zero Emission Hypersonic Transportation, ZEHST）的概念機，這種新型客機最高巡航速度達4馬赫（約5,000公里／小時），採用四種不同引擎，飛機升至距地面32公里的高空進行極音速巡航，最高可以搭乘100名旅客，從巴黎飛東京只需2.5小時。ZHEST預計在2020年開始進行測試飛行，並期望能在2050年投入使用。

飛航資訊

5倍音速超級客機

法國宇宙航空公司發言人說，該公司正在設計一種可搭載150名乘客以5倍音速飛行的超高音速飛機，並計畫在巴黎航空展中公布有關電腦研究成果。

這種可能於兩年後在空中出現的超高音速飛機，飛行高度30,000公尺，約為傳統飛機的3倍，也幾乎是英法合製協和式飛機的兩倍，此種超高音速飛機航程為12,000公里，由巴黎飛往紐約只需1小時，從巴黎到東京2小時。目前協和式客機由巴黎到紐約要3小時。協和式飛機的飛行速度約為兩倍音速，即每小時2,200公里，而超高音速飛機時速超過5,000公里。發言人說，這種超高速飛機有四具衝擊噴射引擎，燃燒空氣但沒有傳統渦輪噴射引擎的活動部分。

飛航資訊

波音737 MAX

波音737 MAX是新世代波音737的第四代成員,是雙發噴射中程窄體民用飛行器。該機種使用了更大和更有效的CFM International LEAP-1B引擎。機體也進行了一些改造。波音於2017年交付首架737 MAX,波音確認截至2018年已有超過4,700多架737 MAX訂單。

由於波音737MAX型客機有安全缺陷,2018年10月印尼獅子航空班機空難造成189人罹難,以及2019年3月的衣索比亞航空班機空難,機上157人員已全部遇難。此兩場空難,其間隔時間尚不到半年,也讓業界對該機型的安全性產生質疑,因此多國自2019年3月開始下令停飛波音737MAX所有型號。直至2019年5月,共有58個國家和地區頒布對737 MAX的停飛指令,全球所有380架737 MAX 8(352架)和737 MAX 9(28架)已全部遭停飛等候檢查報告。

資料來源:維基百科;北京商報,2019/03/10。

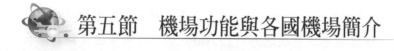

第五節　機場功能與各國機場簡介

航空事業的發展需要機場及設備良好的設施來配合,以便能迅速有效率的運輸旅客及行李,並縮短通關的手續,目前在各國使用空中交通的人口均有大幅度的成長,主要的國際機場都面臨來往旅客過於擁塞的威脅,尤其是在交通尖峰的時段,大量旅客湧

入造成機場設備嚴重不足，旅客聚集在候機室焦慮等候延遲的班機，甚至因跑道不足，飛機起降受限，造成班機不足，外來觀光客受到影響。自2000年起，哈茨菲爾德－傑克遜亞特蘭大國際機場（Hartsfield-Jackson）一直是世界上旅客吞吐量最大最繁忙的機場。亞特蘭大Hartsfield機場不像巴士車站或火車車站般可以私人公司擁有，興建一座機場耗資甚鉅，非一般公司能力所及，即便是小型機場也大都由政府興建、經營，再由航空公司去承租使用，向機場付降落費、油料費、註冊稅捐及辦公室、登機櫃檯等費用。許多政府知道部分機場有嚴重擁擠現象，也知道應早日規劃擴建或尋找地點重新興建機場，但由於環境影響，如噪音、超高建築、夜晚宵禁及土地取得不易等，皆成為阻礙空中交通發展的重大因素。

　　依旅客進出量，世界排名二十大的機場，美國屬機場占了五席，分別為美國亞特蘭大Hartsfield機場、美國芝加哥O'Hare機場、美國洛杉磯國際機場、美國達拉斯／沃斯堡機場、美國丹佛機場（表3-1）。而英屬機場旅客進出量最大的則為英國倫敦希斯洛機場；另外，法國巴黎戴高樂機場、德國法蘭克福機場、荷蘭阿姆斯特丹機場均為近年歐洲大陸的重要國際機場。

表3-1　2018年世界上最繁忙機場

排名	機場	主要城市	乘客（萬人次）
1	哈茨菲爾德-傑克遜國際機場	亞特蘭大	10739.4
2	北京首都國際機場	北京	10098.3
3	杜拜國際機場	杜拜	8914.9
4	洛杉磯國際機場	洛杉磯	8753.4
5	東京國際機場	東京	8709.9
6	芝加哥奧黑爾國際機場	芝加哥	8333.9
7	倫敦希斯洛機場	倫敦	8010.2
8	香港國際機場	香港	7468.8

排名	機場	主要城市	乘客（萬人次）
9	上海浦東國際機場	上海	7405.4
10	巴黎夏爾·戴高樂機場	巴黎	7223.0
11	阿姆斯特丹史基浦機場	阿姆斯特丹	7105.3
12	英迪拉·甘地國際機場	德里	6986.7
13	廣州白雲國際機場	廣州	6979.0
14	法蘭克福機場	法蘭克福	6951.0
15	達拉斯／沃斯堡國際機場	達拉斯	6911.3
16	仁川國際機場	首爾	6826.0
17	伊斯坦堡阿塔圖爾克機場	伊斯坦堡	6798.1
18	蘇加諾—哈達國際機場	雅加達	6690.8
19	新加坡樟宜機場	新加坡	6560.0
20	丹佛國際機場	丹佛	6449.5
36	桃園國際機場	台北	4653.5

資料來源：Airports Council International (ACI). "Worldwide Airport Traffic Report", 2018.

　　在亞洲地區，旅客進出量前三名分別是中國大陸北京首都機場、日本東京羽田機場、香港赤鱲角（Chek Lap Kok）機場（啟德機場於1998年停用）。日本東京有兩處機場：成田及羽田，其中成田機場曾是最大的國際旅客進出機場，但由於只有單一跑道及起降班次的限制，同時又有幾乎是亞洲最高的著陸費（成田機場處理一架空中巴士A320三小時轉機，所收取的降落費和其他費用共5,632美元），因而逐漸失去其競爭力。中國大陸空中交通人數成長急速，排前二十名就有三個機場。至於台灣的桃園國際機場則位居三十六名，達四千多萬人次。根據ACI（Airports Council International）調查，2018年世界最忙碌的機場（按載客量排名）仍然為美國亞特蘭大Hartsfield機場，共一億人次，第二名為北京首都國際機場，載客量也超過一億人次，再加上這些機場大都是航空公

司的中心機場（hub），使得飛機起降更頻繁，旅客擁擠且需走很長的距離去轉機，時常造成飛機的延遲與旅客的抱怨。

一、世界各地機場的興建與擴充

　　世界各地區目前以亞洲、太平洋地區航空事業發展成長比率最高、發展最迅速，對於機場運輸容量的需求更殷切，至於美洲地區則成長緩慢。於1995年底全世界有十一個新的機場計畫興建，其中有三個位於歐洲——Oslo Gardermoen Airport、Athens Spata Airport、Berlin Brandenburg Airport，八個位於亞太地區——雪梨、香港、首爾、曼谷、吉隆坡和中國大陸的上海、廣州、珠海，在美洲地區則沒有興建新機場的計畫。

　　亞洲地區的國家在機場興建與擴建投下不少資金，1994年9月，日本在大阪的外海建造人工海上機場——關西（Kansai）機場。1995年另一個較小的機場在澳門（Macau）也興建完成。而1998年7月開幕的香港赤鱲角機場則花了二百億美元興建，取代不堪負荷的啓德機場。馬來西亞的吉隆坡新國際機場在1998年正式啓用，共花費三十五億美元，有兩條跑道，初期可容納二千五百萬名旅客，在2020年時可擴充到一年載運六千萬名旅客，將是該地區容量最大的機場。泰國的曼谷在2000年到2010年間也計畫花費四十九億美元興建機場，初期每年旅客容量爲三千萬人，預計擴充到五千萬旅客容量。韓國的首爾仁川國際機場第一期工程花費了八十億美元於1999年完工，旅客容量爲二千七百萬人，取代原漢城金波（Kimpo）機場，預計在2020年最後工程完工後一年將可載運一億名旅客，使韓國成爲東北亞地區航空中心。在澳洲新的雪梨西方（Sydney West）機場第二條跑道完工時，每年將可容納一千二百萬名旅客，以紓解日益擁擠的雪梨Kingsford Smith機場。

　　中國大陸挾著廣大的版圖及眾多的人口，積極的從事經濟建設，中國大陸將追趕過新加坡、台灣、泰國，僅次於日本及香港成為亞洲太平洋（Asia-Pacific）地區第三重要的空中交通中心。由於中國大陸除了沿海地區外，內陸交通普遍落後，急需藉由空中交通來振興沿海及內陸的經濟發展，目前中國大陸三座主要機場分別為：廣州新白雲國際機場，計花費二十億美元興建，共兩條跑道，每年可容納約三千萬旅客，可停七十架飛機，2017年白雲機場旅客吞吐量達六千萬人次；另一個是位在浦東的新上海機場，預計最大容納量為每年一億旅客進出；第三座是配合2008年奧運的北京首都新擴充的機場，花費五十億美元，號稱全世界最大的機場。而中國民用機場在2018年底，共有二百三十五個。

二、機場發展受限因素

　　以目前空中交通運輸量，有一半以上國際機場均有容量不足的現象，必須蓋新機場，將舊機場改為國內線機場，或另外擴充機場規模，如增加飛機起降跑道、海關檢查設施、加蓋航站、停機坪，讓同一時段可有更多飛機起降，同時新建機場到市區的捷運，以縮短兩地之交通時間。

　　環境限制是大城市國際機場擴建最大的阻礙因素，由於公共安全、環境保護、噪音防治等因素，往往限制了機場交通量的擴充，為了保障機場附近居民居住品質與安全，避免夜間飛機噪音的干擾，許多國家嚴格限制夜間可飛行時段，尤其是以日本及澳洲最關切，部分機場迫於設備不足與安全考量，限制每小時平均飛機降落頻率為二十八次，遠低於一般機場的降落頻率。

　　土地的取得也是另一嚴重的問題，機場除了需建設航站來服務旅客進出，內部提供廣大的空間讓旅客候機及提供餐飲及購物服

務，尚需有跑道讓飛機起飛，一般跑道長3,000～4,000公尺不等，像日本新東京國際機場及德國的法蘭克福機場跑道，超過4,000公尺的並不多。小的機場需4英畝的土地，中型機場需500～1,500英畝土地，至於大型的機場則需15,000英畝的土地。德州的達拉斯／沃斯堡機場是美國最大的機場，超過17,500英畝，約27平方英里的面積。如此大面積的土地很難去尋找，舊機場要擴充也很難，位於大都市的機場沒有空間加建第二條跑道及新的航站；另覓土地興建機場，一方面不易找尋或距離市區太遠，且財務負擔過重，即使找到合適的地點，也可能面臨當地居民的反對，如機場法規限制機場旁大樓高度，影響到民眾利益或在起降航線下的居民受飛行安全威脅。

在許多不利因素下，部分城市只好選擇以人工填海方式在離海岸不遠處興建人工機場，可以24小時營業，沒有夜間宵禁限制，但卻需付出大量的成本，如自然生態環境的破壞、巨大的財力支出以及興建時間的延長。

機場代表一國之門面，旅客往往會以該機場的設備、服務品質來評斷該國的行政效率與整體的印象，為了博取外來旅客良好的印象，吸引更多的外來旅客，國際機場通常均有良好的設備來服務旅客，讓旅客能在經過長途旅程的勞累後，快速妥善的拿到行李，經過通關手續回到旅館休息。以下所列是2019年世界最佳的十個國際機場（**表3-2**），其中新加坡的樟宜機場，是80年代早期啟用的機場，安靜、寬敞、乾淨且井然有序，其行李運輸快速、準確，最受旅客稱讚，同時獲得「亞洲最佳機場」及「最佳休閒設施機場」兩項殊榮，新加坡樟宜國際機場已經連續七年獲得全球最佳機場。

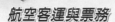

表3-2　2019年世界最佳國際機場前十名

名次	機場名稱
1	新加坡樟宜機場（Singapore Changi Airport）
2	東京羽田機場（Tokyo International Airport, Haneda）
3	首爾仁川機場（Incheon International Airport）
4	杜哈機場（Hamad International Airport）
5	香港機場（Hong Kong International Airport）
6	名古屋機場（Chubu Centrair International Airport）
7	慕尼黑機場（Munich Airport）
8	倫敦希斯洛機場（London Heathrow Airport）
9	東京成田機場（Narita International Airport）
10	蘇黎世機場（Zurich Airport）

資料來源：Skytrax 2019全球最佳機場前十名。

三、機場的設計

　　機場的外型、設計決定於其大小及設計時間，儘管在造型上不同，但其基本的功能及需求卻是一致的（圖3-3）。新的大型機場較現代化，大都設有空橋由登機門直接通往飛機機門，旅客上、下飛機不需經由巴士接送或風吹日曬。

1. 航站大廳：是機場的心臟，內含各種設備，是旅客購票、辦理通關、登機、托運行李、餐飲、候機及旅客上下機之地。此外，還包含各航空公司貴賓室、機員簡報室、氣象站及機場經理室。早期的航站是長條形的建築，1960年代開始發展出衛星狀的設計，旅客在中央大廳辦理登機手續，再經由電扶梯或捷運送到衛星站登機，其他航站的形狀設計有如環狀或馬蹄形，不需走很遠的距離即可登機。

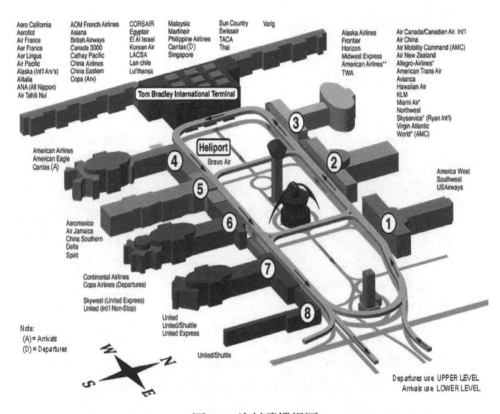

圖3-3 洛杉磯機場圖

資料來源：維基百科。

2.貨運站：上下貨物或郵件之地。

3.塔台（control tower）：機場的神經中樞，指揮飛機起降。

4.飛機棚廠（hangar）：飛機停放或修理的地方。

5.跑道（runway）：飛機起飛或降落跑道，兩旁有指示燈，長度與寬度必須能處理飛機的起降，要讓巨型廣體飛機起降，長度需3英里長。

6.停機坪（loading apron）：停飛機的地方，接近登機門，方便電源車供電、飛機加油水、上下行李、餐食及旅客登機。

7.滑行道（taxiway）：由停機坪到起降跑道之間的道路。

到底全世界有多少機場在興建，有多少機場在擴建，這數字是很難計算出來的，但依照航空交通成長量及國與國之間日趨親密的關係，新機場的需求是迫切需要的，雖然美國是世界最大的空中交通市場，大小機場無數，一個大城市可能有四、五個機場存在。

經濟成長影響到機場的興建與擴充，全世界的主要機場均面臨經營效率及營運收入的威脅，要保持在航空市場領先的地位，不斷地擴充、增新設備及提升服務品質是必要的，好的機場不但需要有良好的導航設備，安全的引導飛機降落，也需人性化的運輸系統來處理旅客出入境以及連接市區的交通網路，使旅客無論在停車、接送機、候機、轉機、行李運送、餐飲、登機、起飛、降落等方面都能得到舒適、安全的服務。

台灣桃園國際機場1979年2月26日啓用當時稱爲中正國際機場，英語名稱爲Chiang Kai-Shek International Airport，2006年10月改爲現名，是台灣最大與最繁忙的機場，2010年全年的運量已經達二千五百一十一萬人次。桃園國際機場於2009年時在服務品質上全球排名二十七名。2007年台灣高速鐵路通車，桃園國際機場與台灣高鐵經由客運連接，方便旅客的轉乘。台灣桃園國際機場聯外捷運已於2017年3月全線通車，提供由台北到機場的快速直達車，全程只要35分鐘，同時在台北車站可提供行李直掛服務。

機場目前有兩個航廈。第一航廈年旅客量一千五百萬人次，登機門十八個。第二航廈年旅客量一千七百萬人次，登機門二十個。因應未來桃園國際機場競爭需要，交通部及所屬民用航空局於2010年下半年展開興建第三航廈，第三航廈規劃的年旅客量是四千三百萬人次，是原桃園國際機場年旅客量的1.4倍，預計2024年完成後的桃園國際機場將可容納每年七千五百萬人次的旅客量。

2008年為了因應兩岸直航、增加飛機架次,將兩條跑道重新鋪設,北跑道長3,660公尺,寬60公尺;南跑道長3,350公尺,寬60公尺。

以下列出桃園國際機場之駐站航空公司(**表3-3**),以及機場全區配置圖(**圖3-4**、**圖3-5**)、聯外交通圖(**圖3-6**)、第一航廈2F、3F、4F配置圖(**圖3-7**)、第一航廈1F、B1F配置圖(**圖3-8**)、第二航廈3F、4F配置圖(**圖3-9**)、第二航廈1F、2F配置圖(**圖3-10**)、第二航廈B1F、B2F配置圖(**圖3-11**),提供讀者參考。

表3-3　桃園國際機場駐站航空公司一覽表

第一航廈

航空公司	相關訊息	服務電話
上海吉祥航空(HO)	長榮航空代理	002-86-21-95520
大韓航空(KE)	中華航空代理	03-3833248
中華航空(CI)	第一航廈起飛班機: 不含美、加、澳、日	03-3988888
台灣虎航(IT)		02-5599-2555
四川航空(3U)	中華航空代理	
全亞洲航空(D7)	諮詢中心: 02-87933532	03-3834283
印尼航空(GA)	中華航空代理	
易斯達航空(ZE)	長榮航空代理	02-25678668
長榮航空(BR)		03-3516805
阿聯酋航空(EK)	中華航空代理	
春秋航空(9C)	長榮航空代理	002-86-21-95524
香草航空(JW)	長榮航空代理	070-1010-3858
泰國航空(TG)	長榮航空代理	02-87725111
泰獅航空(SL)	遠東航空代理	0800-666-272
真航空(LJ)	中華航空代理	03-3982002
馬印航空(OD)	中華航空代理	0800-550-068

（續）表3-3 桃園國際機場駐站航空公司一覽表

航空公司	相關訊息	服務電話
馬亞洲航空（AK）	全亞洲航空代理	02-87933532
馬來西亞國際航空（MH）	中華航空代理	02-25147888
國泰航空（CX）		02-87933388
國泰港龍航空（KA）	國泰航空代理	02-87933388
宿霧太平洋航空（5J）	遠東航空代理	02-25096665
捷星太平洋航空（BL）	遠東航空代理	03-3983170
捷星日本航空（GK）	台灣虎航代理	00801-852-015
捷星航空（3K）	台灣虎航代理	00801-852-015
景成柬埔寨國際航空（QD）	遠東航空代理	02-25081108
菲律賓航空（PR）	全亞洲航空代理	02-25067255
越南航空（VN）	中華航空代理	02-25678286
越捷航空（VJ）	長榮航空代理	0800-661-886
遠東航空（FE）		02-87707999
酷航（TR）	長榮航空代理	02-77417941
酷鳥航空（XW）	長榮航空代理	0973-482-980
德威航空（TW）	中華航空代理	02-25453154
澳門航空（NX）		02-27170377
濟州航空（7C）	中華航空代理	03-3981848

第二航廈

航空公司	相關訊息	服務電話
土耳其航空公司（TK）	中華航空代理	02-27180849
山東航空（SC）	中華航空代理	02-27180299
中國東方航空（MU）	中華航空代理	02-4128118
中國南方航空（CZ）	中華航空代理	02-25099555
中國國際航空（CA）	中華航空代理	0800-86-100-999
中華航空（CI）	第二航廈：飛美國（含關島）、加拿大、澳洲、日本與兩岸航線	02-4129000
日本航空（JL）	中華航空代理	02-81777006
加拿大航空（AC）	長榮航空代理	02-25117799

（續）表3-3　桃園國際機場駐站航空公司一覽表

航空公司	相關訊息	服務電話
立榮航空（B7）	長榮航空代理	02-25011999
全日空航空（NH）	長榮航空代理	02-25211989
河北航空（NS）	中華航空代理	02-25161918
長榮航空（BR）		02-25011999
香港航空（HX）	長榮航空代理	02-27132212#101、102
海南航空（HU）	中華航空代理	02-27139555
釜山航空（BX）	長榮航空代理	02-25163355
深圳航空（ZH）	中華航空代理	03-3982777
荷蘭航空（KL）	中華航空代理	02-77074701
華信航空（AE）		02-4128008
廈門航空（MF）	中華航空代理	02-25161918
新加坡航空（SQ）	中華航空代理	02-25516655
聯合航空（UA）		02-23258868
韓亞航空（OZ）	長榮航空代理	02-25814000

航空客運與票務

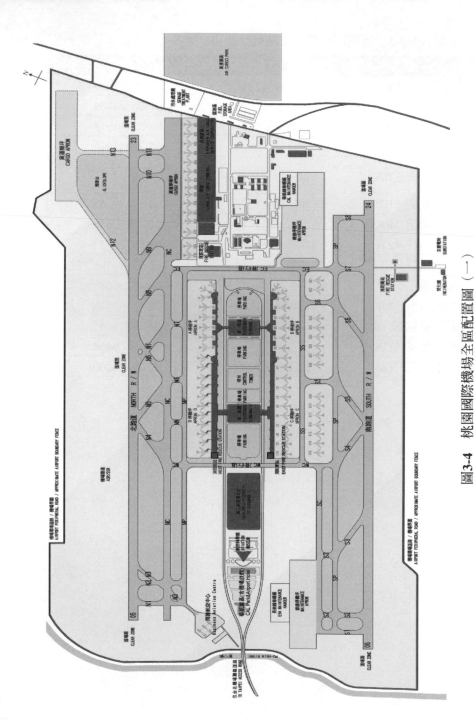

圖3-4 桃園國際機場全區配置圖（一）

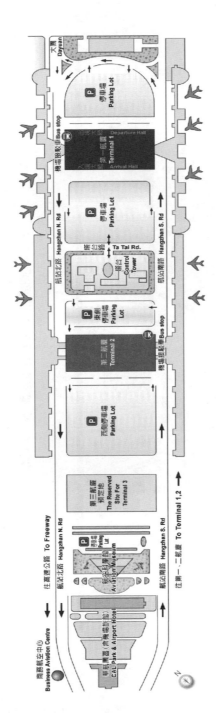

圖3-5 桃園國際機場全區配置圖（二）

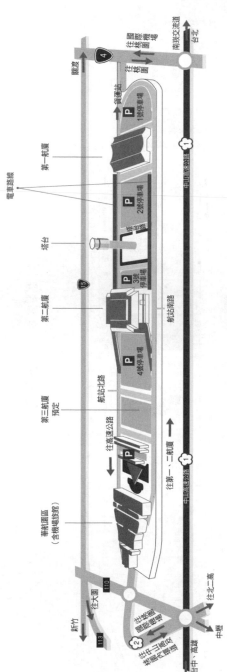

圖3-6　桃園國際機場聯外交通圖

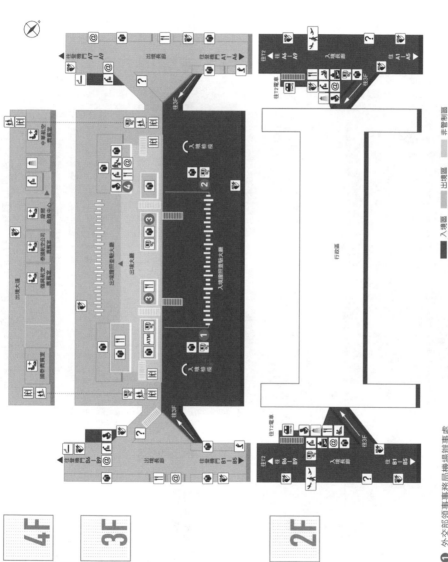

圖3-7　桃園國際機場第一航廈2F、3F、4F配置圖

① 外交部領事事務局機場辦事處
② 內政部入出國及移民署
③ 保險櫃檯
④ 仕女梳化間

4F

3F

2F

航空客運與票務

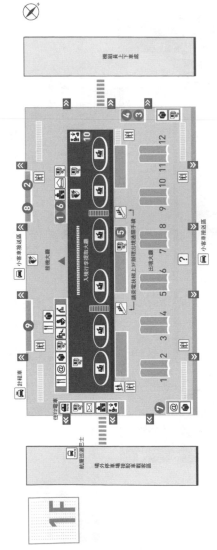

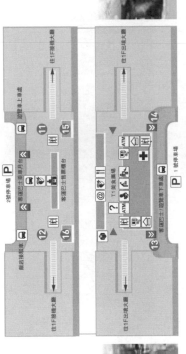

1F

B1

① 外籍勞工接機服務台
② 租賃車服務台
③ 內政部入出國及移民署
④ 行李寄存及打包
⑤ 海關申報及退稅
⑥ 免稅店服務中心
⑦ 證件照相服務
⑧ 觀光局旅遊服務台
⑨ 計程車服務處
⑩ ⑪ ⑫ 停車場自動繳費
⑬ ⑭ 便利商店

■ 入境區　　■ 出境區　　□ 非管制區

？ 服務台　@ 網際網路　□ 升降電梯　☒ 郵局　■ 自動體外心臟去顫器
■ 商店　¶¶ 餐飲　$ 外幣兌換　■ 休憩室　＠ 育嬰室　■ 哺乳室
■ 兒童遊戲室　■ 旅館　■ 電信服務　■ 淋浴室　■ 銀行
✚ 醫療中心　■ 航廈電車(往返T1、T2)　ATM 轉帳機　■ 提款機　■ 轉機櫃檯
■ 提領行李　✈ 動植物檢疫　□ 巴士購票櫃台　■ 樓梯

圖3-8　桃園國際機場第一航廈1F、B1F配置圖

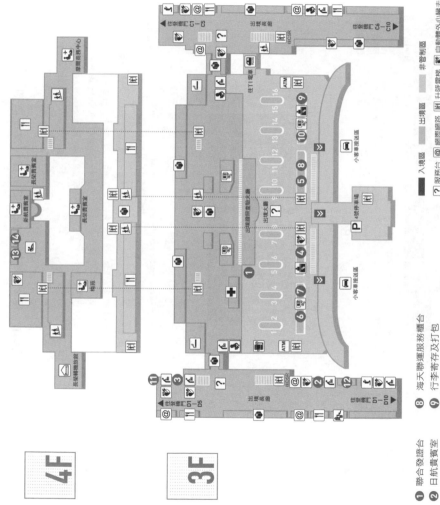

圖3-9　桃園國際機場第二航廈3F、4F配置圖

■ 入境區　　■ 出境區　　■ 非管制區

1 服務台　2 網際網路　3 升降電梯　4 自動體外心臟去顫器　ATM 提款機
5 商店　6 餐飲　7 外幣兌換　8 育嬰室　9 哺乳室　10 兒童遊戲室
11 祈禱室　12 旅館　13 電信服務　14 醫療中心　15 吸菸室　16 休息室
17 樓梯　18 航廈電車(往返T1、T2)　19 超大件行李檢查

1 聯合發證台
2 日航貴賓室
3 華航貴賓室
4 5 保險櫃檯
6 海關申報及退稅
7 行動觀光服務台

8 海天聯運服務禮台
9 行李寄存及打包
10 內政部入出國及移民署
11 桃花源機場圖書館
12 藝文展演空間
13 舒活美容中心
14 視障按摩養生館

4F

3F

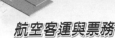

航空客運與票務

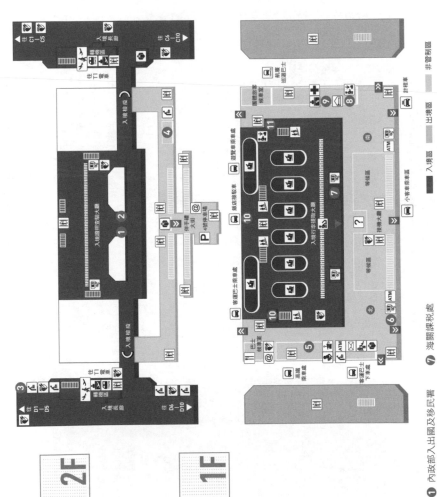

圖3-10 桃園國際機場第二航廈1F、2F配置圖

114

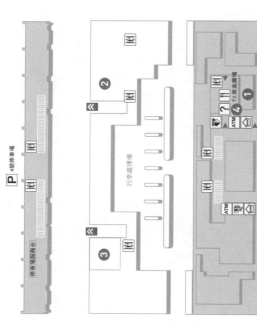

圖3-11 桃園國際機場第二航廈B1F、B2F配置圖

■ 入境區　■ 出境區　■ 非管制區

ⓘ 服務台　㊟ 升降電梯　㊐ 自動體外心臟去顫器

Ⅱ 餐飲　ATM 提款機　㊑ 銀行　㊞ 外幣兌換

① B124 會議室
② B0647 會議室
③ 海關課稅處
④ 便利商店

B1

B2

第二篇
航空客運票務

　　現今的航空市場進入百家爭鳴的戰國時代，除了提供更好的機內服務品質與飛行安全外，紛紛提出各項銷售策略，以爭取更多的客戶，其中航空電腦訂位系統的發明開創了無限商業先機，機位銷售速度大為提升，節省許多人力及時間成本；而航空公司的結盟聯營更是現今航空公司最重要的經營策略，可節省大量的資源，提供更多的航線服務；至於電子機票（electronic ticket）與無票飛行（ticketless travel）則開創了銷售服務新紀元，澈底地改變了航空市場機票銷售業務的生態，也深深地影響到未來旅行社生存的空間。

Chapter

4

航空市場

- 全球航空市場營運簡介
- 台灣航空公司市場發展及航空公司介紹

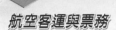

開放航空市場後，航線不再獨占、航空市場競爭白熱化，美國地區的航空市場仍占世界之冠，但成長率則趨緩；至於亞洲地區則仍有揮灑空間，成長率為各地區之冠。新加坡航空雖然機隊不多，但其服務與銷售能力卻值得各家借鏡。而台灣的航空市場發展在開放天空後，亦出現另一種新的競爭局面，合併與結盟之聲不斷。

第一節　全球航空市場營運簡介

航空公司的規模可依據機隊數量、員工人數、航線、總飛行里程數以及獲利來區隔大小。不可否認，在各方面評比總和上，美國是現今最大航空市場，未來竄出黑馬可能會是中國大陸。根據國際航空運輸協會（IATA）2018預估，2018年全球各航空公司淨利將達三百三十八億美元，和去年相較，客運量預計成長7.0%，貨物成長4%，樂觀認為航空業者大都有盈餘，全球各航線也成長到五萬八千條航線。顯然航空公司數量也會持續增加。全世界的航空公司名列在Official Airline Guide（OAG航班信息指南）上的超過八百家，若加上飛行地方性的小航空公司則至少在千家以上。若以飛機架數為準，2017年全世界飛機數量最多的是美國航空共943架，其次為達美航空有757架，第三名是西南航空713架，聯合航空退居第四名有694架，第五名為專門經營貨運的聯邦快遞共有647架。在機隊數量排名中，美國籍的客運航空公司就占了3,700多架，可見世界的航空市場仍以北美洲為重心（**表4-1**）。中國大陸機隊則急速竄升，以中國南方航空機隊數量最高。中華航空是台灣最大民用航空業者，機隊數量為88架，但相較於其他已開發國家，仍算是小家經營。

表4-1　2017年航空公司飛機數量

排名	航空公司	機隊規模
1	美國航空	943
2	達美航空	757
3	西南航空	713
4	聯合航空	694
5	聯邦快遞	647
6	中國南方航空	553
7	中國東方航空	502
8	中國國際航空	398
9	漢莎航空	282
10	法國航空	251

　　在營業方面，根據2019台灣民航資訊網，載客旅客總數，達美航空第一，西南航空第二，中國南方航空第三，聯合航空第四，美國航空第五，瑞安航空（Ryanair）第六，中國東方航空第七，易捷航空（EasyJet）第八，前十名中就有三家是廉價航空，可見廉價航空以低價行銷是相當有實力的，各地區之廉價航空也持續成長中，雖然是以量取勝，不過載客人數不等於營收或獲利率。根據2019年ShopBack電子報，綜合飛行安全、機隊年齡、營業利潤、投資情況、旅客評價、客艙舒適度等多項評判標準，新加坡航空（Singapore Airlines）表現最佳。至於Skytrax 2019年全球最佳航空公司獎（Skytrax World Airline Awards）。卡達航空則擊敗了2018年的冠軍——新航，重奪首位。其他全球十大最佳航空包含全日空航空（All Nippon Airways）、國泰航空（Cathay Pacific）、阿聯酋航空（Emirates）、長榮航空（EVA Air）、海南航空（Hainan Airlines）、澳洲航空（Qantas Airlines）、漢莎航空（Lufthansa）、泰國航空（Thai Airways）。

　　航空公司營運涉及安全與飛行服務，飛行安全與服務也是旅客最關心的，根據德國一家專門進行飛行安全統計的機構，客機墜毀數據評估中心（Jet Airliner Crash Data Evaluation Centre, JACDEC），是根據航空公司過去三十年的飛安紀錄作出研判，公布出全球安全係數前六十名的航空公司。有關飛行安全指數，若指數越小，代表航空公司的安全性越高，反之則代表航空公司的安全性較低。2019年飛安指數（基於2018年數據），大中華地區有三家航空公司進入前十名，分別為香港的國泰航空、中國大陸的海南航空以及台灣的長榮航空。很慘的是中華航空被列名第六十。但有航空公司質疑其公平性，因為飛行次數少之航空公司會因此取得較好的排名。此外美國網站Askmen依據各航空公司空難事件數及已完成的航班總數的比例，評出了「全球十大最危險航空公司」，古巴航空擁有著國際航空公司中最糟糕的安全紀錄，共空難數量8件，死亡人數404人。中華航空公司空難數量6件，死亡人數763人，也名列其中。其他有伊朗航空公司（Iran Air）、菲律賓航空公司（Philippine Airlines）、肯尼亞航空公司（Kenya Airways）、埃及航空公司（Egypt Air）、巴基斯坦國際航空公司（Pakistan International Airlines）、哥倫比亞航空公司（Avianca）、泰國國際航空公司（Thai Airways）、印度尼西亞鷹航空公司（Garuda）。

第二節　台灣航空公司市場發展及航空公司介紹

　　本節將介紹台灣航空公司發展沿革、台灣國內航空市場、台灣空廚、海外市場及台灣的航空公司。

一、沿革

台灣航空運輸服務業之成立是由美國飛虎隊成員結合部分大陸來台之中國航空公司及中央航空公司，共同組成之民航空運公司（Civil Air Transport Inc.，簡稱CAT），創辦人為美籍的陳納德將軍，為台灣最具代表性且也是唯一之航空公司。1968年CAT唯一的一架波音727飛機在林口墜毀，而於1975年結束營業，其成員轉入日後之中華航空公司、遠東航空公司及亞洲航空公司。

在CAT結束營業的同時，由26名空軍退休軍人湊足了四十萬元，合資創辦航空公司，向美軍顧問團承租飛機，開始發展台灣的民航事業，在慘澹經營、兩次面臨倒閉的危機情況下，適值中南半島爆發內戰，因經營戰地後勤空中運輸工作，乃得以起死回生，華航開始站穩腳步，以國旗為機身，但當時先後也損失了14架飛機及49位人員的生命。

1962年華航開闢台北到花蓮第一條國內航線，1966年因越戰因素正式經營台北到西貢國際航線，繼而擴展東南亞、東京、美國及歐洲航線。華航的成長歷程亦即台灣民航史的成長過程，華航因戰爭而茁壯，雖然其成立是由退休軍人加上其他「人頭」組成了董事會向政府登記營業，但其成長、延續卻是政府大力支持與出資才得以有今日之成果。

隨著國際客、貨運及國內航空運輸迅速的成長，松山機場已不敷使用，1977年旅客量達五百萬，政府乃斥資於桃園興建中正國際機場，1979年啓用，成為當時遠東地區設備最完善的民航機場，面積1,100公頃，跑道長12,000英尺，有二十二個停機坪，以飛航國際航線為主，台北松山機場則專門提供國內航線用，自從新機場興建完成後，我國航空事業的發展又向前邁進一大步。

台灣經貿發展迅速，國民所得增加，消費者對休閒、遊憩愈形重視，再加上地面運輸擁塞情形日益嚴重，在爭取時效下，使得空中運輸漸形重要。1987年台灣開放天空，對台灣的航空發展影響甚鉅，航線大增，原有的小型航空公司紛紛擴充規模，其中以長榮航空成立影響最大，為台灣第一家由民間組成的航空公司被允許經營國外航線的首例。

長榮航空的成立意義重大：

1. 它打破了數十年來台灣飛行國際定期航線寡占的市場，使得中華航空風光不再。
2. 掀起了自由競爭的航空市場，也提升了服務品質、降低機票價格，消費者的權益受到尊重，市場更趨多元化。
3. 擺脫中共政治打壓的航空市場陰影。由於政治因素，中國方面始終不承認台灣是一個獨立、主權完整的國家，因此在航空市場方面也一直打壓台灣，不願看到繡有中華民國國旗的中華航空（1995年飛機上的標誌改為梅花）與其並停於同一機場，同時也處處杯葛外國國營航空飛行台灣，以致影響許多外國國營航空公司另成立子公司，加個亞字，如英亞航、韓亞航、日亞航、澳亞航等飛行台灣航線，以避免大陸方面的政治干預，長榮航空的成立正好填補了中華航空無法飛行的航線及無法降落的機場，如當時中華航空不允許飛倫敦、巴黎及日本的成田機場等（現華航有飛東京的成田機場）。

經濟自由，政治開放，國人赴海外旅遊的限制逐一消失，國人挾著強大消費能力，吸引外國航空公司紛紛來台設站，1993年台灣與英、法、德開始直航，往後由台灣飛往歐洲的航線不須再經由第三國，飛行時間減少，機位增加。目前，經由本國國際機場經營國際定期客運的航空公司含本國籍共有三十多家，其中以中華、長

榮、國泰三家的市場占有率最高。

二、台灣國內航空市場

　　1986年時台灣經營定期國內外客運航線的甲種及乙種航空公司只有四家（當時僅中華及遠東經營本島航線，永興及台灣兩家經營離島航線），後來增加到十家航空公司，機場先後增加，全台有台北松山、桃園國際機場、台中清泉崗、嘉義水上、台南、高雄小港、屏東、恆春、花蓮、台東、蘭嶼、綠島、金門、澎湖馬公、澎湖七美、澎湖望安、北竿、南竿等機場。1998年大華與立榮、台灣航空合併，成為八家（除華信航空外，其餘均有飛行台灣國內航空），飛行本島航線由十七條增加到2007年的七十條，飛機由1986年的85架增加到目前的200架，最熱門的北高航線，1986年每天單向為十二班次，1995年增為八十二班次（當時國內的第二大市場為台北到台南），至於其他航線也在紛紛增班中，台灣國內航空市場一時熱絡，尤其是開放天空後，航線增加，大量引進新的機隊，航空公司所提供的服務品質與內容也大為改善，機票由統一票價因應市場機能而有彈性調整，1992年交通部交通費率委員會決定打破機票調整幅度，改採各航線依不同成本、機型，採取不同調幅，並且取消票價下限管制，只定票價上限，業者可以靈活經營，淡、旺季機票售價出現差距，國內票價自此邁向自由化。雖然期間遭到國內景氣不佳、惡性競爭、價格大跌及飛行安全的危機，但終能轉危為安，在市場需求下繼續向前邁進。

　　雖然國內市場蓬勃發展，但航線與航點終究有限，航空公司也以小型居多，在國外航空公司相繼實施結盟聯營的影響下，台灣國內航空也紛紛效尤，實施合資或購併，華航與國華結盟、長榮與立榮合作，使國內航空市場形成中華、長榮、復興、遠東四大陣營，

其中以遠東航空的市場占有率最高，面臨的衝擊也最大。2008年，遠東航空面臨台灣高鐵衝擊及公司財務發生困境，因營運缺失一直未能改善，不僅國內航線遭民航局予以收回，就連國際航線也遭停飛處分，公司遭解散命運。至於復興航空也於2016年停飛。

近幾年公路運輸改善，第二高速公路的通車、台鐵完成雙軌化與台灣高鐵正式營運，讓民眾在城際運輸上有較多的選擇；其次因油價上漲航空票價跟著調漲，也促使民眾捨空運而就路運。國內線航空市場需求降低，2007年國內航線平均載客率呈大幅下降，一般航線載客率必須達到60～70%，財務上才能損益平衡，業者為減少國內航線虧損，紛紛決定縮減國內航線班次，並積極開闢國際航線或爭取國際航線包機以彌補國內航線營運虧損。以目前趨勢，中國大陸航線是各家航空最大的期待，然而中國與台灣官方何時肯真正達成協議，還市場自由化機制仍深深考驗著國內航空業者。

三、台灣空廚

空中廚房（sky kitchen），指的是提供飛機上旅客與機組人員飲食的餐點。一開始，空廚人員在廚房裡先把菜煮好、點心做好，再放進冷凍庫裡儲藏，之後才送至飛機上加熱。飛行時餐飲的提供是航空公司在服務旅客時極為重要的服務項目，航空公司在實際需求與市場競爭下，為了增加旅客的向心力，在餐飲提供方面無不卯足了全力，儘量來滿足旅客在機上餐飲的需求，於是空中廚房的角色就愈加顯得重要。空中廚房業務只提供航空公司飲料和餐點的服務，透過科學管理、烹調技術標準化、食品材料供應安全化、餐具處理機械化、包裝設備自動化的流程，提供旅客新鮮、色、香、味俱全且多變化的餐點。

台灣的空中廚房歷史最悠久的是圓山空廚，成立於1965年，為

我國空廚之肇始。由於圓山空廚是由松山機場的餐廳發展而來，在1979年遷入桃園（中正）國際機場並擴大營運，主要是提供中華、國泰等十三家航空公司；復興空廚則是由國產實業集團投資，提供新加坡、泰國等十四家航空公司；另外還有位在高雄的立榮空廚（原是馬公空廚），以提供國內航線的機上餐飲爲主。由於空中廚房市場大有可爲，且提供國際航線機上餐飲的圓山已達飽和，難以應付日益增加的航空公司需求，1996年底，由華航（占51%股份）及國泰的太古集團（占49%）所投資的華膳空廚，資金約二十億元，正式進入空中餐飲業市場。華膳空廚每天供應一萬五千份，其設計供餐量每天爲三萬份，供應的航空公司有中華、國泰、華信、菲航、盧森堡等。1997年由長榮航空與新航所投資的長榮空廚資金約十四億元也相繼成立，供應長榮、新航、英亞航、澳航等約一萬五千份。

　　我國空中餐飲業（空廚）從圓山空廚一家獨大進入到華膳、長榮及復興空廚三雄鼎立的時代，後來在2007年中旬，華航、復興、遠航又合資成立了高雄空廚。新成立的「高雄空廚」實收資本額爲新臺幣二億七千萬元，股權持有比例分別爲華航45%、復興45%、遠航10%。，每日可提供四千份國際航線精緻餐飲及國內航線的餐點，並可視需要擴大產能規模達每日一萬二千份，足敷高雄機場起降各航空公司所需。目前擁有南區航空事業部（高雄廠）、鮮食事業部（竹苗廠）、事業發展部（百貨賣場餐飲連鎖店面）、北區航空事業部（松山廠），現員工人數已超過六百五十人。爲因應高空特殊的環境及設備，「高雄空廚」採用兩段式烹調技術，以維持每份餐點的最佳風味。上機前爲第一段烹調：適度烹調餐點，保持食材的最佳口感。急速將餐點降溫至10℃以下，再以7℃保存，以鎖住餐點的美味。（飛機上）第二段烹調：採用蒸氣加溫設備，保留食材的水分，完全還原餐點風味，同時亦視不同的機型設備而略爲

調整加熱技術。

　　空廚餐點不可能在飛機起飛前才為旅客做好餐點，因此飛機餐都是在上飛機前24小時做好，並急速冷凍，放在-17℃的冷凍庫裡，直到飛機起飛前才運抵航機，根據民航法規定，這些空廚業者必須設在機場5公里內。

四、擴充海外市場及大陸市場

　　在僧多粥少的情況下，原本經營國內線的航空公司也紛紛朝著經營國際定期航線目標發展，先期以包機方式經營國際航點，俟達到一定量後，再向民航局申請經營國際定期航線，目前復興、遠東、立榮均已先後取得資格，但大都飛行東南亞之次要城市，經營距離台灣較近的度假島嶼，或仍維持包機業務。國際航線不易經營之因素在於航線的開放必須經過雙方修約的方式來達成。我國民航局對外談判原則是多家指定，讓大家公平競爭，但因考慮營運成本和航線開發不易，因此政府在洲際航線均規定由我國籍的大型航空公司經營，故在競爭空間上均以中華和長榮優先考慮，俟每週航班超過一數量時，才會讓第二家航空公司加入，以中加航線為例，我國政府規定每週定點至少須七個往返航班，加拿大則規定每年載客運量達三十萬人次，才考慮讓第二家航空公司加入。1999年，中加航線達到當初協議標準，雙方同意各讓第二家航空公司加入營運，加拿大由加拿大航空（AC）、台灣則由長榮航空（BR）加入。

　　開放天空乃是一種趨勢，不但開放自己國籍的航空公司加入營運，目前也已擴及到開放給外籍航空加入營業。1998年，中美「開放天空協定」正式簽署，美國希望彼此之間空運不加以限制，以帶給消費者更低廉的價格，並可進一步使用延伸權（即第五航權，見第二章航權的說明）飛往亞洲其他城市，以擴大美國在亞洲的航空

市場；而台灣的航空業者也將不限班次、航點可延伸至美國境內與
境外的城市。目前中華與長榮基於本身經營規模與能力，均個別與
美國的美國航空及大陸航空合作，以「共掛班號」聯營方式，取代
直飛來拓展美國國內市場，如此可降低營運成本，並方便旅客節省
轉機時間及行李直掛等好處。

自從日本開放台灣居民觀光免簽證後，台灣居民前往日本人
數大增，也帶動了日本包機業務，但畢竟成長有限。反觀中國大陸
無論出國人數或外國觀光客來訪人數均大幅增加，被各國視為最具
潛力的觀光市場。美國國內民航市場競爭激烈，很多公司都寄望新
推出的國際航線。2004年中美修改民用航空運輸協定，達成協議、
擴大兩國航空運輸市場。中美航線最近幾年乘客人數快速增長，載
客率達到80%以上。美國因此兩次要求舉辦航權談判，希望中國加
速天空開放。美國航空業人士相信，隨著中國經濟迅速增長，2008
年奧運會、2010年世博會舉行，中美兩國客運市場前景無限。而國
內的航空業者早就鎖定中國大陸市場並視兩岸直航為企業的唯一生
存機會，但由於台灣與中國大陸基於政治因素，兩岸三通直航政策
談了幾十年，始終處於「只聞樓梯響，不見人下來」的遺憾，兩岸
之間久久無法達到直航協定，國內航空坐失良機而心急如焚。2008
年，新任的馬總統將兩岸直航當為首要政策，並於2008年7月4日週
五正式啟動兩岸週末包機。

兩岸通航的最直接效益是客、貨營運成本及時間的節省，對
旅居大陸的台商更為有利。雙方同意在週末包機初期階段，每週各
飛十八個往返班次，共三十六個往返班次。台灣部分擬開放松山、
桃園、台中清泉崗、高雄小港、花蓮、台東、澎湖馬公及金門等八
個機場，大陸則開放北京、上海、南京、廈門和廣州等五個機場。
上海、北京商機無限，各家都想飛上海，至少有四家航空公司參與
競爭上海到台北的航線。根據市場需求，兩岸直航將有望為中國大

陸及台灣航空公司帶來更多的客源及生意，尤其是大陸東部地區的上海、浙江、江蘇、山東等省市及珠江三角地區。東方航空與南方航空成為兩岸直航的大陸航空公司最大受益者，台灣航空公司雖然各家均有機會，但華航及長榮將因資源豐富、航點好而獲利較多，復興、華信、立榮因飛行航點差，營運未必有好處。2009年8月31日起，兩岸週末包機改為兩岸定期班機，兩岸直航普及化、航線增加，台灣與香港航線將受到極大衝擊。

五、台灣的航空公司

(一)中華航空

中華航空（China Airline，國際線代號CI，國內線簡稱CAL）當初雖然是由26位中華民國退休的空軍人員合資新臺幣四十萬元所組成，並成立「中華航空事業發展基金會」，但卻有濃重的官方色彩，由政府在背後大力支持，該基金會的董事皆是透過政府單位推薦，其董事長為空軍將領退休後接任，使華航實際上為國營之航空公司。

中華航空於1959年正式成立，由楊道古先生擔任董事長兼總經理，初期承攬離島間的包機業務，1961年華航接受美國中央情報局委託，執行空投運補寮國的特種任務，次年中南半島爆發內戰，華航賣命執行空中運輸任務，終於立下日後發展的基礎。1962年，華航獲准經營第一條定期國內航線，飛航台北和花蓮之間；1966年底，開始經營台北到西貢（現胡志明市）國際航線，並於次年啟用波音727客機；1968年華航取代民航公司成為國內第一大航空公司；1980年開闢中美航線，進入國際航空市場。身負國際航線經營重任的華航，資金短缺，無力自行購買新機，乃透過民航局協助，

由民航局向國外購買新機由華航以低率方式承租。

華航歷史最悠久，機隊陣容最大，對台灣的空中運輸貢獻厥偉，由於身分敏感、國營色彩濃厚以及背負國旗的角色而遭到許多阻力，並曾因制度不健全、營運績效不良而引起許多糾紛，飛航安全也數度亮起紅燈，1998年大園空難造成203人死亡，打擊尤深，為了改良體質，乃釋出部分股份給民間團體，期能創造營運績效。

隨著旅遊資訊的發達，為了提高營運效率、服務旅客，1991年華航與其他亞洲航空公司合資設立Abacus電腦訂位系統，投資「先啟資訊公司」，負責Abacus的推動；目前Abacus是台灣地區旅行社使用占有率最高的訂位系統。1994年和國泰航空公司共同投資成立專門供應機上餐飲的空中廚房——華膳空廚，以提高機上餐飲服務品質，並服務其他航空公司。1995年華航改變識別標誌為「紅梅揚姿」，取代備受爭議的「中華民國國旗」，以因應全球性的策略聯用班機號碼，由洛杉磯、舊金山續飛達拉斯、芝加哥、邁阿密、華盛頓。為了順應競爭激烈的市場，在美國航線則與美國航空聯盟，華盛頓、紐約等城市；在歐洲則有航線飛抵阿姆斯特丹、羅馬、倫敦、法蘭克福等（**表4-1**）。目前全球至2019年，飛行二十九個國家／地區，設有一百六十個航點，飛機數量波音、空中巴士等各型航機共88架（客機70架／貨機18架）。

表4-1　2019年華航航點

歐洲（17）	馬德里@、阿姆斯特丹、法蘭克福、羅馬、倫敦、維也納、盧森堡*、曼徹斯特@、布拉格*@、杜拜（阿勒馬克圖姆）*、巴黎@、巴塞隆納@、米蘭@、威尼斯@、佛羅倫斯@、卡塔尼亞@、巴勒莫@
亞洲（85）	東京成田、東京羽田、福岡、名古屋、廣島、琉球、香港、曼谷、雅加達、峇里島、泗水、河內、胡志明市、吉隆坡、檳城、新加坡、金邊、德里、馬尼拉、仰光、蘇美島@、普吉島@、清邁@、清萊@、象島德樂@、喀比@、日惹@、三寶瓏@、班達楠榜@、坤甸@、棉蘭@、首爾仁川、首爾金浦、釜山、大阪、札幌、宮崎、北京、上海浦東、上海虹橋、廣州、南京☆、杭州☆、深圳、成都、西安、鄭州☆、廈門☆、寧波☆、瀋陽☆、長沙☆、青島、武漢、無錫、三亞、鹽城☆、海口、重慶、南昌、大連@、溫州☆、鹿兒島、靜岡、富山、高松、烏魯木齊、石垣島、威海、福州☆、徐州、長春☆、熊本、巴厘巴板@、北乾巴魯@、蘇丹哈桑丁@、新山@、亞庇@、合肥@、望加錫@、麗江@、斯里巴卡旺@、花卷@、新潟@、奄美@、德之島@
美洲（47）	安格拉治*、檀香山、洛杉磯、安大略、紐約、舊金山、溫哥華、芝加哥@*、達拉斯@*、邁阿密@*、西雅圖@*、休士頓*、亞特蘭大*、瓜地馬拉市@、拉斯維加斯@、聖地牙哥@、鳳凰城@、沙加緬度@、希洛@、科納@、利胡埃@、卡胡盧伊@、聖荷西@、波士頓@、紐華克@、華盛頓@、多倫多@、卡加利@、艾得蒙頓@、奧蘭多@、奧斯丁@、聖安東尼奧@、納許維爾@、斯波坎@、丹佛@、蒙特婁@、渥太華@、波特蘭@、喬治亞王子城@、特勒斯@、維多利亞@、博伊西@、土桑@、克里夫蘭@、匹茲堡@、里奇蒙@、哥倫布*
大洋洲（6）	雪梨、布里斯本、奧克蘭、墨爾本、關島、帛琉
台灣（5）	台北松山、台北桃園、台中☆、台南、高雄

註：*純貨運業務航點　@與其他業者合營航點　☆華信航空班號飛航
資料來源：華航網站。

資料來源：各家航空公司網頁。

　　華航過去對於股東成員一直視為商業機密，而有所保留，以致常遭外界的不當聯想。其董事長一職一向由空軍高級將領退役以後接任。以往空軍總司令退役後都會得到酬傭出任華航董事長，而空軍副總司令退役之後則被安排出掌民航局，因此民航局常遭抨擊，被稱為「華航的民航局」。1988年華航27位股東捐出一切股東權益，並經主管單位同意和法院公證之後成立「財團法人中華航空事業發展基金會」，以監督並管理華航的營運，1992年華航獲准股票上市，總資產706億，當時員工8,202人。

　　華航主要股東是財團法人中華航空事業發展基金會，股權為34.45%，華航目前的經營管理權和高階主管已委由專業經理人出任，公司編制在總經理之下設有多位副總經理，目前員工數約為12,181人（國內10,384人；國外1,797人）。2017年營業額新臺幣

1,398.15億元，稅後盈餘爲新臺幣22.08億元。

　　華航最早飛行國內航線，但以台北、高雄線爲主，航線有台北－高雄及台灣桃園國際機場—高雄兩條航線，以B737飛行，擬以「低運量、高頻次」的策略來攻占北、高市場。1998年中華航空推出電子機票以降低成本，增加旅客服務。

　　此外，中華航空爲了開拓未來市場，成爲更具競爭力的航空公司，於2010年宣布加入天合聯盟（SkyTeam）。2013年起，華航與同爲天合聯盟成員的中國南方航空、中國東方航空、廈門航空、上海航空共組「大中華攜手飛」計畫，結成兩岸航線市場的小型聯盟。2013年，華航跨足營運低成本航空公司，與新加坡籍低成本航空欣豐虎航簽訂合約，合資名爲台灣虎航，2016年結束合約，台灣虎航在2016年12月14日起成爲華航全資子公司。利用天合聯盟的全球網路，華航旅客將可飛往世界更多目的地，並且享受更多優惠與禮遇。

　　依據Skytrax評估，中華航空曾經拿到全球最佳航空公司第三十五名、全球最佳機場服務第六名、最佳商務艙座椅、豪華經濟艙座椅第五名、最佳商務艙貴賓室第十名，以及全球最佳空服員第十名。但中華航空在20世紀末的飛航安全紀錄不佳，由於華航在成立初期的飛行員大都來自軍方退役人力，駕駛艙內仍帶有「機長即學長」的濃厚軍方文化色彩，1978年的中美斷交使得中華民國和美國的軍事合作消失，空軍由洋訓變成土訓，在那個年代的空軍飛行員，不適應新型飛機駕駛方式，間接造成1990～2000年的飛安事故頻傳，而有空軍轉民航駕駛「淨空專案」的實施。2002年，在澎湖空難後改善裙帶關係，更換爲眞正了解民用航空作業的管理人員，使得乘客的飛行安全得以大大提升。並開始自民間招募人力進行飛行員培訓外，也在2003年來開始引進外籍飛行員，提升飛行安全。

飛航資訊

中華航空相關爭議事件

　　根據德國權威「航空事故數據評估中心」（Jet Airliner Crash Data Evaluation Center）公布的2017全球飛安排名所統計的全球九百多家航空公司中，華航排行全球第六十名。除飛安外，更名及罷工事件亦引起社會大眾不安。

1. 在陳水扁政府於2006年要中華航空改名「台灣航空」或「福爾摩莎航空」。而中華航空企業工會表示改名牽扯烤漆、人力、商標等成本，超過新臺幣10億元不同意。

2. 2016年，蔡英文政府於民主進步黨全國黨代表大會中，美西黨部主委臨時提案，強調中華民國護照改用Taiwan、中華航空等中華民國公營事業正名為「Taiwan Airlines」。兼任民進黨主席的中華民國總統蔡英文全都裁示，交付中央執行委員會研議，無結論。

3. 2005年，由於勞動條件急遽下降，空服員長期超時工作，華航資方積欠空服員加班費達上千萬新臺幣，歷經八十四次協商都無結果，近140～150名華航員工，為抗議超時工作又無加班費，包圍華航總部進行抗爭。這是台灣民航史上首次空服員走上街頭的抗議行動。

4. 2015年，因華航空服員長期超時工作，且不滿公司年終獎金安排，全數會員均為空服員的華航工會發起了集會遊行行動，更有許多華僑發起「拒搭華航」運動，也引來許多外籍航空的關切。在改善勞動條件下，事件平安落幕。

5. 2016年，華航總公司單方面更改勞動契約，強制縮減勞工帳面

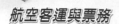

上的工時，桃園市空服員職業工會突襲式的罷工，這是台灣史上第一次航空業罷工，後資方答應勞方七項訴求，罷工事件落幕。華航空服員罷工引發旅客不滿，第一線的地勤人員首當其衝，成為抱怨、甚至怒罵對象，華航地勤人員被當砲灰。

6.2019年，機師罷工。由於部分華航機師不滿工作條件惡化，有關「疲勞航班」、禁止秋後算帳、國籍機師工作權保障、進用外國籍機師等議題，與資方多次談判未果後，華航的機師發動罷工行動。罷工歷時七天，經歷四輪協商後簽署協議後落幕。

飛航資訊

三大航空聯盟

航空聯盟（Airline Alliance）是兩間或以上的航空公司之間所達成的合作協議，目前全球最大的三個航空聯盟分別是星空聯盟（Star Alliance）、天合聯盟（SkyTeam）及寰宇一家（oneworld）。

星空聯盟有二十七個正式成員，建立於1997年，市場占有率23%，以美國聯合航空為首，長榮航空2012年加入。天合聯盟有十九個正式成員，建立於2000年，以美國達美航空為首，2011年中華航空加入。寰宇一家有十三個正式成員，建立於1999年，以美國航空（AA）為首。其他有香草聯盟，建立於2015年；價值聯盟，建立於2016年（低成本航空聯盟）；優行聯盟，建立於2016年（低成本航空聯盟）。

航空聯盟好處：

1.代碼共享：可提供更大的航空網絡，航班時間更靈活有彈性。

2.資源共用降低營運成本：共用設施維修、運作、職員相互支援，讓高級會員享有共同待遇。此外，地勤與空廚作業合作可減低成本。

3.乘客機票價格降低：乘客可以更低廉價錢購買到長程機票，並增加訂位機會。

4.提高機場服務：減少轉機次數與時間，行李直掛，乘客可更方便地抵達目的地。

5.飛行里程可互相累積：聯盟內的里程數是互認的，合用獎勵計畫，乘客可賺取飛行里程數。

飛航資訊

天合聯盟

　　天合聯盟（SkyTeam）是一個全球性航空公司聯盟，現有十九家會員航空公司，包括：俄羅斯國際航空、阿根廷航空、墨西哥航空、西班牙歐洲航空、法國航空、義大利航空、中國東方航空、中華航空、捷克航空、達美航空、印尼鷹航空、肯亞航空、荷蘭皇家航空、韓國大韓航空、黎巴嫩中東航空、沙烏地阿拉伯航空、羅馬尼亞航空、越南航空與廈門航空，每天飛航前往全球一百七十五個國家，約一千一百五十個目的地。天合聯盟為各國旅客提供更密集的航班選擇以及更多轉機的服務。旅客可在天合聯盟會員航空公司之間累積里程與換取酬賓獎勵，並使用全球機場貴賓室。

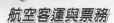

(二)長榮航空

　　長榮航空（EVA Airways，國際線代號BR，國內線簡稱EVA）是台灣實施開放天空下的產物。1988年張榮發領導的長榮集團於長榮海運公司成立二十週年的慶祝酒會上，正式宣布籌備長榮航空。根據交通部規定，經營國際運輸或貿易業務五年以上，聲譽卓越，公司財務健全，而且每年營業實績達新臺幣一百億元以上者，得經營國際航線定期客運業務，長榮航空乃於1989年3月獲准成立，並於1991年7月1日正式開航，飛行國際航線，從此我國國際定期航線不再是華航的獨占市場。長榮早期經營亞洲航線，之後為美國線、歐洲線，擴充迅速，積極介入市場運作，價格以市場為取向，彈性大，也因此曾引起爭議。長榮重視旅客服務，空姐召募對象以國人為主，近年來提供不少就業機會。在客艙服務方面，長榮採四艙制，首創「長榮客艙」，原名豪華經濟艙，在頭等、商務、經濟艙外又讓旅客多一種選擇。

　　1994年長榮加入國內線營運，首創以波音767-200廣體客機（212個座位）飛行台北—高雄航線，帶動市場，其他航空公司紛紛效法，採購新型大型飛機加入國內線。長榮為了提高整體經濟效益，增加旅客的服務，並給予小家的航空公司提供技術支援，相繼地購買台灣航空股權（30%）、大華航空（24.4%）、立榮航空（42.9%）形成策略聯盟，將資源作最有效的發揮。1995年年底長榮為了配合政府的政策，加強中南美洲經貿關係，首航巴拿馬市，成為我國首次開闢中南美洲航線的航空公司。

　　長榮不遺餘力開發新航線，1998年與美國航空、大陸航空結盟，如今美國線除飛行洛杉磯、舊金山、西雅圖、紐約、休斯頓、多倫多、溫哥華、芝加哥航點外，在歐洲方面則有倫敦、巴黎、維也納、阿姆斯特丹等航點。目前長榮有機隊81架，179個航點，總

飛 航 資 訊

長榮航空爭議事件

1. 2016年，長榮集團創辦人張榮發過世，其遺囑由小兒子（二房獨子）張國煒揭露，聲明長榮集團與其他總公司由張國煒接任總執行長，不料引發家族內鬥。大兒子與二兒子（大房所生）張國華與張國政反彈，聯手重要幹部進行奪權。張國煒心灰意冷之下，離開長榮航空，但仍擁有機師執照，自立門戶成立星宇航空。

2. 2017年，長榮航空派人將工會放在空服員信箱中的招募文宣、特刊以及文件抽除；隔日還發公告，表示不允許「外部單位、廠商」放置「廣告文宣品」。桃園市空服員職業工會長榮分會批評長榮航空專制，用愚民政策來面對員工。

3. 2019年1月20日，長榮航空由洛杉磯飛返台北桃園的航班，有位美籍肥胖男性乘客提出擦屁股的無理要求，空服員控訴長榮未給予第一線服務人員支持，最終長榮航空公開向該名空服員及社會大眾發記者會道歉，而該名美籍肥胖男性於2019年3月於塞班島過世。

4. 2019年6月至7月，爆發空服員大規模罷工，歷時十七天，罷工亦創下台灣交通業罷工史上四項「最」紀錄，罷工天數最長、影響航班最多、影響旅客人數最多以及虧損金額最高。為此次罷工，長榮航空虧損金額達新臺幣約27.8億元。

公司和訓練中心位於桃園南崁，鄰近桃園國際機場，以香港國際機場為第二樞紐。

長榮航空發展迅速，在短短幾年間發展成為今天員工數超過九千人的大企業，此外，長榮又與新航合作成立長榮空廚。另外，長榮航空自創立至今未曾發生致死之航空事故，擁有卓越的飛航安全紀錄。2016年JACDEC評為飛行安全指數第三名。2016年榮獲Skytrax評為五星級航空公司，為全球第八家獲此殊榮的航空公司，亦為國內唯一入選之我國籍航空公司，2018年Skytrax評為亞洲最佳航空公司第三名。為了加強競爭、提升服務品質，長榮於2013年加入星空聯盟，與國際接軌，擴大服務網。為了提升服務，購買波音787投入中、長程航線，用以增加航班並逐步汰換舊有之機型（如將B747轉賣或從客機除役後轉為貨機），將與波音777-300ER機型共同成為長榮航空的主力機隊，截至2019年，長榮航空機隊平均機齡約5.4年。

(三)華信航空

華信航空（Mandarin Airlines, AE）是我國第三家飛航國際線的航空公司，成立於1991年6月1日，最初是由中華航空公司與和信集團共同出資成立，故命名為「華信」，後和信集團於1992年10月31日撤資而成為華航100%投資的子公司。華信的董事長是由華航總經理兼任，原始功能是取代華航無法飛行的國際航線（當時華航在航空市場中屢屢受到中共的杯葛），以減少政治壓力，維持競爭優勢。華信與長榮同時成立飛行國際航線，但發展受到拘限，成長緩慢，原本只飛加拿大與澳洲，所飛行的航點並不多，均由華航自行決定是否分配航權給華信，其中以加拿大市場獲利情況較好。

華信原本不飛國內航線，但自1999年8月合併國華航空，接手國華航空所有的航線及中華航空的國內航線，同時將加拿大及澳洲

航線交給中華航空經營後，華信航空遂轉型爲以經營區域性國際航線及本島航線爲主之航空公司。華信航空機隊和母公司華航機隊可互相調度，基地與主要轉運中心設在台中國際機場，重點機場則是桃園國際機場、台北松山機場與高雄國際機場。華信航空機隊數量有14架，主要使用ATR72-600型客機飛行。

(四)遠東航空

遠航（Far Eastern Air Transport Corp, FAT）成立於1957年，由胡侗清先生所創設，當時主要業務是每天早上替台北的各大報社送報紙到高雄去，是國內第一家民營航空公司，當時除了華航之外，遠航是規模最大的國內線航空公司，且於1962年時即開闢北高定期航線。遠航一直是國內線的翹楚，提供的座位數最多，載客人數的占有率也最高，飛航史悠久，曾經擁有16架機隊，其中以MD型飛機爲主，使用MD-82、MD-83及B757飛行北、高航線。

遠航成立甚早，由數家財團投資經營，其中包括中華開發公司、華航及台翔航太公司。遠航總公司設在台北松山機場，1998年1月取得國際定期航線證書，國際線有高雄—帛琉、高雄—蘇比克，未來將發展成爲區域性航空，並飛行海峽兩岸。2008年因爲財務問題，國內班機及國際航線均停飛。於2011年4月18日復航營運，開闢國內及國際線業務，2011年10月更陸續開航兩岸航線，全面提供亞洲區域的飛航服務。遠航曾經破產重整，如今機隊數量有13架，遠東航空的國際線航班統一使用MD82/83客機，國內線航班使用ATR72-600或MD82/83兩種機種。但又於2019年12月突然宣布停止營運。

(五)復興航空

復興航空（Trans Asia Airways, TNA）於1951年成立，第一任

董事長為戴安國先生，1958年改變經營方針，暫停客貨運輸業務，全力經營國際代理業務，1966年在台北設立空中廚房，供應國際航線班機之機上餐點，1983年國產實業入主復興航空，原以78人座的ATR螺旋槳型飛機飛國內短航線，但因應市場需求，又購進A320（162個座位）飛機，並積極開發國際航線，於1994年獲准經營國際定期航線，並繼續經營國際包機客運，於2008年7月正式跨入兩岸週末包機直航市場。

復興飛國際航線不多，主要是與中國大陸航空轉運合作，及飛台灣國內航線，擁有23架飛機，是台灣第三大航空公司，分別為Air Bus空中巴士噴射客機A320、A321及ATR72型滑輪螺旋中短程區間客機，為了加強北高航線之服務品質，首推出shuttle空中服務，乘客不須訂位，到機場隨到隨上，保證有位（例假日除外）。

復興航空於2014年7月一架ATR72型飛機於澎湖失事墜落，造成48人死亡，波及許多民宅，最後於2016年11月停止營運。

(六)立榮航空

立榮航空的前身為馬公航空公司，馬公航空於1988年由澎湖地方仕紳共同集資成立，以彌補澎湖與台灣本島之間的空中交通不足，並以故鄉馬公為名，以飛行離島航線為主，1995年由長榮航空購併取得51%股份，更名為立榮航空（UNI Air, UIA），以飛行國內線為主，目前已達到民航局規定每年包機至少須達60架次的規定，取得經營國際定期班機資格，未來發展將以亞洲區域為飛行目標，以飛航四個半小時的航點為主。1998年7月又與大華、台灣航空合併，但仍稱立榮航空。目前以MD-90雙引擎噴射客機服務國際航線與國內長程航線，及以DASH-8螺旋槳客機服務於國內本島與離島各航線，機隊共20架，可依市場、機場特性及淡旺季調派，是立榮航空機隊最大的特色。

(七)大華航空

　　大華航空（Great China Airlines, GCA）創立於1966年，專門從事直昇機農藥噴灑業務，該公司的主要投資者原為香港華僑輪胎商，因經營不順利，曾一度停航，後為經營汽車代理起家的汎德福斯企業買下，股東包含泰瑞電子和潤泰電子等國內知名公司。改組的大華航空爭取升格為乙種航空公司加入國內定期航線之經營，1995年長榮航空購入大華20%的股票，成為大華股東之一。大華航空目前以經營國內市場為主，以包機方式飛行國際市場，目前員工六百餘人，擁有12架飛機，以DHC-8雙渦輪螺旋槳引擎客機為主力。1998年為了因應國內市場競爭，乃與台灣、立榮航空合併，改稱立榮航空。

(八)國華航空

　　國華航空（Formosa Airlines Corp., FAC）原名永興航空，成立於1966年，以直昇機起家，當時業務為接受政府單位委託噴灑農藥及拍攝航照圖，之後擴充買進小型飛機，以多尼爾飛機經營離島航線，早期經營載客率無法提高，經營不善，財務狀況也不理想，經營權數度易手。1987年配合政府開放天空政策，正式跨入台灣本島航線。1995年更名為國華航空，1996年與華航結盟，藉由華航的技術與資源來提升其經營效率與安全，是台灣國內航線最多的航空公司，並取得直昇機載運客貨之業務。國華在營運漸上軌道後，爭取升格為甲種航空公司，獲得經營國際包機資格，無奈2006年在馬祖北竿機場的空難粉碎了國華開闢國際航線的美夢，1998年又發生外海墜機事件，更受到重創，曾一度遭民航局短暫停飛的處罰。1999年8月併入華信航空，國華航空從此走入歷史。

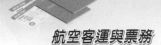

(九)瑞聯航空

　　1994年以房地產和建築起家的台中瑞聯建設關係企業購併1988年成立的中亞航空，並改名為瑞聯航空（U-Land Airlines, ULA），以北、高線為其主要航線，以165個座位的MD-82型飛機營運，作風積極，於1995年12月推出震驚航空界的「一元機票」台北—高雄機票專案，引起了票價爭奪戰，是台灣票價風波的始作俑者，雖然最後遭民航局處以三萬元罰款而終了，但瑞聯卻如願的打響知名度。

　　瑞聯以打入國際市場為目標，以外國航空公司的名義或以合作方式拓展國際市場，最後因為瑞聯集團本身經營不慎，加上瑞聯航空的高成本、低利潤的票價，導致瑞聯航空走上低價航空的夢魘：倒閉。

(十)台灣航空

　　台灣航空（Taiwan Airways, TAC）於1966年成立，初期主要業務為航空照相、農業噴灑和不定期客貨包機，曾一度虧損連連，後由長榮收購，而得以重新出發。

　　台航以多尼爾及BN型飛機為主，共5架，主要以離島航線為主。1998年與立榮、大華合併，改稱立榮航空。

航空責任保險與飛安事故

- 航空保險種類
- 空運責任與航空責任險
- 機票背面條款內容與重大飛安事故

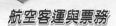

　　保險已成爲現今社會必備之工具，航空運輸對保險更爲重視，再加上消費者意識抬頭，對自身的安全保障不再保持沉默。每當航空意外發生時，理賠金額往往成爲爭執的焦點，當有任何飛行意外或損失產生時，旅客到底可以有哪些保障，各國均有一套理賠的標準，每家航空公司的機票背面亦有明確的載明。

第一節　航空保險種類

　　任何運輸工具均可視爲危險物體，可能自我損傷（含交通工具本身及所載運之人及物品）或傷及無辜之第三者及物品。當一個航空器發生意外事件時，因其載客量及破壞能力，往往造成重大的傷亡及巨大的損失，因此站在航空運輸業永續經營、服務大眾的立場，保險是有必要的，可降低其經營風險。目前航空事業保險有許多種，其中可分四大主要範圍：

1. 航空責任保險（aircraft liability insurance）：航空責任保險包括：(1)乘客責任保險，主要針對飛機上的乘客；(2)第三人責任險，承保對象因航空器墜落或操作不當，導致第三人受傷、死亡或財物損失所應負之法律責任；(3)貨物、隨身行李及郵件責任險，亦即航空公司於受託承運貨物或郵件時，因遭受損毀或遺失所應負之責任。
2. 航空機體保險（aircraft hull insurance）：航空器於飛行中、滑行中或停泊中所引起機體本身全毀或損壞之賠償責任。
3. 航空兵險（war insurance）：因戰爭、劫機或其他槍械行爲所引起之損壞賠償。
4. 其他相關保險：如郵件、產品責任、搜索救助等保險。

在上述航空責任保險方面，關於被保險人本身、擁有者以及受僱於被保險人且正在執行勤務的工作人員，如駕駛員、空服員，則不包括在航空責任保險賠償範圍內，他們的保險由勞工保險或者雇主責任保險來承擔，因此其理賠金額與乘客是不同的。

第二節　空運責任與航空責任險

依據法律規定，飛機失事致人死傷或損毀動產、不動產時，需採絕對責任主義，亦即不論故意或過失，航空器所有人應負損害賠償責任，即使該損害為不可抗力之因素所造成亦應負責。自航空器上落下之物品，所造成之毀壞亦需負責賠償。旅客於使用航空器或上下航空器時，因意外事故造成傷害或死亡，航空器之所有人應負賠償責任，但可歸責於乘客之事由，得免除或減輕賠償。

旅客購買機票搭飛機，機票內均有載明航空公司營運時，對旅客、行李、貨物有所損害時，應付之責任與賠償金額，此外旅客搭乘航空器時應配合之事項與行李攜帶之規定也有明載。

一、國際線航空對旅客及其行李之賠償辦法

1928年哈瓦那會議決議航空公司營運搭載旅客應發行機票，並且檢查旅客之行李。1929年在波蘭的首都華沙簽訂「華沙公約」（The Warsaw Convention），其主要內容是統一制定國際空運有關航空公司職員、代理商、貨運委託人、受託人以及其他有關人員之權力與賠償責任。世界許多航空公司均有加入「華沙公約」之簽訂，並將該公約之部分要點摘印於機票內，並提醒旅客注意。

(一)旅客之賠償

根據「華沙公約」規定，航空公司對於乘客傷亡之賠償，在無故意及重大過失情況下，採責任限額賠償，最高賠償金額為十二萬五千法郎或一萬美元。隨著局勢演變，部分規定已不符實際需求，「華沙公約」於1955年修訂，另於荷蘭的海牙訂定「海牙公約」（The Hague Convention），將航空公司賠償之責任限額提高為二十五萬法郎或二萬美元。

美國民航局對旅客之賠償另有規定，賠償額度較「海牙公約」高，規定凡航行於美國境內之航空公司，必須簽署1966年之「蒙特婁協定」（Montreal Agreement），依此約定，任何航空公司由美國出發或前往美國，或中途在美國停留，不論飛機於何航段失事，其最高之責任限額賠償為七萬五千美元（此金額含各種法律費用，如不包含訴訟費用則為五萬八千美元）。任何不願簽署此協定之航空公司將不得航行於美國。

隨著世界航空業的發展，華沙體制中的一些規定已不能適應現代國際航空運輸的需要。1999年「蒙特利爾公約」作出了重大修正。最大的不同是通過建立雙梯度（Two-tier）責任制度提高賠償金額。所謂「雙梯度」責任制度，是指將承運人對旅客傷亡承擔的賠償責任分為兩級。每位旅客提出的在十萬特別提款權（是國際貨幣基金組織創設的一種儲備資產和記帳單位，亦稱「紙黃金」）（約合十三萬五千美元）以下的人身傷亡賠償為第一梯度。該梯度施行「嚴格責任制」，不論承運人有無過錯，均不能免除或限制其責任，除非承運人證明傷亡是由旅客本人的原因造成的。第二梯度適用「過錯推定責任制」，即如果承運人不能證明自己沒有過錯或者傷亡係由第三人的過錯造成，則推定其有過錯，必須承擔賠償責任。第二梯度的賠償是一種無限額賠償的責任制度，所以，並非一

發生損害，承運人就當然地承擔十萬特別提款權的賠償責任。旅客能得到多少賠償，取決於其舉證證明的實際損失。

(二)行李遺失或損壞之賠償

根據機票條文之規定，托運行李（checked baggage）如果遺失，每公斤賠償限額爲二十美元。至於隨身行李（unchecked baggage）遺失賠償限額每人爲四百美元。如果全部旅程均在美國境內，每位旅客之行李賠償限額不得少於一千二百五十美元。

1999年「蒙特利爾公約」另一個亮點是具體規定了對旅客延誤的賠償限額：四千一百五十特別提款權（約合五千六百美元）。這裡的四千一百五十特別提款權是最高限額，即旅客的實際損失如果小於該限額，按實際損失賠償；如果大於該限額，超出的部分不予賠償。在行李賠償方面，公約規定在運輸中造成行李毀損、遺失、損害和延誤的，承運人的賠償責任以每位旅客一千特別提款權（約合一千三百五十美元）爲限。

旅客在提領行李發現行李遺失應馬上向航空公司提出書面申請，並告知行李遺失之材質、體積、顏色、特徵及攜帶之物品，並留下通訊地址，以便尋獲後馬上送還給旅客。在未尋獲前，旅客可向航空公司要求發給五十美元之「日用金」以購買日常用品，若仍未尋獲，旅客需在二十一天內向航空公司提出申訴。如果行李於運輸過程中受損，應於損害發覺後最遲於七日內提出書面申訴。航空公司對於易碎品、易磨物品不負賠償之責任，對於貴重物品旅客最好隨身攜帶，如果要托運，可預先申報較高之價值並預付另外之保值費，否則航空公司均按規定不額外賠償。

(三)我國航空對旅客之賠償辦法

我國雖爲「華沙公約」的簽署國之一，但我國民航法對航空

貨運損害賠償另有賠償之標準，1974年頒布的「航空客貨損害賠償辦法」規定對每一位旅客之死亡或重傷，賠償最低新臺幣七十五萬元，最高不得超過一百五十萬元，如果非死亡或重傷，賠償最高不超過新臺幣五十萬元。交通部新修正完成的「航空客貨損害賠償辦法」將空難事故的死亡、重傷賠償標準由最高不超過新臺幣一百五十萬元，修正爲死亡最低賠償標準爲三百萬元，重傷者一百五十萬元。惟隨著時代變遷，現今賠償規定將參照國際間賠償額之標準。至於對行李之賠償，托運行李每公斤不超過新臺幣一千元，隨身行李每人最高不超過新臺幣二萬元。

(四)人爲疏失，賠償金額不在條文規定內

每次空難事件發生，航空公司對死亡之賠償金額，經常引起諸多死亡家屬之不滿與爭議。根據機票條款規定，航空公司對非航空公司之過失所造成之死亡均採限額內之理賠方式，至於人爲之疏失或故意所造成之死亡賠償，則不在規定範圍內。受害人若要索取超過限額的賠償，必須證明空難的發生是蓄意或人爲的過失。經過修改的「海牙公約」如今也面臨不合時宜的爭議，許多國際航空紛紛改變做法，大致同意不再訂定理賠上限，但也不會無限制地高額理賠，免得影響航空公司經營能力，動搖事業基礎，並引起有心者蓄意破壞藉機斂財，造成飛行安全恐慌。

美國運輸部於1996年首創新的賠償協定，並籲請國際航空加入此協定，此協定要點爲：

1. 空難罹難者家屬可以要求之賠償金額不限。美國國內線空難賠償已採無上限。
2. 證明空難並非出於人爲疏失的舉證責任轉移到航空公司身上，以免乘客對機體結構、飛行技術、天候等專門知識不足

而落入舉證陷阱。

3.航空公司即使證明空難發生乃不可抗力之因素，如天災人禍，仍須負無過失賠償責任，受害者可獲十萬美元限額之內的賠償。

4.增加「第五管轄權」，依規定空難受害人只許在四個地方提出告訴：(1)售票國；(2)航空公司母國；(3)班機起飛國；(4)班機目的國。「蒙特利爾公約」增加旅客主要且永久居所作為可選的訴訟地之一。對傾向給予人身傷亡較高賠償金額的先進國家來說，這一規定對其公民或居住者是相對有利的。

二、我國近年飛機失事理賠金額

1988年台灣航空在蘭嶼撞山，罹難乘客每人賠償新臺幣一百七十八萬元；1994年華航名古屋空難，每人賠償四百一十萬元；1997年，國華航空多尼爾228-212型客機馬祖失事，罹難者每人賠償七百萬元（除法定保險理賠一百五十萬元之外，國華與罹難者家屬達成和解，另賠償每人五百五十萬元），再加上十萬元慰問金、三十萬元喪葬補助費、二百五十萬元特別補助金，最後合計總共九百九十萬元（事後要求比照華航理賠）；1998年2月華航桃園大園空難，202人死亡（含182名旅客、14名組員、6名居民），每位罹難者理賠九百九十萬元（含二十萬慰問金、四十萬元喪葬費及一百三十萬元的特別慰問金）。2002年5月25日華航班機飛往香港，當日下午3時29分，飛機在澎湖馬公海域海面高度約35,000英尺處解體，墜毀海面，機上206名乘客和19名機組員全部罹難，華航與澎湖空難的罹難者家屬達成和解，賠償每名罹難者一千四百二十萬元，罹難者張育元夫婦的兩名子女不滿華航理賠金額，向法院請求損害賠償，最高法院認定華航在維修飛機上有重大過失，應賠償

兩人各一千五百萬元精神撫慰金，創下國內司法判決撫慰金的最高紀錄。表5-1為1981年至2002年國內空難死亡人數及理賠金額。

我國空難實際的賠償金額與實際規定均有相當大的差距，由於時空變遷，「海牙公約」所規定之賠償標準已不符現況。新規定已有改變。根據國際「蒙特利爾公約」規定，在國際線方面，無論飛機失事的原因為何，每名旅客至少可獲得約十三萬五千美元的賠償，但實際之賠償標準還需參考三個因素，包括遇難者的年齡大小，年紀輕的賠償額高，年紀大的賠償額低、收入的高低以及航空公司是否有責任。基本上每個人賠償都不同，不會是統一標準。

三、超賣機位補償

航空公司為了確保機位能有效運用，尤其是例假日等旅遊高峰的季節，有時會接受超額訂位，亦即接受機位OK的訂位數超過該

表5-1 1981年至2002年空難死亡人數及理賠金額

時間	失事公司、地點	賠償金	死亡人數
1981/08/22	遠航苗栗三義上空	260萬元	110人
1986/02/16	華航馬公外海	260萬元	13人
1989/10/26	華航花蓮加禮宛山	342萬元	54人
1994/04/26	華航日本名古屋空難	410萬元	264人
1996/04/05	國華馬祖墜海	700萬元	6人
1997/08/10	國華馬祖撞山	700萬元	16人
1998/02/16	華航桃園大園西濱公路	800萬元	202人
1998/03/18	國華新竹南寮漁港外海	700萬元	13人
2002/05/25	華航澎湖附近解體	1,420萬元	225人
2014/07/23	復興航空馬公空難	1,490萬元	48人
2015/02/04	復興航空基隆河空難	1,330萬元	43人

註：部分不含問慰金、喪葬補助費和特別慰問金。
資料來源：《聯合報》。

航班的座位數，主因是考慮起飛前取消訂位者及臨時不上機者（no show）所造成的空位損失，然而此做法會致使機位已OK的旅客無法上機，遇此情況航空公司會尋求自願放棄機位者並給予補償，補償方式依各家航空公司規定，如免費升等、免費住宿、免機票、折價券、保險理賠等，但一般不直接以金額來補償旅客。如果沒有自願放棄者，航空公司則會依照機票的性質來決定登機優先權，對於被拒絕登機的旅客，航空公司會加以補償，以美國為例，會讓旅客搭乘下一班飛機，並獲得原機票款之補償。

四、飛機誤點

由於天候不佳、機場關閉或機械故障等因素而造成飛機延誤，在機票背面的定型契約中，均沒有對班機延誤的賠償規定，雖然各家航空公司在機票上均有說明不保證完全會按飛行時刻表（time table）上的時間起降，但為了旅客的權益，在機件故障、天候不佳、罷工等因素造成飛機誤點，如果在4小時以上，航空公司應免費提供通訊（3分鐘的國際電話費）、餐點及保暖物品，如果是晚上誤點，則應設法安排住宿。

五、旅客搭機注意事項

1. 機場報到：國際航線旅客最好能在飛機起飛前2小時辦理報到手續，為了確保飛機能準時飛行，一般航空公司櫃檯都在飛機起飛前40分鐘停止辦理報到手續。
2. 繫好安全帶：起飛、降落時務必繫上安全帶，飛行途中應按指示燈規定繫好安全帶（fasten seat belt），飛機未停止前不可離開座位。

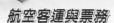

3.禁菸：絕大部分的航空公司目前正實施機上禁菸，少部分日本航線除外，尤其是洗手間裡嚴禁吸菸。

4.行李：隨身手提行李可放置於機上的行李櫃（overhead compartment）或是前面的座位下。但較重的行李不要放在行李櫃，以免飛機遇亂流掉出來傷到別人；飛機中途停留，勿將隨身物品留置在機內。

5.禁用個人電子用品：禁止機上使用個人電子用品，如行動電話、收音機、發報機等。

6.禁止攜帶物品：禁止攜帶之物品有：(1)壓縮氣體；(2)爆裂物；(3)放射性物品；(4)毒物（劑）及傳染物；(5)腐蝕物（劑）；(6)易燃品；(7)氧化物品。

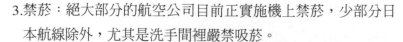

專欄5-1　世界民航史上十大空難

飛機一旦失事往往災情慘重，以下是近年來重大的失事事件：

①2001年9月11日，九一一事件，死亡人數2,954人。

②1977年3月27日，荷航及泛美航空兩架波音747相撞，死亡人數583人。

③1985年8月12日，日航波音747於東京附近失事，死亡人數520人。

④1996年11月12日，沙烏地阿拉伯航空公司波音747與哈薩克航空伊留申客機相撞，死亡人數349人。

⑤1974年3月3日，土耳其航空DC-10於巴黎失事，死亡人數346人。

⑥1985年6月23日，印度航空波音747於愛爾蘭海岸失事，死亡人

數329人。

⑦1980年8月19日，沙烏地阿拉伯航空三星客機在利雅德大火，死亡人數301人。

⑧1988年7月3日，伊朗航空A-300空中巴士於波斯灣上空因為被誤認為是一架攻擊機遭美國巡洋艦以飛彈擊落，死亡人數290人。

⑨2003年2月19日，伊朗伊留申運輸機在克曼市附近山區墜毀，死亡人數276人。

⑩1979年5月25日，美國DC-10在芝加哥的歐海爾國際機場起飛時，飛機引擎掉落並嚴重破壞了機翼，死亡人數273人。

資料來源：中央通訊社（2007）。〈世界民航史上十大空難〉。《世界年鑑》。台北市：中央通訊社。

第三節　機票背面條款內容與重大飛安事故

本節分機票背面條款內容與重大飛安事故兩單元，一般機票背面會載明各項旅客注意事項及航空公司賠償責任，若發生飛安事故，也將以這些條款為賠償標準依據。

一、機票背面各項條款內容

每本機票背後均載有旅客搭機時應注意之事情及航空公司對人及行李應負之賠償責任，旅客購買機票將名字填於機票上即視同

簽約，應遵守機票上之條款內容，各家航空公司所列之條款內容，大致相同，但並非所有航空公司均有加入「華沙公約」或「海牙公約」，因此在賠償及搭乘飛機要求上會有所不同（**圖5-1**）。

旅客注意事項

一、請詳讀本機票中有關旅客權益之各項條款內容。

二、若旅客行程不適用「民用航空法」及「航空貨運運輸保險賠償辦法」之規定，其運輸責任之賠償，按適用台灣地區之「民用航空法」之規定，但因國際公約限制：對於旅客之死亡或傷害，賠償新台幣二千五百萬元；如波及國際航段計算，最高不得超過每公斤新台幣一千元；隨身行李每一乘客最高不得超過新台幣二萬元。

三、若旅客於行程中之任何一站停留超過七十二小時以上，務請於續程或回程班機起飛前應向該航空公司確認其所搭乘之班次，以避免因未確認之機位而被取消。

四、本機票必須按搭乘順序之順序使用。

五、持用特種票旅客，請向航空公司洽詢特種機票之規定及限制。

六、航空公司就旅客所託運行李遺失或損毀所致之損失，概不負責。

七、旅客於各隨身行李物件於託運途中遺失、損壞或竊盜，如有疑問請逕洽各航空公司。

八、為了貴客的行過及安全，價值性物件一件乙妥行李。

政府徵收之稅捐與費用須知

本機票價格將包含政府向機關及航空之稅捐與費用，上述代表航空旅遊稅捐部分成本之稅捐與使用。旅客於付稅時應支付相當項目表示。

乘客須知

倘乘客行程之最終目的地或中途之地點位於起程國以外之國時，則適用華沙公約，該公約係就人之死亡或傷害及行李之遺失或損壞之責任予以規定並於多數情形下予以限制。請參閱「對國際乘客及其行李限制責任之通告」及「行李賠償限制之通告」。

契約條款

一、本契約所稱「客票」係指本客票及行李票，其中「本契約」及「通知」係其一部份。所稱「運送」即運輸運輸。所稱「承運人」係指依照本票之運送或載運乘客或行李之航空運送人及因此票所生或所載運之所有航空承運人。所稱「華沙公約」係指一九二九年十月十二日簽訂於華沙之國際航空運輸規則統一公約，或一九五五年九月二十八日於海牙修正之該公約，視情形適用。

二、依據本契約之運送，受華沙公約所定有關責任之規約及限制，但非「國際運送」者除外。

三、就本契約運送適用之運價規則如訂之運送期間視為各條款如下：
（一）本客票票面所載之價格。
（二）適用之運送規則。
（三）承運人之運送規則，如可得獲。
人員可向運費表示。

四、承運人之名稱在客票上可用縮稱，而其全名可於承運人其本身之售票辦事處內或航空公司時刻表中得見。承運人之地址即為出發機場所在地及其所列於本客票上第一個承運人欄內之地。運輸程序須依約定之運送期間。

列之停留地地機場，約定之各種留地地將被本客票所列之任何地或運送人相片或他所載圖之承運人運送人連結地地，為該停留地之數或其所運送。

五、承運人承擔為一運送承運人連結上運送之之承擔及行李得以稱為代理人，但以後各之代理人之身份之時。

六、承運人責任如有行李存在使用契約，應亦適用及其他代理人。

七、經發收付契約行程任意行李之載及行李，應於相關運費及並面自比前出其時由時段，及承運人運送之約及程收受予行運。

八、承運人對承受客行李過處如予以通或之一部分，承運人承之全部被承運人之客及承運人之約並可取保運送運送。

九、承運人行李對承對本票並以之部份，承運人承之運送。並非私契運時明，亦不保承承之約，並予保需更承及及承行列或所明，過收其地地運送。

十、承運人應遵守一切政府機及所付運送費用之一部分。承運人承承行李承規定，並承之運送人員承承行李承規規，並合分明等。

十一、承運人承之使用，依本契約及其地地及運規或之地約，並以現定明完成出出境手續。

任何人以違反所運行法規或政府承運人之規定，並並之運送的權利，依例之約及運送標準完成所運送之運送。

圖5-1 機票背面各項條款

對國際線乘客有關賠償責任限額之通告

乘客行程之目的地或中途停留地係在出發地國以外之其他國家時，華沙公約之規定或可能適用於其全部行程，包括出發地國或目的地國國境內之航段在內。如乘客之行程保系由美國出或前往美國或以美國國境內形成行程中之約定停留地係在美國境在美國境內，或並非死亡或身體受傷之運送規章中所含之特別運送契約規定，加入之賠償責任，並不以美國國境內者，並不以美國國境內之過失因依據。如乘客格乘之航空公司非加入，以超過華沙公約承運人之賠償責任，在大多數情形下每一乘客以人之約定。加入之賠償責任系在美國加入或前往美國或自美國境內之往訂運造雙約規定，加入之賠償責任，並不以美國國境內之過失因依據。如乘客格乘之航空公司非加入，在該寫真約承運人之賠償責任。如您獲得者格外保險，通常可向一般保險公司或保險公司之代辦。

附註：上述美金七萬五千元之賠償責任限額係包括各項法律費用在內。惟如所提出賠償請求之所在地國規定法律費用應另行申報超金五萬八千元，不包含法律費用在內。

行李賠償限額之通告

航空公司對於行李之失落、遲到或損害之價值，除乘客預先申報較高之價值並附加額外之保險費外，皆設有賠償限額。對大多數之國際旅程言（包括國際旅程中之國際行程部份），託運行李之賠償限額約每磅美金九元以或（每公斤美金二十元）；隨身行李之賠償限額每位乘客美金壹佰元全部旅行均約在美國國境內各地之間者，有關託運與非託運行李之賠償責任，皆受限於美金七萬五千元之賠償值，詳細請洽航空公司拾詢。若干航空公司對形易損、貴重或易腐壞物品如不負賠償責任，詳細請洽航空公司拾詢。

危禁物品

請繼續遵守航空安全，下列危禁物品均禁止放置於行李中。

一、爆裂性物品
二、壓縮氣體
　例如：丁烷、瓶氣、液化油、潛水用氧氣筒。
三、氧化物品
　例如：劑物、瓶罐、水銀及各木銀之器具、酸電池。
四、易燃品
　例如：酒精、火樂、煙火、彈竹、照明彈。
五、放射性物品
六、爆裂性物品
　例如：打火機燃油、火柴、塗料、稀釋料、滅火器。
七、氣化物品
八、毒物（劑）及傳染物
　例如：殺虫劑、除草劑、活性溝通性病毒。
九、其他危險品
　例如：磁化物。

(續)圖5-1　機票背面各項條款

資料來源：中華航空公司。

(11-96)

157

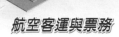

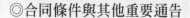
專欄5-2　IATA Ticket Notice
（電子機票各項條款內容）

◎合同條件與其他重要通告

　　在最終目的國或經停國而不是出發國旅行的旅客已獲得通知：
「蒙特利爾公約」或其之前的「華沙公約」及其修訂條約「華沙公約
體系」等國際條約，可以適用於整個旅程，包括在任一國家內部的部
分旅程。對於該等旅客，適用的條約（包括適用收費表中所包含的運
輸特別合同）規定並限制承運人的責任。

◎責任限制通告

　　「蒙特利爾公約」或「華沙公約體系」可適用於旅客的旅程，
並限制航空承運人就旅客傷亡、行李遺失或損壞以及延誤所承擔的責
任。

　　在「蒙特利爾公約」適用之處，其責任限制如下：

　　1.就旅客傷亡而言，沒有財務限制。
　　2.就行李的遺失、損壞或延誤而言，每位旅客在多數情況下可以
　　　得到1,131個特別提款權單位（約合1,200歐元或1,800美元）的
　　　賠償。
　　3.就旅客在旅程中由於延誤所造成的損害而言，每位旅客在多
　　　數情況下可以得到4,694個特別提款權單位（約合5,000歐元或
　　　7,500美元）的賠償。

　　「歐盟條例」2002年第889號要求歐盟承運人將「蒙特利爾公
約」的限制條款適用於其承運的所有旅客及其行李的航空運輸。許多
非歐盟的承運人，在旅客及其行李的航空運輸方面也選擇照此公約辦
理。

在「華沙公約體系」適用之處，下列責任限制可以適用：

1.就旅客傷亡而言，如果該公約的「海牙議定書」適用，每位旅客可以得到16,600個特別提款權單位（約合20,000歐元或20,000美元）的賠償，或者如果僅「華沙公約」適用，則每位旅客只能得到8,300個特別提款權單位（約合10,000歐元或10,000美元）的賠償。許多承運人自願全部放棄這些限制條件，例如美國的條例要求，對於前往、離開或批准後經停美國的旅程來說，旅客獲得的賠償限制不得少於75,000美元。

2.就托運行李的遺失、損壞或延誤而言，每公斤行李可以獲得17個特別提款權單位（約合20歐元或20美元）的賠償，而非托運行李的遺失、損壞或延誤，則可以獲得每公斤332個特別提款權單位（約合400歐元或400美元）的賠償。

3.承運人還必須為延誤造成的損害承擔責任。

至於旅客旅程的適用限制，其詳細資訊可以從承運人處獲得。如果旅客的旅程涉及不同承運人的航空運輸，旅客應該就適用的責任限制向每位承運人取得聯繫，獲取資訊。

無論哪項公約適用於旅客的旅程，旅客在機場登記時，如果能夠特別申報行李的價值，並交納適用的附加費用，那麼旅客就可以為行李的遺失、損壞或延誤而獲得較高數額的責任限制賠償。或者，如果旅客的行李價值超過適用的責任限制，旅客可以在出行前，為行李投保全險。

◎訴訟時限

要求損害賠償的法庭訴訟，必須在航空器到達之日或應該到達之日起兩年之內提起。

◎行李索賠

在行李損壞的情況下，旅客必須在收到托運行李七日內，向承運人發出書面通知，或者在行李延誤的情況下，旅客必須在行李交付自己處置之日起二十一日內，向承運從發出書面通知。

◎所引用合同條款的通告

1.旅客與承運人所簽訂的運輸合同，無論承運人為旅客提供國際運輸、國內運輸還是國際運輸的國內部分，都服從本通告；服從承運人發出的任何通知或簽發的任何收據；服從承運人的個別條款和條件（簡稱「條件」）、相關規定、規章和政策（簡稱「規章」）以及任何適用的收費表。

2.如果旅客的運輸是由一個以上的承運人進行承運的，那麼每個承運人的不同條件、規章以及適用的收費表均適用。

3.本通告公布之後，每個承運人的條件、規章以及適用的收費表，通過引用加入旅客運輸合同，並成為合同的組成部分。

4.條件包括但不限於：

(1)承運人對於旅客傷亡所承擔責任的限制和條件。

(2)承運人對於貨物和行李（包括易碎或易腐物品）的遺失、損壞或延誤所承擔責任的限制和條件。

(3)為行李申報較高的價值並交納適用附加費的規定。

(4)將承運人的條件和責任限制適用於承運人的代理人、服務人員、代表以及向承運人提供設備或服務的任何人員的行為。

(5)索賠限制，包括旅客對承運人提出索賠或提起訴訟的時間限制。

(6)有關訂座或確認、登機檢查時間、航空運輸服務的使用、期限和有效期以及承運人拒絕承運權利等內容的規定。

(7)承運人的權利與承運人延誤或未能提供某項服務所承擔責任

的限制，包括時間表的更改、另一承運人或航空器的替換、航線改變，以及承運人按適用法律的要求將運營的承運人身分和替換的航空器狀況通知旅客的義務。

(8)承運人拒絕爲不遵守適用法律或不能提供所有必需旅行證件的旅客提供運輸服務的權利。

5.旅客可以在承運人銷售運輸服務的地方，獲得旅客運輸合同的更多資訊，並確定如何獲得合同的複印件。許多承運人在各自的網站上也有這類資訊。旅客按適用法律的要求，有權在承運人機場和銷售點檢查旅客運輸合同的全文，並提出要求免費獲得每位承運人郵寄或以其他方式投遞的運輸合同複印件。

6.如果某一承運人銷售航空運輸服務或托運行李，卻指定另一承運人進行運輸，則該承運人只是作為另一承運人的代理人從事航空運輸服務。

旅客如果沒有所有必需的護照和簽證等旅行證件，將不能進行航空旅行。政府可以要求承運人提供旅客資訊或者獲得旅客的資料。

◎拒絕登機

航班可能會超額預訂，但是旅客確認訂座後卻仍然得不到座位，這種機會是很少的。在多數情況下，如果旅客並非出於自願卻被拒絕登機，那麼旅客有權獲得賠償。按照適用法律的要求，承運人必須首先尋找自願放棄登機的旅客，然後才能強制拒絕某位旅客登機。旅客應該向承運人核實拒絕登機賠償（DBC）支付的完整規定，核實承運人允許登機優先順序的資訊。

◎行李

某些種類的物品可能會申報過高的價值。承運人可以對易碎、貴重或易腐的物品適用特別的規定。請旅客與承運人進行核實。

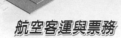

1. 托運行李：承運人可以允許一定的免費托運行李限額，限額由承運人確定，並隨航班等級或航線的不同而有變化。旅客行李超出限額部分，承運人可以收取額外的費用。請旅客與承運人進行核實。

2. 客艙（非托運）行李：承運人可以允許一定的免費客艙行李限額，限額由承運人確定，並隨航班等級或航線的不同而有變化。建議將客艙行李的限額保持在最低。請旅客與承運人進行核實。如果有多家承運人為旅客提供航空運輸，每家承運人會對行李（托運行李和客艙行李）有不同的規定。

3. 美國旅行的行李責任特別限制：對於完全在美國兩點之間的國內旅行，聯邦法規要求承運人行李責任的限制為，每名旅客至少3,500美元或者按照「美國聯邦法規」第14篇第254.5部分當前規定的數額。

◎辦理登機手續時間

旅行日程或機票收據上注明的時間是航空器離港時間。航班離港時間，不同於旅客辦理登機手續的時間或者旅客登機的時間。如果旅客遲到，承運人可以拒絕為旅客提供運輸服務。按照承運人向旅客發出通知的要求，登機檢查時間是旅客獲得批准可以乘機的最遲時間，而登機時間是旅客必須出現在機艙口登上飛機的最遲時間。

◎危險物品（危險材料）

出於安全的原因，旅客不得在托運行李或客艙（非托運）行李裡夾帶危險物品，特別允許的情況除外。危險物品包括但不限於壓縮氣體、腐蝕性、爆炸性、易燃性的液體和固體、放射性物質、氧化物質、有毒物質、傳染性物質以及安裝有報警裝置的手提箱。出於安全的原因，其他限制條件可以適用。請旅客與承運人進行核實。

二、重大飛安事故

　　世界各國均極為重視飛行安全，飛安事故發生之機率各國不一，比起一般之交通事故雖低了許多，但要完全不發生則不可能。根據美國波音公司的統計，1959年至1995年的飛安事故中，每百萬架次有三次比率之失事主因可歸納為六大類：(1)飛行組員；(2)飛機本身；(3)維修不良；(4)氣候；(5)機場及航管；(6)其他因素；其中失事有64.4%是由飛行員所造成，90%是人為因素，以飛機起飛及降落機率最高。

 專欄5-3　人類歷史上最大一次飛機空難

　　人類歷史上最大的空難事件並未發生在空中，而是發生在地面上。1977年3月27日星期日下午五時，意外事件發生在西班牙屬地的觀光小島特內里費（Tenerife），特內里費島位在加那利群島（Canary Islands）附近。

　　一架載有248名旅客的荷蘭航空波音747在跑道上準備起飛，滑行約1,300公尺後轟然撞上正在滑行也準備起飛，且載有旅客396人的泛美航空波音747，荷航撞上泛美後，機身在150公尺遠處落回地面，又向前衝300公尺爆炸起火燃燒，機上所有人員全部罹難；泛美航空則飛機上層頭等艙及上半部機身在撞擊中全毀，機身左側被撞出裂縫，使得部分旅客有機會由此逃生，機上396人中有70人逃離飛機，但其中有9人死於醫院。

　　此次撞擊事件總計583人罹難，保險公司為此事件所支付的賠償金額相當驚人：

荷航飛機	2,300萬英鎊
泛美飛機	1,500萬英鎊
旅客賠償	1億1,000萬英鎊
合計	1億4,800萬英鎊

　　若以現在匯率1：40來計算（當時更高），至少賠償了新臺幣59億元，至於機場損壞維修及其他間接損失則不含括在內。

資料來源：Airway雜誌，第10期，1998年4月。

Chapter 6

營運成本與銷售

- 飛航班表
- 營運成本
- 航空公司機位銷售管道
- 旅行社對航空公司及其產品之選擇
- 航空公司機艙服務及限制
- 電腦訂位系統
- 銀行清帳計畫

航空公司營運成本可分固定與變動成本，其中人事開銷是航空公司最大的成本支出，至於付給旅行代理店的佣金支出也是各家航空公司關心的支出重點，也因此直接影響到航空公司與旅行代理店合作的關係。航空公司為了能減少支出，增加營運效率，乃採行電腦訂位系統以創造更多的利潤，此外亦採行銀行清帳計畫（Billing and Settlement Plan, BSP）以簡化結帳作業手續，並使用標準機票，讓旅行代理店的操作手續單純化。

第一節　飛航班表

航空公司的飛行計畫包括航線網、飛行路線、每週飛行頻率、飛機起降時間及飛行時數。航空公司根據空運需求及配合政府政策開辦航點、航線，一旦確定飛行路線，乃根據市場狀況、經濟考慮、兩國政府雙邊協定有關機位之供應上限，安排每週飛行次數及使用機種。由於機場的負載能力及起降空間有限，航空公司往往不能隨意選擇，需預先協調，本國政府會為自己的航空公司爭取較佳的時段，國外的航空公司因此處於劣勢，而使用較差的時段。

理想的飛航時刻表是旅客選擇航空公司的重要依據，理想的飛航班表為每週高飛行頻率、無中途停留或轉機、合宜的起飛及降落時間及較舒適的機型。提供兩地之間班機往來密集的航空公司，因為考慮到在較差時段載客量低的虧損，其機票售價往往會較班次少的航空公司高，旅客也願意支付較高的費用以得到較多班次的選擇，此種旅客通常以時間緊迫的商務客居多。至於觀光客對價格較敏感，旅行業者傾向於安排價格低但時段差如早班或晚班，或中途須轉機的班機。

航空主管單位均會要求公布各家航空飛行時刻表，並要求航空

公司確實執行，以維持其準時性，除非因飛航安全及特殊狀況才能停止飛航。目前由於製造飛機的科技進步，以及在天氣惡劣的情況下降落的輔助系統大有改進，技術性停飛問題已大為減少。影響飛機起飛降落除了技術及天候問題外，機場的經營與設備也有舉足輕重的影響。一般班機的準時度以誤差時間不超過15分鐘，空中交通繁忙的機場班機誤點頻率高，尤其是須銜接的班機，如使用輻軸式系統的航空公司，因必須等待上一班機的旅客而不得不延遲飛行，也因此往往產生連鎖效應，使得飛行次要機場的班機受到延遲，旅客產生抱怨的機會較高。

 # 第二節　營運成本

一、航空公司營運成本

　　一般公司的成本可分為固定成本及變動成本，航空公司成本支出項目非常多，較一般企業行號複雜，可能由於天候、機械、人禍等因素而臨時增加許多營運成本。

(一)固定成本

　　固定成本與飛行次數、使用機型無關，不因業務多寡而變動，如：

　　1.航空站費用：地勤人員、設備車輛、航空站租金及操作費。
　　2.固定形象廣告。
　　3.設備、管理及保險費。
　　4.飛機購買及租用費。

5.機票印製成本及代理商招待費用。

(二)變動成本

變動成本指因飛行次數及銷售量而產生之成本,如:

1.個別廣告費用:如淡季之促銷。

2.飛行人員相關費用:如機員之薪資及超時工作支出。

3.燃料費、起降費。

4.例行檢修、零件更換費用。

5.飛機折舊費。

6.旅客機上餐飲費。

7.代理商佣金支出。

8.意外成本:如因臨時天災、人禍及飛機延遲賠償支出。

二、航空公司重要成本支出

經濟環境變化與航空成本最為密切,任何政治不利因素也會造成航空公司經營成本提高,此改變往往非航空公司業者所能掌控。航空公司能掌控之成本是增加經營效率,減少飛機閒置於陸地上的時間,購買適當之機型,配合飛行不同性質之航線與航程,以達到最高的經濟效益,精簡工作人員,降低人事開支。

(一)人事成本

勞力密集是服務業的特色,人事成本在航空公司的總成本中比例最高,西歐與美洲的航空公司人事成本至少占30%以上,而亞洲的航空公司所占比例較低。人事成本與薪資水準有關,在高薪資國家與有加入工會組織的航空公司其人事成本較高,其中以資深的駕駛員薪水最高,近來有些航空公司為了降低人事成本,採取減薪方式,引起

駕駛員的抗議，1999年6月國泰航空資深駕駛員因減薪而集體請假，造成飛行嚴重脫班，損失慘重。越來越多的航空公司乃傾向於聘僱不參加工會組織的員工，以降低成本，及減少罷工風潮的危險。

飛航資訊

薪資收入

依據行政院勞委會統計資料顯示，2006年航空運輸業受僱人員平均每月薪資約75,286元，航空駕駛員約210,336元，高居各職類之冠；空服員約58,111元、航空機械工程師約58,739元、航空機械技術員約51,640元、飛機修護工約40,792元。至於飛航管制員薪俸、加給與獎金依個人職等與工作狀況有所不同，受訓合格初任者約6萬元，其後依職等與執照類別調升，一般督導階層約10萬元左右。根據部分業者表示，新進人員薪資水準，航空駕駛員約10萬元、空服員約4～5萬元。2011年，航空駕駛員平均每月薪資約181,728元，服務工作人員及售貨員約55,118元，飛機修護工約為50,669元。

以2019長榮及華航薪資為例，機師12萬元起跳，空服人員5～12萬元，地勤人員3～5萬元。長榮空服人員年終四個月，華航則1.8～2.2個月。

依據機師工會統計，華航與長榮的正副機師再加上飛行加給，月薪約介於25～32萬元間，但與國外航空公司比較，卻又少了些，如中國航空公司開出月薪逾40萬元，至於外籍航空機師薪水，年薪可達500～700萬元之間。

資料來源：行政院勞工委員會統計資料。

(二)燃油成本

　　燃油成本以石油商的交貨價再加上國內所徵收的稅金來計算。航空公司購油成本依機場而有不同折扣，也會因購油地點及所簽訂契約方式有所不同，另外各航空公司使用之機型不同、油耗量也不同。航空公司對油料價格反應敏感。近兩年來，由於國際油價一路飆漲，航空運輸業飽受其苦。2006年9月我國航空燃油創下每桶97.84美元高峰，較當年1月每桶78.73美元上漲24.3%，民航運輸業燃油成本占營業支出之比重亦由35%大幅攀升至40%（換言之，航空公司每一百元的支出中，就有四十元用於買油），這使得民航運輸業轉盈為虧。

(三)代理商佣金

　　對一般航空公司而言，經由旅行社或旅行業者售票是其重要的銷售管道。旅行業者代售機票通常可以拿到一定比率的佣金，航空公司為了鼓勵旅行業者增加銷售量，也會提出獎勵佣金，即固定佣金外加銷售量的業績獎金，獎勵佣金形成航空公司一筆龐大的支出。目前美國的航空公司機票銷售有80%是透過旅行業者代售，在歐洲及美國，一本機票含印刷、勞工的成本及旅行業的佣金，平均約十五到三十美元。1993年美國的旅行業代售機票佣金收入達七十五億美元，佣金比率為14.36%（含達到目標銷售量的額外佣金比率），占美國航空公司經營費用的第三名，僅次於人事費用及油料費用，許多航空公司在節約消費壓力的考量下，不得不開始考慮降低佣金支出。部分航空公司採取降低佣金百分比，或者不論一張機票價格是多少，一律採取固定金額的退佣方式。

　　例如1995年2月，幾個美國航空公司包括美國、大陸、達美、西北和聯合航空公司團結一起，限制旅行代理人佣金比率，國內旅

行單程為二十五美元，來回行程為五十美元。又例如2001年1月，西南航空公司調整了銷售政策，將支付給代理人的銷售佣金由原來統一的10%削減到電子客票8%、紙票5%，並規定一張往返程客票的佣金最高上限（commission cap）為六十美元。有些則採電子機票及旅客透過電腦直接向航空公司訂位，或者在大型百貨公司裝置自動售票機，不須經由旅行業者服務。今日，在美國有超過60%的機位是藉由電話訂位，在歐洲90%的訂位仍透過電腦訂位系統（Computer Reservation System, CRS）或旅行業。例如2019香港航空（HX）同業佣金（agency commission）是票面價3～5%。有些航空公司在佣金成本考量下，取消每一筆機票銷售都有獎金的獎勵方式，現在改成年度目標導向，衝到一定的營業額，才給一定額度銷售獎金。

(四)機場起降費

機場收費項目分為三類，第一類是航空性業務收費，包括起降費、停場費、客橋費、旅客服務費及安檢費；第二類非航空性業務重要收費，包括頭等艙和公務艙休息室出租、辦公室出租、售補票櫃檯出租、值機櫃檯出租及地面服務收費；第三類則是非航空性業務其他收費。一般機場起降費與航線費（如飛越他國領空）約占總營運成本的6%，機場起降費係依飛機重量再加上所載運的旅客數目及機場使用時段，每座機場的收費標準不同，端視機場之營運成本而定，以747-400型飛機為例，啟德機場起降費收二萬港幣，新的赤鱲角機場收六萬港幣，桃園國際機場則收新臺幣十一萬元。

(五)兵險附加費

目前國籍航空公司自97年起已停止收取兵險附加費，惟少數外籍航空公司仍收取每航段每人之兵險附加費。

第三節　航空公司機位銷售管道

　　航空公司的機位由早期自己銷售到透過旅行社代售，演變到今日只要能將機位銷售出去，如何銷售都可以。航空公司的機位銷售策略已逐漸不再遵循IATA所規定之必須透過指定旅行業代理商（agencies）代售的方式，航空公司對於即將到期而未售完的機位，以大量且低價方式透過非指定旅行業代理商來銷售，或直接賣給商務或觀光客，這種擴大機位銷售管道的模式，雖然引起IATA指定合格可以代售機票之旅行業反彈，並混亂了配銷系統，但由於這種做法的確有助於出清機位，航空公司仍堅持他們有權公開透過任何管道來銷售機票（圖6-1、圖6-2）。

一、機場直售

　　通常機票的實售價與票面價相距很大，由機場櫃檯販賣之機票通常以票面價賣出，國際線旅客除非不得已最好不要到機場購票，國內線機票由於市場混亂，雖然未必會買到票面價，但價格仍較高。

二、由航空公司的CRS賣出

　　隨著電腦的普及化，透過網際網路（Internet）與航空公司的CRS連線，在美洲地區頗為普遍，航空公司將產品公開給社會大眾，不定時會有折扣票藉由CRS公告，消費者不須透過旅行代理業就可以在家裡透過電腦以信用卡刷卡方式購買到價廉的機票。在電

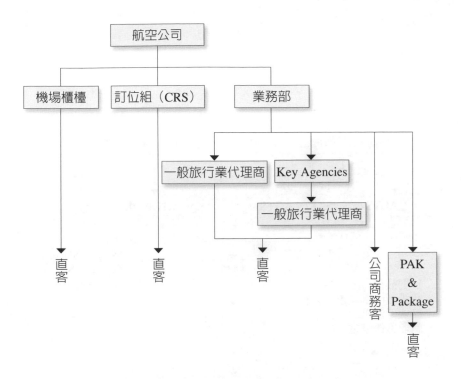

圖6-1　機位銷售管道

子機票及無票飛行逐漸普及化後，此種銷售管道勢必有增長的趨
勢，未來也將擴及到國際航線上。

三、由一般代理商或Key Agency銷售

航空公司為了節省人事成本，大都透過認可之旅行業代理商來
代售機票，並付給佣金，由於績效有限，無法有效地消化機位，有
些航空公司乃進而尋找Key Agency（票務代理中心或票務批售票或
總代理，稱為General Sales Agent，簡稱GSA），選擇財力足、業務
量大、願意承擔風險之旅行業共同合作，將彼此之間關係拉近，其

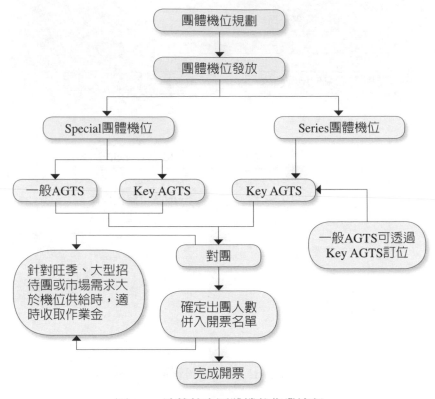

圖6-2　長榮航空團體機位作業流程

資料來源：《旅報》，148期，頁9，1997年3月1日。

合作方式有買（賣）斷法及累計法（accumulated method）。

(一)買（賣）斷法

Key Agency以切票的方式，低價大量買進機票，自行承擔風險，將機票再賣給一般的代理商，賺取差價，未賣出的機票則自行吸收。

(二)累計法

機票銷售累計後退款（volume incentives or overrides）可分張數累計法及金額累計法。張數累計法以每個月或季為單位，於規定期間內達到營業張數，再發放利潤獎金。金額累計法又可分「營業額計算累計法」，亦即以業者向航空公司購買機票實際支付的機票金額計算，此法航空公司較不喜歡；另一種為「搭乘額累計法」，亦即以旅客實際搭乘部分累積計算，此種方法業者較無法掌握實際金額，統計上有其困擾。

累計後退款可分兩種：一種不追溯既往；一種可追溯既往。當旅行社販賣一張機票，通常可由航空公司處得到不包含稅的機票價格9%的佣金（美國國內航線10%、國際航線8%）。所謂不追溯既往的後退款方式為，當旅行社販售機票超過一定額度後，超出額度部分，每張機票加退一定百分比之佣金。例如販票額度為一百張，每張佣金9%，若超過額度則佣金加到10%；假設每張機票一千元，甲旅行社賣出一百五十張，則其佣金收入為：

$$1,000元 \times 100張 \times 9\% + 1,000元 \times 50張 \times 10\% = 14,000元$$

所謂「追溯既往的後退款方式」為當旅行社販售機票超過一定額度後，航空公司對出售之機票每張加退一定百分比之佣金，以上題為例，其佣金收入為：

$$1,000元 \times 150張 \times 10\% = 15,000元$$

四、公司商務客

商務客一直是航空公司積極爭取的對象，以英國航空為例，商

務客雖然只占其總載客量的15%，但卻占公司總收入的三分之一。商務公司或旅客何以願意花較高的價格搭乘商務艙，根據Official Airline Guide（OAG）對商務旅客旅遊型態的調查發現，主要購買動機之一是來自工作上的壓力，航空公司對商務旅客無微不至的服務可以減輕旅行壓力，讓他們抵達目的地後能提起精神繼續工作。商務旅客行程安排緊湊，經常在最後一刻改變行程，臨時訂位或取消訂位情況時常發生。航空公司對於訂商務艙的旅客臨時取消訂位並不會加以處分，雖然這對商務客極為有利，但對航空公司填滿機位的策略卻極為不利。同時發現85%的商務旅客是透過旅行社訂位，航空公司須支付高額的佣金。航空公司乃採取主動方式，直接尋找商務旅行業務量大的公司與之簽約，如此可節省旅行業代理商之佣金支出。由於商務旅行大都由公司支付交通費用，航空公司會以里程累積酬賓計畫（Frequent Flyer Program, FFP）的方式來強化商務客忠誠度，而一般大公司因為可以取得票價折扣及累積里程數的額外獎勵，自然也樂意與航空公司合作。

五、套裝旅行或PAK

航空公司以機位販售為主，再加上飯店住宿、機場接送、早餐、市區觀光、組合成半自助的套裝旅行（package），或者由航空公司主導策劃，旅行業者在共同的優惠條件下一起推動指定之產品（PAK），如市場上的英航假期、澳航假期、南非假期、美洲假期、華航精緻旅遊等，由於產品多樣化（使用不同等級飯店，價格不同），品質不錯，頗受消費者喜歡，尤其是喜歡自助旅行者，此種產品因人數少也可成行，而有增加的趨勢。

第四節　旅行社對航空公司及其產品之選擇

　　旅行社在規劃一個遊程設計時，應最先考慮行程安排中影響價格最大、操作最困難的部分，旅遊產品的組合往往以航空公司所提供產品的選擇影響最鉅，必須依照航空公司飛行的路線、班次、價格來安排遊程，否則會造成轉機或候機時間的浪費、價格過高或遊程路線安排上的困擾。

　　航空公司產品的選擇對旅遊產品能否順暢及獲利有決定性的影響，在行程設計時對航空公司產品的選擇需考慮下列因素：

一、航空公司飛行的航線及停留點

　　如果每星期飛行班次多，則行程容易安排，其飛行的航線及停留點若能配合行程需求，旅客則可減少轉機或減少飛行時間。此外，去程與回程飛機的起飛以及抵達時間也很重要，對觀光旅客而言，去程晚上起飛，回程一大早飛回，是較不利的，無形中旅客的旅遊時間少了兩天。至於在旅遊途中也應盡量少安排一大早的班次，對觀光客而言，晚上的旅遊活動是較精彩的，為了趕飛機只好早睡，一大早起床趕飛機，不但精神狀況不好，且碰到早上上班交通尖峰時段，易造成塞車延遲現象。

二、機票的價格

　　觀光客對價格最敏感，而機票價格往往占團體費用的三分之一左右，能取得航空公司支持、提供特別優惠的機票票價，無疑是出

團成功的要件。一般航空公司通常會提供每十五位乘客給予一張免費機票供旅行社之領隊使用，但並非所有航空公司均如此，有些航空公司是採取低價政策或累計後退款方式。

三、機位的供應

旅行社經營最大的困難是淡、旺季機位的供需問題。在旺季時，雖有生意上門，但卻一位難求。以航空公司的經營立場，在旺季時，希望將機位賣給利潤較好的個人旅行（Foreign Independent Tour, FIT），儘量減少價格較低的旅行社團體，因此如何尋求合作之航空公司值得深思。這時旅行社可尋找航空公司淡旺季時因供需而合作之夥伴，於淡季時支持航空公司將機位賣出；反之，航空業者則視旅行社於淡季時支持程度，在旺季時給予所需之機位。此外旅行社也可找較新或財務狀況較差之航空公司合作，由於新的航空公司需旅行社業者支持，會較熱心也較能配合。

四、信用額度

旅行社業者販售機票時需繳交一筆保證金給航空公司或IATA，若能取得較大的信用額度，如機票的開票量及付款日期的延長，對旅行社的現金周轉有相當大的幫助。若是透過同業開票（如ticket center），也需先提供一定的信用額度。為了提升服務也有旅行社逆向思考，例如中國大陸之南龍旅行社首創系統「先開票、後結帳」的服務。

五、有關機票的特性

　　機票本身因價格、季節、使用對象而有不同的限制條件，旅行社必須充分了解販賣給旅客機票有何限制，以避免使用不當或過期造成旅客的損失。

 # 第五節　航空公司機艙服務及限制

一、對嬰兒、幼童提供的服務

　　親子旅遊是海外旅行的焦點，父母們往往利用寒暑假期間攜帶小孩一起共享海外旅遊樂趣，航空公司也卯足全力讓小孩或嬰兒在漫長的飛行中能安穩舒適地度過，讓父母親們也能安心地搭乘飛機。因此，航空公司對於有嬰兒或小孩同行的旅客均有特別的安排與服務，旅客在搭乘前最好能事先通知航空公司需服務的項目，以便事先安排，例如特別座位的安排。攜帶嬰兒的可以安排坐在有電影螢幕的那面牆邊，因為嬰兒床可以吊在那面牆壁上，或者安排有較大空間的位子可以裝設嬰兒床。一般航空公司對小孩或嬰兒提供之服務包含：

　　1.兒童餐：如綜合水果、漢堡、薯條、餅乾、甜點等。
　　2.嬰兒餐：須預訂。
　　3.嬰兒食品：須預訂。
　　4.紙尿布。

5.換尿布台：設在洗手間。

6.牛奶：依航空公司而定。

7.嬰兒床：依機型不同而有數量限制，每架約四至六張，最好
　預約。

8.嬰兒車：航空公司允許可折式嬰兒車帶入機艙。

9.玩具：可向空服員索取拼圖、圖畫書、撲克牌等。

二、餐飲服務

　　機上提供餐飲服務被旅客視為是理所當然。但也有例外，過去
幾年，美國長途國內航班，部分美國航空公司不願向經濟艙乘客提
供免費餐點，只保留頭等艙的免費餐點，以節省成本。但近年來航
空公司之間的競爭日趨激烈，這一情況又在轉變，美國航空為了爭
奪旅客又要恢復免費餐飲了。

　　機上餐飲的提供隨著艙等而有不同程度的服務。頭等艙高級享
受，有鋪好的潔白餐巾、精緻的水晶杯、多種類的飯前酒、爽口高
貴種類繁多的佐酒小品、使用高級瓷盤及各式各樣的主菜選擇，並
有高級佐餐酒、飯後酒、新鮮水果及甜點、咖啡或茶；商務艙則精
美細緻，使用陶瓷製品、玻璃酒杯，菜色精美，但不如頭等艙多樣
化；經濟艙則適合大眾口味，將所有食物全裝在美耐皿一次供應，
主菜二選一，使用塑膠杯、紙巾，有可樂、番茄汁、柳橙汁、紅
酒、白酒、啤酒、威士忌、白蘭地、茶、咖啡等飲料可選擇，食物
一人一份，飲料可續杯。

　　航空公司為了迎合不同宗教及飲食習慣者之需求，也推出一些
特別餐供旅客選擇，但必須預先約定。以日本航空（JL）為例，所
有特殊餐在班機出發24小時內不受理，過敏餐則不得晚於出發四天
前預約。

一般機上餐可分：

1.過敏餐：如不含花生、花生產品或副食品。

2.水果餐：新鮮水果，或含水果成分之果醬、水果甜點等。

3.素食餐：可分為普通素食、印度素食、完全素食、生乳製品素食等。

4.嬰兒／兒童餐：嬰兒因未能進食固體食物，所以多為奶粉、水果泥、蔬菜泥等食品為主。兒童餐則適用於兩歲到五歲的兒童，食物容易嚼和吞嚥，不含魚骨、肉骨、重調味或任何可能會導致窒息的食物。

5.宗教餐：

(1)猶太餐：肉類須先經過放血處理，且必須經過膜拜程序，並以膠膜密封保存。

(2)印度餐 ：不含牛肉或豬肉，但可含羊肉。

(3)回教餐：使用回教餐廚房，確保所有器具絕對合乎教規要求。不含豬肉及其副產品或成分。

6.醫療餐：

(1)低卡路里餐：低脂、低糖、高纖維，搭配蔬菜水果。

(2)糖尿病餐：注重纖維質提供，及適當的醣類或澱粉質控制。

(3)低鹽餐：餐中低鹽，較平淡無味。

(4低膽固醇餐：使用無油無糖的餐食。

(5)低乳糖餐：不含任何乳類制品，如牛奶、酪蛋白、奶油、乳酪、酸奶酪及乳糖等。

三、其他相關服務

(一)吸菸

隨著健康訴求及全球禁菸活動，短程的飛機均有禁菸的措施。至於長程航線因考慮癮君子需求，過去在飛機後段闢有吸菸區，但越來越多的航空公司因顧及大多數人的健康利益，逐漸地取消吸菸區，如今機上抽菸已不復存在。

(二)娛樂

機上娛樂各家航空公司推陳出新，有些在每個座位椅背上裝有個人電視螢幕，可以自由選台，但一般航空公司基本項目包括報紙、雜誌、耳機及可選擇的音樂、新聞、可自由選擇及操控的電影節目、撲克牌、免稅品購物等。

(三)小孩及老年人之服務

針對單獨旅行之小孩或年長之人，可事先要求航空公司協助機上照應及下機之指引。

(四)其他用品

在越洋航線有梳子、牙刷、襪子等個人清潔用品，同時備有耳機供應旅客欣賞影片及聽音樂。

四、無人陪伴／單獨旅行小孩（Unaccompanied Minor, UM）搭機事宜

1.出生十四天以內的嬰兒，航空公司不受理搭機。

2.基於安全及設備因素，嬰兒不得坐在機艙內的上層機艙（如 B747有）。

3.三個月以下的嬰兒，航空公司不接受單獨旅行，超過三個月 但不足三歲的小孩如果單獨旅行，需請航空公司派人照顧， 但須另外付費。超過五歲的小孩可以允許單獨旅行，不需另 請航空公司派人照顧，但須知會航空公司機內人員以便隨時 照應。

4.一個成年人只能攜帶兩位嬰兒或一位嬰兒、一位小孩一起旅 行。

5.UM的合法監護人或父母不可在旅行飛行中途離開，必須陪 伴到機場為止。

6.UM不能在旅途中作停留，除非有父母的書面同意，並在轉 機地方安排有人接機。

另外，有人陪伴的嬰兒旅行如果占位，需付小孩的機票費用， 如果攜帶超過一位嬰兒則第二位收取小孩機票費用。

五、特殊乘客搭機

(一)孕婦（pregnant women）

1.懷孕三十二星期以內的母親搭機可以不需提出健康證明。

2.距離預產期只剩四週的母親，航空公司得拒絕搭機，除非是

特殊狀況或人道因素，但必須經航空公司醫生同意，且有醫生或合格護士在旁照顧一起搭機。

3.生產後七天之內不接受搭乘。

(二)需擔架的乘客（stretcher passenger）

1.原則上一個航班只能接受一位需使用擔架的病患。

2.該病患必須有醫生陪伴，除非醫生出具證明該病患在機上不需接受治療，則可由親屬或監護人作陪。

3.必須事先向航空公司預訂並說明。

4.費用是一般經濟艙全票的4倍，不適用於團體票價（小孩病患亦同）。

(三)使用輪椅的乘客（wheel chair）

1.需輪椅上下機，無法自行通過階梯，但在機內不需任何協助者沒有限制。

2.需輪椅，在機內亦無法自行行動者，需有一位醫生或護士陪伴搭機，若有醫生開立證明該病患在飛機上不需接受治療，則可由親屬或監護人陪伴搭機，此監護人之座位必須與病患一起。

3.使用輪椅的乘客座位安排在出口或廁所附近，但不得在緊急出口處。

(四)聽障乘客（deaf）

1.耳聾乘客必須有人接送機，如果需轉機必須事先再確定機位。

2.如果有導聽犬協助，一個航次最多只能有兩隻導聽犬。

3.導聽犬將安排靠近牆邊的位置，且必須躺在耳聾乘客之腳

下，在機上不能餵食，只能喝水。

(五)視障乘客（blind）

1.眼盲之乘客如果有人陪伴無限制。

2.一位成年人最多只能陪伴兩位盲人搭機。

3.沒有人帶領之盲人必須有人接送機，如果需轉機必須事先再
　確定機位。

4.導盲犬限制如同導聽犬。

(六)被拒入境之乘客（inadmissible passenger & deportee）

指乘客為沒有工作證、簽證過期、非法入境、放逐者或被遞解
出境者：

1.每一個航班最多只接受四位沒有人監護的被拒絕入境乘客。

2.被拒絕入境者如果是有危險的，航空公司得拒載，除非有監
　護人。

(七)犯人（prisoner & criminal）

1.有危險的犯人必須有兩位監護人押送。

2.沒有危險的犯人須有一位監護人押送。

3.有酒精之飲料不得提供給犯人及其監護人飲用。

4.一個航班最多只能接受四位犯人搭機。

六、攜帶動物上機

攜帶動物旅行的乘客必須特別注意目的地國相關的法令，每一
個國家對動物入境均有不同程度之要求，基本上航空公司為了旅客
之舒適，將動物當作一件托運行李看待，如果動物不與人一起搭機

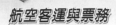

或者動物本身體積過大或有野性,應以貨運方式載運。旅客攜帶動物入關,如果不符合該國家相關規定,航空公司及旅客將會遭遇下列情況:(1)該動物將被毀滅;(2)載運之航空公司將被罰款;(3)動物如果需長時間隔離檢疫,費用由旅客支付。

通常攜帶動物上機需注意下列事項:

1. 飛機只接受寵物,如狗、貓、鳥在機艙內,該動物必須沒有臭味。
2. 一架飛機通常只接受一隻動物在機艙內,寵物加上籠子重量不超過5公斤,長寬高不超過115公分。
3. 該動物必須準備好相關文件,如進口檢疫、健康等證明。
4. 若攜帶鳥,必須用布覆蓋在籠子上,所有的寵物除水外均不得餵食。
5. 航空公司對動物在飛行途中遭受任何損傷或死亡,不負任何責任。

 第六節　電腦訂位系統

原本忙亂的航空公司訂位作業及旅行社辦公室內堆積厚重的OAG、航空價目表(air tariff)及各種參考資料,隨著電腦科技的發展,航空公司專用的電腦訂位系統的發明而有突破性的改變,使得航空公司、旅行社得以簡化大量繁瑣的工作,在行政工作、業務推展、促銷方面達到最高的效率。電腦訂位系統有兩大功能:(1)對外方面能方便航空公司或旅行社直接、迅速地提供消費者在訂定機位及開立機票的需求;(2)對內方面能讓航空公司、旅行社更有效率地處理會計、經營管理、旅客建檔及旅遊資訊流通等需求。

一、電腦訂位系統的定義與功能

電腦訂位系統是座巨大的資料庫，裡面儲存許多旅遊相關資訊，這套系統的擁有者為航空公司。航空公司藉此系統可以販賣自己的產品以及其他航空公司的產品，同時也可以提供飯店訂房、租車、簽證、護照、戲票等相關資訊的服務及交易功能。在資訊功能方面，CRS提供的旅遊資訊是可以讓旅行社獲得最新的航空公司飛行時刻表、機位狀況、航空票價。在交易功能上讓旅行社立即訂位、開立機票、開發票以及印出旅客旅行行程表。而且CRS能更進一步地直接讓消費者上線，進入航空公司訂位系統取得資訊及直接購買機票。

二、電腦訂位系統沿革

1950年代，美國的航空公司開始引進電腦當作商業用途，以解決訂位的繁瑣工作及追蹤機位銷售狀況。在一個偶然機會，美國航空公司總裁C. R. Smith與IBM總裁Tom Watson相遇，在談論到商業問題時，Watson詢問Smith「航空公司最頭疼的問題是什麼？」，Smith的回答為「回答旅客的電話詢問」，於是兩巨頭開始討論資料處理的應用問題，並開始兩大公司合作關係。1959年美國航空和IBM宣布合作開發成功電腦訂位系統，Sabre（Semi-Automated Business Research Environment）於焉問世，成為當時世界最大的旅遊電腦網路和資料庫。

航空公司雖然有了電腦可協助訂位，但旅行社仍須透過電腦向航空公司訂位，既耗時且浪費人力。1970年之後航空公司進一步研究讓旅行社進入航空公司資料庫並直接訂位的可能性；將航空公司

的電腦訂位系統裝在旅行社，此舉可減少雙方工作人員花在電話上的時間，也可增加旅行社對顧客的服務，但是其中有一個很大的問題是各家航空公司訂位系統不同，無法相容，而且旅行社也負擔不起租用每一家航空公司的電腦終端機。這使得航空訂位系統的發展及功能受到限制。1975年，美國最大的旅行社團體——美國旅遊協會（American Society of Travel Agents）為了旅行社方便乃出面協調，提出共同開發計畫，希望能將各家航空公司的訂位系統整合，使旅行社只需購買一種系統，節省人力、財力，但歷經數次會議，各家航空公司為了自身利益爭執不下（CRS向旅行社收月租金，並可向每家航空公司收取訂位手續費；加入CRS的旅行社簽約時間長，且不可任意終止契約加入另一家CRS，否則會受到處罰，過分保障CRS的利益），該計畫終於在1976年宣告失敗。

1976年聯合航空、美國航空、環球航空開始將自己發展的CRS給旅行社使用，新研發的CRS不同於先前的訂位系統，它不但提供主要航空公司的飛行資訊，也可提供其他加入此系統的航空公司及其他旅遊相關行業的資料給旅行社。

三、CRS及發起的股東航空公司

CRS經過發展壯大、合併、重組，其功能不斷增強，將各項資源集聚於CRS共同利用，建立多用戶功能，最終演變成為全球分銷系統。全球分銷系統（Global Distribution System, GDS）出現了集中和兼併的趨勢，並最終形成了四大系統平分天下的局面，這四大系統分別是：(1)Sabre：原美國航空公司的Sabre系統；(2)Worldspan：由原美國環球航空公司的Pars系統和達美航空公司的Datas II系統於1990年合併而成；(3)Galileo：由原美國聯合航空公司的Apollo系統和歐洲的Galileo系統於1993年合併而成；(4)

Amadeus：由原美國大陸航空公司的「系統一」（System One）和歐洲的Amadeus系統於1995年合併而成。這四大系統包攬了全球所有的GDS預訂業務，如Sabre是北美最大的GDS系統，而Amadeus系統是歐洲最大的GDS系統。目前，這國際上著名的四大GDS系統已向全球分銷五百多家航空公司、六千多家酒店、數百家租車公司和旅行社的產品。

(一)美國

◆Sabre

美國目前有四大訂位系統，Sabre是美國最大的CRS（縮寫代號為1S），發起的股東航空公司只有一家，即美國航空，它是目前世界最大的電腦訂位系統之一，最受旅行業者歡迎，在美國市場占有率達44%。在美國透過Sabre系統來訂位的旅行社可以看到各家航空公司的飛行時刻，可以向世界上許多的飯店訂房及向各大租車公司訂車，同時也能透過它買到美國國家鐵路客運公司（Amtrak）及歐洲聯運鐵路（Eurail）火車票、包裝旅遊、豪華郵輪船票及紐約的百老匯戲票。Sabre的電腦網路系統總站設在奧克拉荷馬州的土耳沙（Tulsa）。

◆Worldspan

Worldspan（縮寫代號為1P）是由Pars及Datas II兩大系統合併而成，股東航空公司有三家，分別為環球、西北及達美（西北與達美於2008年合併），擁有Abacus 5%的股權。

(二)歐洲

◆Amadeus

歐洲的訂位系統也有相當的市場占有率，Amadeus（縮寫代

號爲1A）是歐洲所發展的CRS，於1987年成立，總部設在西班牙的馬德里，創始的四家航空公司分別爲法航（AF）、西班牙航空（IB）、北歐航空（SK）及德航（LH）。1995年此系統與美國大陸航空（CO）所發展的System One訂位系統合作，成爲歐洲兩大CRS之一，有世界最大的航空訂位網路系統，目前在全世界的市場占有率頗高，市場遍及全世界一百二十個國家地區。

◆Galileo

　　Galileo（縮寫代號爲1G）是歐洲的航空公司合股發展的CRS，於1987年成立，1993年與美國著名的旅遊經銷公司科維華（Covia）合併，公司總部設在伊利諾州的芝加哥，其股東航空公司包括愛爾蘭航空、加拿大航空、義大利航空、奧地利航空、英國航空、荷蘭航空、奧林匹克航空、瑞士航空、葡萄牙航空、聯合航空及全美航空（US）等十一家，其中聯合航空占38%，股份最多，該系統也是全球性的電腦訂位系統，提供全球性的旅遊產品及服務。目前世達通運公司爲其台灣總代理，在台灣及中國大陸市場仍在積極拓展中。

(三)其他地區

　　其他地區的系統含：1B-Abacus（Asia/Pacific）；1E-Travelsky（China）；1F-Infini（Japan）；1G-Galileo International；1J-Axess（Japan）；1P-Worldspan；1S-Sabre（previously 1W）；1V-Apollo（Galileo）。

　　Abacus（縮寫代號爲1B）是亞洲地區電腦訂位系統，也是亞洲地區最大的CRS，成立於1988年，總公司設於新加坡，創立目的在於促進亞太地區旅遊事業的發展、提升旅遊事業生產能力。Abacus由中華航空、國泰航空、馬來西亞航空、菲律賓航空、皇家

汶萊航空、新加坡航空、港龍航空、全日空航空、勝安航空、印尼航空及長榮航空等航空公司合資，並與美國的Worldspan合作，1988年轉而加入全球數一數二的訂位系統——Sabre，此合作協定使得更名為Abacus International的先啓資訊向前邁進一大步。此一波的合作關係Sabre持有35%股權，原來的Abacus股東則持有65%的股份。台灣的旅行社使用Abacus最多，可直接查詢可售機位（city pair availability）。Sabre於2015年與Abacus達成協議，由Sabre收購Abacus所有股權，並以Sabre商標爲系統之新品牌。此一強大的組織結合，帶給台灣旅行社業者、航空公司及供應商更直接取得Sabre領先業界的科技技術以及快速資訊取得。

Abacus的功能包含：

1.全球班機資訊的查詢及訂位。
2.票價查詢及自動開票功能。
3.中性機票及銀行清帳計畫。
4.旅館訂位。
5.租車。
6.客戶檔案。
7.資料查詢系統。
8.旅遊資訊。
9.旅行社造橋（指某一個旅行社之資料可連接到其他旅行社共用）。

CRS經過多方面的革新，功能加大、效率增強，可以讓旅行業者在3秒內完成機位確認。旅行業者除了電腦及CRS外，可以不再需要在辦公室內存放任何書籍，同時減少購買旅遊書籍的開銷。旅行社使用CRS每月須付軟體使用費，CRS成了非常賺錢的工具，甚至比航空公司本身賺的還多，航空公司乃紛紛加入CRS成爲其股

東，CRS也不遺餘力地加強服務能力，以便吸引更多的旅行社使用其系統。歐洲的航空公司以合股方式成立了兩個CRS——Galileo和Amadeus，以對抗來勢洶洶的美國系統。世界的航空公司為了鞏固CRS的市場占有率，也積極地採用結盟方式，形成歐、美、亞地區的CRS互相合併，以擴大市場、增加銷售管道。如Sabre與Fantasia連線，Abacus與Worldspan及Sabre連線，System One與Amadeus連線，Gemini與Apollo及Galileo連線。

四、共同股東資料分享

航空公司即使當初沒有投資CRS，但仍可參加電腦訂位系統，其加入方式有四種：

1. 第一種最貴，即加入航空公司，提供與股東航空公司相同的資金，旅行業者可直接訂位並可得到航空公司的回應，得到訂位代號確認機位。
2. 第二種可允許旅行業者進入航空公司系統，直接訂位並可得到航空公司的回應，得到訂位代號確認機位。
3. 第三種是可讓旅行業者得到加入的航空公司班機時刻表及尚餘機位數，但訂的機位須經過一段時間等候，不能馬上確認機位。
4. 第四種加入費用最低，但旅行業者只能看到加入航空公司的班機時刻，無法得知是否還有機位。

航空公司以四種方式成為CRS的股東，CRS則將他們的班機時刻表放在其他競爭航空公司前，由於在電腦螢幕上一個畫面只能呈現六到八個飛行班表，根據報告指出，呈現在第一個畫面的航空公司班表最容易被旅行業者採用，而CRS的設計通常將股東航空公

司的班次優先其他航空公司放在第一畫面上，這種做法曾經引起抗議，美國的民用航空委員會於1984年作出決議，禁止訂位差別待遇情況存在，警告股東航空公司不可將其飛行時刻表優先放在第一螢幕，雖然如此，這條規定並沒有被澈底執行。

五、CRS對旅行社的影響

自從電腦訂位系統開放讓旅行社也能進入後，分攤了航空公司大量的業務，也對旅行社內部作業及市場行銷產生重大好處：

1. 增加服務效率及品質：旅行社可以一面與旅客通電話，同時進入CRS迅速完成旅客的需求，也可藉由電腦整合旅客資料，加強各分公司服務，更可與商業客戶的辦公室連線，降低聯繫成本。同時用銀行清帳計畫（BSP）的自動開票作業，使用中性機票，透過專用的印表機印出收據、行程表及機票（如今是開立電子機票），可以更正確、迅速地將機票送達旅客手上。
2. 節省費用：旅行社可以節省與航空公司電話詢問、訂位的電話費用以及訂閱OAG／ABC、TIM、Air Tariff及Hotel Index等參考書籍的費用。
3. 節省空間：CRS的資料庫內容豐富，擷取容易，可以節省儲放厚重參考資料及各式表格的空間。
4. 增加收入：大部分的旅行社裝了CRS後，販賣機位的時間大為縮短，一天內，旅行業者可承辦完成的業務增加，可減少人事成本、增加收益。

 第七節　銀行清帳計畫

　　銀行清帳計畫（BSP）乃經過國際航空運輸協會（IATA）各會員航空公司與會員旅行社共同擬定，旨在簡化機票銷售代理商在航空業務作業、銷售、結報、匯款轉帳以及票務管理方面之手續，制定供航空公司及旅行社採用之統一作業模式，進而大幅增進業務上的效率，節省時間與精力（圖6-3）。

　　TC-3地區最早實施BSP的國家為日本，於1971年開始，隨後澳

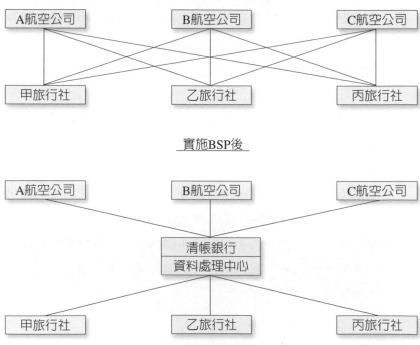

圖6-3　BSP實施前後比較圖

洲、紐西蘭、菲律賓、南韓、泰國、香港、新加坡等相繼跟進，台灣則於1992年7月開始實施，IATA則於台灣設立辦事處負責BSP之推動。

一、BSP作業流程及優點

　　一般旅行社獲得IATA認可後加入BSP，取得IATA號碼之後，必須在IATA台灣辦事處上完BSP說明會課程才能正式成為BSP旅行社，然後向BSP航空公司申請成為其代理商（申請航空公司名版，Carrier Identification Plate, CIP），並由往來銀行出具保證函，IATA台灣辦事處將根據保證函之額度及航空公司提供之資料來審核計算機票配發量。旅行社每月分四期將機票銷售報表彙總送達BSP資料處理中心，每個月15日及月底分兩次匯款至指定的銀行。

　　旅行社參加BSP之優點為BSP未開始實施前，旅行社代售機票必須分別與各家航空公司交涉，談妥配合條件，並提供給航空公司供給之空白機票等值保障，旅行社販賣機票，必須庫存各家航空公司機票並與各家航空公司結帳，手續繁雜。BSP開放實施後，這些繁雜之事可透過CRS交由BSP集中處理（**表6-1**），其優點如下：

1.票務：使用標準化機票，如電子機票，實施自動開票作業可減少錯誤，節約人力，並且經由BSP的票務系統可以取得多家航空公司的開票條件，即航空公司的CIP。

2.會計：
　(1)可簡化結報作業手續。
　(2)電腦中心統一製作報表。
　(3)一次清帳，旅行社一次繳款至銀行，再由銀行轉帳給航空公司。

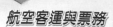

表6-1　BSP實施前後比較表

項目	BSP實施前	BSP實施後
航空公司與旅行社配合情形	分散於各航空公司與旅行社自行作業	集中於BSP統一管理
開票作業	前往航空公司櫃檯等待開票	可自行訂位、開票，一氣呵成
開票計價（FIT機票）	電話聯絡航空公司票務組人員等待報票價	可自行選擇有利段點計算票價
行政報表	須準備向各家航空公司結報各類不同報表	只在每一結報期結束前填具一份單一的銷售結報報表
銷售結報	替每家航空公司詳細列明結報報表、個別銷售結報	將已填妥之結報報表，交予BSP集中處理後，發出統一帳單給各旅行社
銀行清帳	須向各家航空公司個別結清票款	透過指定之清帳銀行作一次結帳即可
機票配發	向各家航空公司領取空白機票	統一由BSP之「機票分發處」供應標準之中性機票

資料來源：陳嘉隆編著，《旅運業務》。

3.管理：單一機票庫存，如今只開電子機票，有助於機票保管之安全。

4.業務：提升旅行社效率與服務水準，建立優良、專業形象。

二、旅行社加入IATA流程

　　機票銷售代理商在加入BSP前，必須具IATA的會員資格，一旦審核通過後，由航空公司授權給機票銷售代理商CIP卡，CIP卡上有航空公司名稱、標誌與代碼，於開立標準化機票時打印到機票上，使該機票生效，銷售代理商還必須有刷票機來開發機票，並將銷售代理商之商號名稱、地址及國際航協、數字、代號鐫刻於代理商名版上，此名版則固著於刷票機上，以防失落。刷票機可向製造廠商購買或租用（圖6-4）。

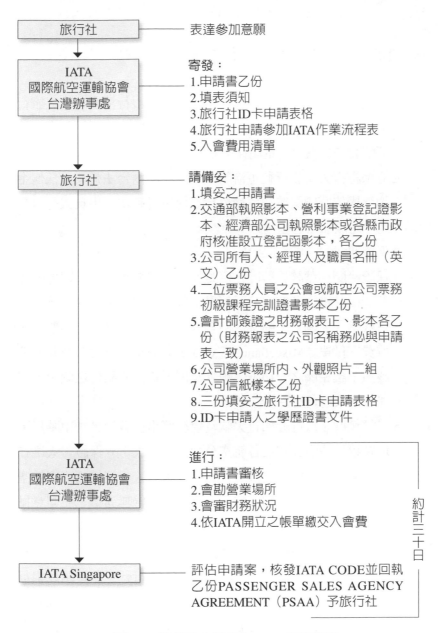

圖6-4　旅行社申請參加IATA作業流程

資料來源：國際航空運輸協會台灣辦事處網站。網址：http://www.iata.org/
　　　　Pages/default.aspx。

三、BSP旅行社提供銀行保證書實施辦法

1. 提供銀行保證書：凡參加中華民國地區銀行清帳計畫之旅行社均應依照本辦法向國際航空運輸協會提供銀行保證書，俾便配發空白機票（定期存單亦可）。

2. 立保證書人：旅行社可洽請中華民國境內合法營業之任何金融機構依照國際航空運輸協會之保證書範本，出具銀行保證書予國際航空運輸協會。

3. 保證期間：一年。

4. 保證範圍：就該旅行社在保證期間內代參加中華民國地區銀行清帳計畫之各航空公司簽發由國際航空運輸協會配發之空白機票（二聯式手動票、四聯式手動票及四聯式自動票）、雜費支付單（Miscellaneous Charges Order, MCO）及其他與該項票證相關之一切應付帳款及因違約而應賠付之款項，立保證書人均負連帶給付責任。

5. 保證額度：旅行社如有欠款及違約情事，致使參加中華民國地區銀行清帳計畫之各航空公司蒙受損失，立保證書人應在保證額度內負連帶賠付之責。立保證書人一經接獲國際航空運輸協會之書面通知，當即如數給付，絕無異議，並同意拋棄先訴抗辯權。

6. 機票之配發：國際航空運輸協會依據保證函、計算平均值及業者信用額度三個方向來配發機票予旅行社；保證函以銀行所開的保證函或定期存單質權設定為主；平均值計算以總開金額除以總張數；信用額度除了相當額度保證外，亦視業者的銷售金額而定。IATA暫訂每張空白機票之平均值為新臺幣一萬元整，保證金額度可放寬1.1倍到1.8倍不等。例如繳交

保證金二百萬元的旅行社，若依1.1倍放實額度，則可領取二百二十張的空白機票。

7.機票之補充：國際航空運輸協會依據旅行社機票庫存量及保證額度，繼續配發機票予旅行社。旅行社機票庫存量之計算依據下列公式：

旅行社之配票量－已向清帳銀行結清票款之票量＝機票庫存量

8.違規時：旅行社如有嚴重違規事項，則國際航空運輸協會將立即收回所有庫存機票。

為簡化航空業的運作，國際航空運輸協會（IATA）已全面改用電子機票，預計一年將會省下三十億美元的開支。2004年，IATA委員會訂定所有航空公司轉換電子機票的最後期限，在2008年6月1日起停止發出紙本機票，改為發出電子機票。電子機票是以電腦紀錄的方式，印出載有乘客詳細航程以及訂位代號的收據。使用電子機票時，乘客需持著訂位收據或是訂位代碼到航空公司櫃檯辦理登機手續，航空公司確認之後，才會發給登機證。

紙本機票仍在使用中，因為軟體設備不足，某些航空公司的航班可能並沒使用電子機票，如果某航空公司與另一航空共掛班號，但訂位系統沒有互通，營運的航空可能無法讀取受理訂位的航空的機票，受理訂位的航空必須提供傳統紙本的機票，以便登機手續。目前大多航空的電子機票系統只能受理不超過十六個航段的訂位，超過的話（如環遊世界的機票）就以紙本方式發給。

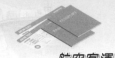

飛航資訊

航空器簽派員

航空公司航機派遣及飛行計畫，係由航空器簽派員（Aircraft Dispatcher）擬訂，此項人員決定航空器之起始、繼續及終止工作，必須具有駕駛員及領航員所應有的一般航空知識，並經民航局檢定合格發給執照，方可執業。

在噴射機時代派遣一架飛機擔任空運業務，必須根據天氣狀況及預計裝載客貨重量，自起飛至到達應攜多少油料、每一航段使用多少時間、消耗多少油料、如何起飛進入指定航路、至何處飛何高度、迄到達目的地為止，每一航段於事先均須經精密計算，詳細列入航行計畫。駕駛員即據以執行任務，除起降及特殊情況時，由塔台或航管人員指示操作外，極少變動。目前由於電腦作業用途日廣，航行計畫及簽派多改用電腦，航空簽派也多用電傳印字傳送。航行計畫擬訂後，即可向機場申請飛航。通常班機起飛前半小時應完成航機簽派，駕駛員再行檢查飛機，進入機艙作起飛前的各項準備。

簽派員除須計算飛機上客貨郵件及油料重量外，尚須計算飛機載重平衡，以免飛機因不平衡而發生意外。簽派員工作有時會與駕駛員爭執，所以有些航空公司簽派員是由資深駕駛員轉任，以樹立簽派員權威性。

簽派員薪水資淺者每月約三、四萬元，資深者約有五、六萬元，福利與其他航空人員相同。要擔任簽派員工作，須經民航局學術科檢定合格，領有執業證書、檢定證、體檢及格證始得執業。應向民航局申請檢定。簽派員檢定證及執業證書有效期三年，屆期須

經術科檢定合格，始得重簽。逾期檢定未超過六個月者，應經主要學科及術科重檢合格後，始得重簽，超過六個月者，須全部學科及術科重檢合格後，始得重簽。

簽派員都是由航空公司自行聘請教官訓練或送至國外飛機製造廠受訓；航空公司一旦引進新機型時，簽派員均須加以訓練，以了解新機性能、結構、載重、載油等，航空公司訓練簽派員仍須經民航局檢定合格，才能執業。如持有CAA航空器簽派員執照，及持有TOEIC（多益測驗）700分以上。

資料來源：整理修改自《飛亞航空論壇》，2007年；2019年。

當前航空業市場生態分析

- 現行航空事業發展
- 新機型的引進
- 競爭與航空聯盟
- 銷售策略
- 電子機票與無票飛行
- 低價航空公司營運策略
- 民航機市場之動向
- 結論

　　未來的航空公司必定是繼續成長，相對地，競爭也更加激烈，因而航空公司必須採行各項有利措施來因應。大型的航空公司及小型的航空公司所採行的策略會不同，但各有其優缺點，執行的成效必須配合航空公司自身的資源與實際的環境。可以確定的是，未來各家航空公司的購機及營運成本將節節升高，但為了刺激消費，許多航空公司可能減少艙內服務，朝向陽春式的服務，旅遊票價不升反降。

 ## 第一節　現行航空事業發展

　　隨著各國經濟的發展與需求，無論是商務或是以觀光為目的的出國旅行均有直線上升的趨勢，波音公司預測航空客運每年將有5.2%的成長率，1989年全世界有8,300架商用客機，波音公司發布的年度市場預測報告顯示，隨著空運需求的日益強勁，預測到了2026年全世界的飛機將達到36,400架，以滿足市場需求。飛機的生命週期通常為二十至三十年，全世界機齡平均約為二十三年，各區域（或國家）飛機的特有狀態粗略上是，非洲及拉丁美洲的飛機最老舊，平均機齡為二十九年，多用於載貨或軍用；亞洲的機隊機齡最年輕；舊的飛機保養費高，耗油且高噪音、高汙染，因而先進國家在法令、環保、經營效益考量上，將考慮購買新機取代舊機。

　　航空事業之發展直接帶動了旅行風潮，並縮短國與國、人與人之間的距離。而隨著航空科技的演進，新的機型不斷地引進市場，大大地縮短兩地之間的距離與旅行的時間，增大載客容量、飛行舒適與安全及降低機票價格，間接刺激大眾使用飛機作為旅行的交通工具。如今出國旅行可說是普遍之事，搭飛機旅行就如同搭公共汽車一樣的方便且平常。

使用空中交通工具為未來的旅行趨勢，為了帶動經濟、發展觀光事業，各國紛紛採行開放天空政策，開放航空市場讓新的航空公司加入，開放航線讓更多的航空公司飛行。美國最早於1978年開始實施，不久歐洲隨後跟進，台灣也於1989年開放天空，長榮航空成立。各國國內航空市場的開放，初步只允許本國籍航空公司加入，但本著國際自由貿易、市場開放競爭原則及受到政治、經濟的壓力，開放天空也朝著國際化前進，開始允許外國籍航空公司加入經營。1995年美國積極向歐洲開拓市場，簽訂新的航空協議，1997年美國受到國內航空公司的要求又與新加坡、台灣、馬來西亞、汶萊、南韓、紐西蘭等亞洲國家協議開放天空，開闢新航線，甚至取得延長航點的第五航權，期望能在亞洲開拓更大的航空商機。一旦市場自由化，阻礙發展因素減少，在供給與需求兩方面的刺激下，航空事業的發展必將較之以往更加興盛，在此大餅的誘惑下，新的航空公司不停的加入、新的航線被開發出來、新的飛機被購進，航空產品出現了多元化，且機票價格呈現彈性化。

雖然，搭飛機的旅客逐年增加，不過新的航空也不斷加入，在強大的競爭壓力下，各個航空公司無不卯足了勁，花招盡出，除了提升服務品質外，各種優惠及服務方式紛紛出籠，期望能在市場上占有一席之地。航空公司服務品質評估（Airline Quality Rating, AQR）要點含：

1.準時率。
2.拒絕旅客登機比率（denied boarding）。
3.旅客行李遺失率。
4.旅客抱怨多寡。

雖然商務旅客願付較高的價格換取好的服務品質及時間，但在世界不景氣影響下，各公司紛紛削減出差旅行成本，商務市場景氣

不再。部分航空公司乃轉移目標,逐漸重視以休閒為目的的旅客。但價格往往是以休閒為目的的旅客考慮的重點,他們寧願多花點時間,多轉幾次班機來換取較低的價格,於是價格優惠戰變成為各航空公司銷售策略,為了吸引更多的旅客,不得不削價求售,在激烈的競爭下,部分老牌、大型的航空公司承受不住成本增加、利潤降低的壓力,紛紛宣布倒閉。自由競爭的航空市場,改變了航空公司的體制與經營策略,消費者在各家航空公司競爭下,一改過去的劣勢,成為最佳的受益者。

 ## 第二節　新機型的引進

在航空市場上原有四大飛機製造公司,分別為波音公司、麥克唐納‧道格拉斯公司、空中巴士製造公司及洛克希德公司。各家公司為了因應市場需求,努力開發新機種,在兼顧速度、安全、載客量及節省燃料的要求下,提供給客戶最大的優勢。雖然世界上最快的飛機——巡航速度2.02馬赫,每小時2,240公里,飛行紐約—巴黎及紐約—倫敦之間的協和客機——早已由英法合作開發出來,大幅縮短旅行時間,但卻因音爆問題及驚人的耗油量與高昂的票價,無法廣受歡迎(相較一般飛機約二十美分的油費成本,協和號每英里需八十七美分的油費成本,且一架協和號飛機只載客100人)。

1997年,波音公司宣布與麥克唐納‧道格拉斯公司合併,新的波音公司正式營運。波音公司主要產品包括:波音707、717、727、737、747、757、767、777、787系列飛機,提供從一百座級別到五百多座級別,以及貨運型號在內的各種民用運輸機。空中巴士的生產線是從A300型號開始的,它是世界上第一個雙通道、雙引擎的飛機,比A300更短的變型被稱為A310。空中巴士系列包

括A300、A310、A318、A319、A320、A321、A330、A340、A380（2007年交付新加坡航空公司）、A350（2013年交付，雙引擎，雙通道）。

日前波音公司所推出的B747-400型是市場占有率最高的飛行長程的客機，而A340是空中巴士的代表作，也是因有四引擎能不靠站而產生最大經濟效益的長程客機。而後波音公司又新推出的雙引擎噴射客機B777是屬於雙引擎中載客量最大的客機，近350個座位，座位數可媲美B747，但機身較B747小，機翼端可折疊，很適合日漸擁擠的機場需求，是目前第一個被允許飛越海洋的雙引擎客機。近年來因B747型的飛機不能提供足夠的載客量，再加上機場擁塞，無法提供新的航機升降時段，因此有跨國公司計畫合作生產可載客500～600人的巨無霸客機，如B747-8巨無霸客機是全球最長飛機，可搭載476名乘客，以及空中巴士A380，可搭載525人，以紓解繁忙的空中交通。A380如果完全不分艙位，可載運800人，其機艙分上、下兩層，可方便登機及緊急狀況時撤離。但對巨無霸客機尚有許多技術上的層面需解決，如跑道長度、機場設備、出境海關政策以及低噪音等的配合實施。

 ## 第三節　競爭與航空聯盟

由於航空運輸有其獨特性質，涉及層面較廣，相關的法令與限制也較多，以致航空公司無法任意擴展其市場策略，而政府既定政策影響也很大。在開放航空市場自由競爭下，新加入的航空公司必須與原來占有極佳優勢的航空公司競爭；原有的航空公司通常已先占有最佳的起降時間、班機劃位櫃檯，新的航空公司只好以較低的價格及較好的服務來抗衡。在激烈競爭及景氣不佳的影響下，部分

大型航空公司虧損連連，不得不宣布倒閉或改組，此情況以歐美最為嚴重。

在1991年至1995年間國際航空市場競爭激烈，光只五年之間狀況便連連，1992年美國就有三十二家航空公司關門，如美國的大陸航空和西方航空公司申請Chapter II Type的倒閉；1991年美國第一家橫渡大西洋的老牌航空公司泛美航空也宣布倒閉，讓出部分航線；以及布拉尼夫退出市場。在歐洲則有British Caledonia為英航所購併，英航為了提升市場競爭也將原有國營體制改為私有化，以減少赤字。在亞洲，日航（JL）和紐西蘭航空也相繼私有化以改善體制。1991年時約有五萬名航空公司的工作人員包括駕駛員在內失去工作，許多航空公司每年均有巨額虧損，其中以美國較為嚴重；美國航空公司在1990、1991年先後遭受的經營損失分別為二十億及十七億美元；而德航於1993年稅前虧損五千三百萬馬克。另外，在1990年至1992年三年之間，世界航空工業總計損失約一百一十五億美元。亞洲市場在與各區相較之下，情況則較好。世界有50%的人口集中在亞太地區，商業活動熱絡，航空市場深具潛力，其中中國大陸的市場頗引人注意。1993年《亞洲週刊》針對亞洲地區統計，資料顯示全球十家獲利的航空公司中有七家是亞太地區的航空公司，其中前五名分別為新航、國泰、英航、中華、泰航。雖然如此，但在過度擴充以及亞洲開放天空、歐美航空公司的加入下，也使得亞洲市場面臨競爭壓力，如法航、德航與達美由於台灣價格競爭激烈，在無利潤下暫時宣布退出飛行台灣航線。台灣飛紐澳線的航空公司為了節省開支，取消了對薹售旅行社後退款佣金獎勵制度，直接影響到以量取勝的旅行業者的收入。

航空工業是資本密集的工業，需要有雄厚的資金作後盾，以應付日益增加的成本支出，要維持永續經營必須有穩定、長期的收入來源，同時航空公司為了減少損失，必須設法降低營運成本，增

航空客運與票務

加載客率及市場占有率，於是紛紛以合併或合作聯營的方式來擴大
航線爭取市場，強化服務，尤其是飛航國際航線的航空公司更為積
極。與其他航空公司聯營有兩個好處：

1.開發新市場，藉由聯盟進入長久以來受當地政府保護的市場。
2.分享資源，降低成本。可藉聯盟的航空公司原有的航線及設
　備，打入當地市場而不需自己去擴充航線，增加人力與設備。

航空公司聯營採取兩種方式：

1.共用班機號碼（code sharing）：這種方式較普遍，約三分之
　二的航空公司採用此方式，且運用在CRS上有顯著的好處，
　若共用班機的航空公司為主要股東航空公司，能更有機會優
　先將飛行資訊呈現在螢幕上。
2.主要航空公司買下小的航空公司股份或航空公司互相擁有對
　方同樣比率的股份：此種方式屬於長期聯盟，關係密切，使
　用相同銷售策略，但較冒險，易受對方財務危機的牽連，因
　而較不受歡迎。

多數航空公司會採用共用班機號碼的方式，如美國航空公司與
加航（CP）共同使用一個班機號碼，航線由溫哥華飛到紐約，中途
經過芝加哥，前段由加拿大國際航空飛溫哥華到芝加哥，後段芝加
哥到紐約則由美國航空公司自己飛行，加航在推廣美國線後亦可藉
機打開台灣航線，藉著飛行航線優勢，由台灣經溫哥華到紐約，比
經洛杉磯的時間節省1小時45分。又如長榮與紐航聯營台北飛奧克
蘭，中華與美國航空、長榮與大陸航空合作飛行美國國內線。中美
洲五家航空公司組成中美洲航空集團，以聯營的方式便利旅客。瑞
士、新航、達美、勝安四家一起推出環球世界機票，一年有效，方
便旅客從事環球旅行。

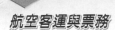

專欄7-1　航空公司如何賺錢

　　之前，美國廉價航空只占這個全球最大民航市場國內航線部分的7%不到，今年卻一躍達到30%以上。近年來，在美國航空公司效益率排行榜上，最前列的不是美國航空、聯合航空等世界數一數二的巨無霸，而是西南（Southwest）、捷藍（JetBlue）等廉價航空公司。據統計，全美近十家主要廉價航空公司的表現都超出了平均水準。以下分析說明他們是如何賺錢的。

◎價格

　　廉價航空公司最吸引人的自然是低價，這是一個綜合的廉價，並非僅僅只靠便宜機票。如：8月15日從洛杉磯直飛芝加哥，18日返回，美航最便宜為五百四十美元，西南航空為四百美元，便宜了25%左右。即使某時間上的價格一樣是五百四十美元，不過其中仍有明顯差別。美航的票，必須有一程是過夜，如果兩程都要選在白天較好時段的航班，價格就得高達一千美元左右。西南航空，可以從早上六時到晚上八時之間任意選擇航班，而且西南航空的機票，還是最高級別的全價票，亦即任何時候均可以全額退票，也可免費改變時間。美國航空同價甚至更高價的機票，多數仍是折扣票，且不允許退票，改變時間則要另外支付改簽費。

◎服務

　　過去，大型航空公司優越的機艙服務，是區別於廉價航空公司的一個賣點。如今西南、捷藍、美西、地平線、國界等多數廉價航空公司的機艙服務，已與大公司相差不多。目前多數的大型航空公司因利潤急劇下滑出現巨大虧損，而幾乎全部取消經濟艙乘客的配備餐食，只提供飲料，最多加一小袋小餅乾。往昔廉價航空公司的一個傳統省

錢招數是不提供機內娛樂服務，不過目前一些新興的廉價航空公司，已可提供比大型公司更好的機上娛樂服務系統。如捷藍航空在所有座椅背部安裝小電視，可以免費即時收看十多個公共電視頻道的節目，也提供乘客可以花幾美元點播電影或遊戲的服務。而在大型航空公司的國內航班裡，這種人手一台的機上娛樂終端只有頭等艙或商務艙乘客才能享受。

　　在美國乘客投訴率最低的航空公司中，第一名是西南航空，每十萬名乘客有0.14起投訴，第二名的捷藍為0.31起，西北、大陸等大型航空公司則達到近1起。這一方面說明了廉價航空的乘客對服務的要求比較低，另一方面也說明廉價航空公司的服務已迎頭趕上。

◎策略

策略一：航線結構簡單、機型單一

　　打開美國大型航空公司的航線圖，可以看到密密麻麻的航線分布，數量比廉價航空公司要多出好幾倍，到達的城市上百個，既有飛行十多個小時的越洋超長國際航線，也有一個小時以內的小城市的短程航線。而廉價航空公司則著重在經營國內中短航線，不飛國際航線，航班到達的城市只有二、三十個，不過通常會選擇至少有一百三十萬居民的大、中型城市，且選擇避開競爭過於激烈的航線。從西海岸最重要城市洛杉磯飛往東海岸最重要城市紐約的直飛航線，幾乎沒有一家廉價航空公司有經營，因為在這條航線上，大型航空公司的競爭已白熱化，每小時一班，便宜時的往返票價連二百美元都不到，利潤空間非常小。

　　由於廉價航空公司的航線結構簡單，目前普遍只使用一、兩種機型，以中短途窄體客機波音737或是空中巴士A320為主。這種空間窄狹的飛機坐起來肯定不如波音767等廣體客機舒適，但對航空公司

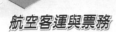

來說，卻是最經濟實惠的機型。而大型航空公司則需要十種左右的機型，如飛國際線用波音747、777或是Airbus 340等大型廣體客機，國內長程航線需要波音767廣體客機，中短程靠波音737，更近一些的小城市之間則是ERJ等小客機，造成了維護修理、航材購買儲備等成本居高不下。

航線簡單的另外一大好處是準點率高，一般都在80%以上，個別甚至可達90%，直接避免因延誤而造成機場使用、員工加班、旅客補償等費用的大幅上升。

策略二：服務儘量自動化，節省人力成本

在美國航空公司的成本中，人力成本是最大的一塊，廉價航空公司則努力從這一塊進行精簡。目前西南航空每架飛機平均只有八十多名雇員，而美聯航空則有一百一十多名，最高時可達一百七十三名。

廉價航空公司儘量採用自動化服務，如訂票員的數量不到大型航空公司的三分之一，90%以上的機票以無紙化電子機票形式出售，不需支付印刷、紙張、郵寄等費用。目前大型航空公司一半以上的機票是由服務人員，或是旅行社代理等開具傳統的紙面票，成本高出一倍以上。在機場服務方面，廉價航空也增加自助刷卡辦理登機手續設備，減少服務人員。年輕的廉價航空公司人員開支要比歷史悠久的大型航空公司低許多。五大航空之一的三角洲公司，其飛行員平均年薪為二十二萬美元左右，主要是因為在七千五百名飛行員中，就有三千五百名因為工齡長位列資深機長級。而廉價航空公司的雇員工齡一般約只有十年，工資相對上較低。

策略三：起降選擇小機場、航班只設經濟艙

由於國際航線和大型飛機只能在大機場起降，所以大公司只能選擇紐約甘迺迪、洛杉磯國際等這種綜合價格高昂的大機場為母港，而廉價航空公司就可以選擇紐約拉瓜地亞（LaGuardia）、洛杉磯長灘等

便宜的中小型機場起降。

　　廉價航空公司節約成本的另外一招是，在所有航班中只設經濟艙，沒有頭等艙和商務艙，降低了飛機內裝修、在機場設專用櫃檯、貴賓休息室等的開支。另外，大型航空公司會為每名乘客指定座位，乘客也可以預定靠窗或靠走道的座位，而廉價航空公司卻是不對號入座的開放式，由乘客上機後自行選擇，這又省下了一筆系統費用。

　　綜合上述，從市場面而言，台灣航空業者票價缺乏彈性，各航空對各航線票價亦缺乏競爭，而存在有一定之默契，始終沒有辦法刺激景氣低迷的買氣。放眼世界廉價航空，如歐洲著名之瑞恩航空（Ryanair），其倫敦至羅馬（約2小時航程）在淡季期間，其單程票價甚至可低至零費率而僅收取稅金，旺季價格則可高至二百英鎊，票價彈性極高，完全以營收效益為導向。這是在歐洲航空市場自由化後，航空業者面對強大競爭壓力下所採用的降低營運成本、多角化經營之實例，可作為國內航空業者參考之用。

　　此外，政府在分配新營運航權時，亦應斟酌市場需求，適度核准新興競爭者之加入，不然只會導致市場供過於求的失衡現象產生，2007年7月民航局大幅開放日本航權即為明顯的例子，此舉導致原本賺錢的航線，載客率大幅下滑。

資料來源：整理修改自記者楊揚（2006）。中國投資諮詢網：「美國廉價航空公司如何賺錢」。網址：http://www.ie2000.com.cn/2005report/free/2005jiaotong030.htm。線上檢索日期：2008年4月。《中國時報論壇》，2007年11月12日。

　　爲了爭食市場大餅，1997年航空界興起了聯盟策略，此策略並非合併航空公司，而是藉由互相合作，加強每個聯盟成員在本地及全球所提供的服務，統一包裝產品，強化旅客服務，企圖使聯盟服務航線遍及全球各地。聯盟服務的好處包括：共用機場貴賓室、完成一次登機報到手續、共同使用全球訂位系統、減少旅客行李轉運之不便，此外還可連接各公司航線，推出優惠、方便的環球機票。

　　爲了減少營業成本，開創市場營運先機，航空公司紛紛尋找合作聯盟對象，陸續形成三大航空聯盟：

1. 星空聯盟（Star Alliance）：以美國聯合航空（UA）爲主，加入的航空公司有德國漢莎航空（LH）、北歐航空（SK）、加拿大航空（AC）、泰國航空（TG）、中國國際航空（CA）、全日空航空（NH）、新加坡航空（SQ）、韓亞航空（OZ）等，形成龐大的環球世界飛行網，今日的星空聯盟成員數已發展到26家，飛抵全球195個國家，擁有4,701架飛機，將地區性的市場延伸到全球，是全球最大的航空集團聯盟。

2. American / BA Group：以美國的美國航空爲主（AA），加上英國航空、加拿大國際航空、國泰航空、澳洲航空等五家航空公司，於1998年9月結盟爲「寰宇一家」（oneworld），現在是全球第三大航空聯盟集團，加拿大國際航空於2000年被屬於星空聯盟的加拿大航空併購，目前成員還有芬蘭航空（AY）、西班牙國家航空（IB）、日本航空（JL）等共13家，機隊達3,428架，飛航約155個國家。

3. 天合聯盟：2000年由法國航空、達美航空、墨西哥國際航空和大韓航空聯合成立「天合聯盟」（SkyTeam Alliance），包括20家國際航空公司。2004年9月與航翼聯盟合併，荷蘭皇家航空亦成爲其會員，目前天合聯盟機隊規模達4,400架，提供

航班通往178個國家，成爲全球第二大航空聯盟。

航空公司策略結盟可使雙方增加營運收入，擴大經濟效益，增大服務範圍。一般航空公司聯盟合作項目可能包括：

1.共掛班機號碼。
2.市場共同行銷、企劃。
3.協調飛航班機時刻，可藉此增加轉機班次，縮短旅客轉機時間。
4.跨航轉機作業，一票到底與行李直掛服務。
5.直接進入對方電腦系統中訂位、銷售機位。
6.共同使用機場貴賓室。
7.互相承認里程累積計畫。
8.地勤代理與機務維修。
9.聯合拆帳協定。

 第四節　銷售策略

航空公司爲了能繼續維持市場競爭能力，紛紛研擬對策開拓新的市場，提高市場占有率及增加載客率，以下是航空公司的市場營運策略。

一、輻軸式系統及點到點系統（point to point system）

一些大的航空公司與當地的小航空公司合作使用輻軸式系統，在一些大的城市設立總站，由當地的航空公司使用載客量小的飛機飛低承載航線，將旅客集中於主要的城市，再由大的航空公司飛行

於主要城市之間的高承載航線，這些小的或當地的航空公司往往為大的航空公司所擁有或控制，如此互相配合，使小城市的旅客能享受較多飛行班次的服務，價格也較低廉，航空公司則可增加載客率。但相對地，旅客並未完全蒙受好處，旅客將發現直飛服務的班機減少，為轉機所取代，同時間接地造成飛行時間的增加，對於商務客來說，可能造成更多的不便，但對價格較敏感的觀光旅客，對於以時間換取較低票價較能接受，由於世界各國均努力開發觀光客源，無論國內或國外旅遊的人數勢必會增加，此增加的趨勢將使輻軸式的營運策略得以繼續進行。至於小型的航空公司，由於財力、人力、物力等資源不如大型航空公司，以使用單純的點到點、飛行距離短的航線來進攻市場，通常是獨立經營，採用較小型的飛機，服務項目簡單，若能降低經營成本，如不透過旅行社或CRS來售票，並降低售價，增加競爭能力，在市場上仍有生存的空間。

二、里程優惠方案

航空公司為拉攏客人繼續搭乘其航空公司，以里程累積酬賓計畫（Frequent Flyer Program, FFP）來增強客戶的忠誠度，只要旅客連續使用某家航空公司，在特定時間內累積到一定的飛行里程數，則可以享受下次搭機機位升等優惠，由經濟艙升等到商務艙，或由商務艙升等到頭等艙，或者贈送某一段免費的機票。此外，航空公司也與其他相關行業如信用卡、租車公司、飯店等合作，旅客如使用簽約合作之租車公司、飯店，則可得到一定額里程數優惠，使用特定的信用卡簽帳則可享受折扣等來鼓勵客戶統一消費。此外，航空公司也自己發行會員卡，一旦加入會員即可享受該航空公司所提供的特別服務，如優先登機、托運行李優惠、享用機場貴賓室或豪華轎車送機服務，讓會員覺得他與眾不同。FFP的使用的確可增加

消費者的忠誠度，尤其最受商務旅客歡迎，由於他們需要經常旅行，累積到一定里程數後可爲自己得到機艙升等的機會，或爲家人賺取免費旅行的機票。

 飛 航 資 訊

市場決定美國機票價格

美國的機票價格屬於完全開放的市場化定價。航空公司對於機票價格的訂定主要是看市場供需關係而定，重要因素包括：

1. 淡旺季：冬天飛往邁阿密等南方旅遊名城的機票，就有可能比淡季高一倍以上。聖誕節等重要節日和臨時性的重要活動也會讓機票價格高漲。
2. 訂票早晚：航空公司鼓勵乘客提早訂票，通常以提早一、兩個月的價格最便宜，而提早兩週一般會上漲30%左右，只提早幾天就更貴了。
3. 航班好壞：大型航空公司同一天好壞航班的票價差價懸殊，通常以白天起飛及到達的航班屬於好的航班；而一大早起飛、深夜到達或是需要在飛機上過夜的航班，票價就可以便宜不少。
4. 直航與否：通常當中有一到兩次中轉的航線票價會比直航便宜一些。

資料來源：整理自中國投資諮詢網（2006）。網址：http://www.ocn.com.cn/free/2006jt30.htm。線上檢索日期：2006年8月31日。

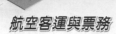

雖然FFP頗受歡迎，但也有其負面影響，FFP引起了非法販賣免費機票的機會，在北美地區有仲介商將獲得之免費機票販售給消費者，對傳統的旅行業者造成打擊，並引起機票市場的混亂。

由於經濟不景氣，部分公司財務緊縮，也開始注意到FFP的好處。商務客出差由公司付費，累積到了免費機票由自己獨享，此種好處將不再存在，部分公司要求航空公司或職員需將得到的免費機票交回公司，由公司統一分配運用，當作一種獎勵員工措施，或列入出差成本。

北美洲的航空公司最早實施FFP，1993年傳入亞洲市場，國泰航空最早採用，如今絕大部分的航空公司均有採用，否則很難與其他公司競爭，不可否認FFP仍將扮演航空市場重要角色，但其優惠條件與吸引力將逐漸不復昔日，尤其是當所有的航空公司都有相同措施時，這時FFP將會反過來變成航空公司沉重的負擔，最後不得不縮減優惠程度。此外，對於商務客來說，選擇航空公司首先考慮的是飛行班次及路線，其次是服務品質，FFP非主要考慮因素，一旦商務客無法擁有累積里程的優惠票價時，FFP的影響力將會打折扣。

三、套裝旅遊

旅遊產品不像一般商品，今天沒賣出去，明日可以拿出來再賣，一架班機一旦飛離機場，未出售的機位就變成損壞的商品，成為公司的損失，所以航空公司必須想盡辦法在效期內將機位賣出。航空公司為了節省開支，均透過旅行社代為出售機位，再給予佣金，旅行社將機位結合其他旅遊服務，組成包辦式旅遊產品，賣給消費者，但近年來航空公司在競爭壓力下，不得不將觸角伸入旅行社的業務範圍，開始扮演旅行社的角色與旅行社爭食。依照航空公

司飛行城市研擬出半套裝旅遊產品，開發自己的市場，旅客在付完一定金額後，可享用特定城市來回機票、住宿費用、機場接送機以及半日的市區觀光。產品以短天數為主，費用並不昂貴，以上班族為對象，滿足白領階層有錢但無長時間從事旅遊活動的需求，推出後市場反應不錯，對於喜愛自助旅行者來說頗為方便，因為前面數日的住宿、接機已由航空公司安排好，旅客有充分時間先了解當地狀況，再計畫安排後續的行程，就不會手忙腳亂、無所適從。未來旅遊市場，個人半自助旅行風氣將日盛，航空公司包裝旅遊的推出，不但對自助旅行者是一項福音，對機位促銷幫助也很大。由於航空公司資本雄厚，信用卓越，所推出去的產品較能受到消費者信賴與肯定，已有越來越多的航空公司加入。

四、機艙服務

航空公司為了加深旅客的印象，提升長程旅行舒適程度，無不瞄準特定市場，強化機艙內的服務，例如提供多元化的餐點，滿足特定對象對餐飲的需求；精緻化的餐飲，提供新鮮水果、蔬菜或熱食；加裝空中電話、個人電視及傳真服務；加大椅距，讓旅客坐得更舒適。由於景氣不佳，部分航空公司如義大利、加拿大、荷蘭、澳洲安捷、日亞航等航空公司將頭等艙取消，只保留商務艙及經濟艙。特別是加強商務艙的服務是各家航空公司努力的重心，如將椅距加大，由一般的38英寸，拉大到48英寸到55英寸不等，同時加大椅子的傾斜度讓客人睡得更舒適，以及提升其他服務。英國的維京航空推出豪華商務艙，將椅距拉大到55英寸，有私人電視、美容按摩師服務及免費機場轎車接送，以近似頭等艙的享受，但只收商務艙的價格。為了拉攏旅遊客人，部分航空公司也開始注意經濟艙旅客的服務，國泰及新航也先後在經濟艙全面安裝6英寸的個人電視

螢幕,播放電影節目來吸引旅客。在未來飛機內部的陳設將會更人
性化,在機內上健身房、賭博、洗澡沖涼、藉由液晶顯示器以螢幕
顯示機艙外面的無際天空與景色,或許不再是夢想。

 ## 第五節　電子機票與無票飛行

　　航空公司為了減少開支,降低營運成本,並方便旅客旅行,
近來也積極地推出「電子機票」與「無票飛行」的新旅遊方式(圖
7-1)。無票飛行屬於電子機票的形式之一,是一種不需要持票即可
搭乘飛機的新模式。美國在1996年開始使用電子機票,如西北、西
南、聯合及ValueJet等航空公司,其中以聯合航空最積極規劃。聯
合航空在加州提供短距離往返(shuttle)的飛行,旅客可透過旅行
社或自行在機場利用機器購買電子機票,旅客訂好位子後會得到一
個訂位代號及行程表,旅客在辦理登機時,只需帶有照片的身分證
明或信用卡即可登機。新加坡航空於1997年也開始在新加坡到吉隆
坡、檳城間的航線為乘客提供電子機票之服務,乘客於班機起飛前
3小時訂位,可以用信用卡購買。新航再將乘客行程表、收據及契
約條件以傳真或郵寄方式交給旅客,乘客在辦理報到手續時僅需出
示護照及購票時使用之信用卡便可取得登機證。澳洲的安捷航空於
1997年11月在其國內線開始實施電子機票,旅客以信用卡向旅行社
或航空公司訂位,即可直接前往機場刷卡,不需領取登機證,旅客
可減少遺失機票風險,航空公司省去印製機票的成本及部分人事費
用。雖然使用電子機票將廣為航空公司所採用,但仍有許多問題需
要突破,但這種突破性的革新,勢必將影響到整個旅遊業市場的結
構及關係。使用電子機票與無票飛行,旅客可透過電腦直接訂位,
有關顧客的各項資料如姓名、航班、艙等、費用、停留城市等均存

ABACUS ELECTRONIC TICKET
PASSENGER ITINERARY/RECEIPT
CUSTOMER COPY

Passenger:	CHANG/POUWEN MR	Ticket Number:	297 4658282341
Date of Issue:	22JAN08	Issuing Airline:	CHINA AIRLINES
Issuing Agent:	PEACE T/S/D108ADB	IATA Number:	34301341
Tour Code:	V345Z521	Name Ref:	
Frequent Travel Number:		FOID:	
Abacus Booking Ref:	BDXFSF	Customer Number:	

DAY DATE FLIGHT		CITY/TERMINAL STOPOVER CITY	TIME	CLASS/STATUS	FARE BASIS
FRI 25JAN CI0615	DEP	TAIPEI TERMINAL 1	1545	ECONOMY/B	MEE3M
	ARR	HONG KONG	1730	OK	

CHINA AIRLINES REF: K4ZD7D

SAT 02FEB CI0680	DEP	HONG KONG	1310	ECONOMY/B	MEE3M
	ARR	TAIPEI TERMINAL 1	1445	OK	

CHINA AIRLINES REF: K4ZD7D

Form of Payment:	CHECK
Endorsement/Restriction:	NONENDO CJ SHIP TKT0100383519
Fare Calculation:	TPE CI HKG241.97CI TPE Q4.23 241.97NUC488.17END ROE32.3056 * * NO PAPERTKT PERMITTED MIN/MAX 0D-3M O/B VLD AFTER 1400 O/B INVLD AFTER 30JUN08 * *
Fare:	TWD 15771
Taxes/fees/charges:	TWD 300TW
Total:	TWD 17009

Positive identification required for airport check in
Notice:

Transportation and other services provided by the carrier are subject to conditions of contract and other important notices. Please ensure that you have received these notices, and if not, contact the travel agent or issuing carrier to obtain a copy prior to the commencement of your trip.

If the passenger journey involves an ultimate destination or stop in a country other than the country of

圖7-1　電子機票

departure, the Warsaw Convention may be applicable and this convention governs and on most cases limits the liability of carriers for death or personal injury and in respect of loss of or damage to baggage.

IATA Ticket Notice: http://www.abacushk.com/download/TicketNotices.pdf
(Subject to change without prior notice)

（續）圖7-1　電子機票

資料來源：張柏文提供。

在電腦系統內，旅客將可得到一個專屬號碼或由航空公司發給一張smart card，到了機場查對電腦或直接刷卡，即可直接登機。

電子機票與無票飛行不僅可避免旅客遺失機票的麻煩，也可節省航空公司開支，如增加訂位流程的速度、人工時間的節省、機票紙張費用、旅行社大筆佣金（旅客直接藉由電腦向航空公司訂位，不需透過旅行社）以及退票後的退錢手續，預估美國各航空公司將可省下大筆的機票訂位所衍生出來的成本，但在五年之間，將有30%的旅行社因流失代售機位業務而倒閉。

目前這種新的措施仍有其限制條件，某些航空公司的航班並沒有使用電子機票，主要原因為軟體設備不足，如果某航空公司與另一航空共掛班號，且訂位系統沒有互通，營運的航空可能無法讀取受理訂位的航空的機票，所以受理訂位的航空必須提供傳統紙本機票，以便登機手續。目前大多航空公司的電子機票系統只能受理不超過十六個航段的訂位，超過的話，如環遊世界的機票，就以紙本方式發給。至於旅客心理的調適也是必須考慮的因素。

為簡化航空業的運作，國際航空運輸協會已預定全面改用電子機票，預計一年將省下三十億美元的開支，2004年，IATA委員會訂定2007年年底是所有航空公司轉換電子機票的最後期限，而在2007年6月，期限延伸至2008年。

近來航空公司使用的ATB（Automatic Ticket / Boarding Pass，

圖7-2）已漸在歐美地區普遍使用，這是有效率且簡易使用的機票加上登機證，ATB機票類似名片厚度，其特色為機票與登機證同時開出，旅客所有個人資料均輸入機票背面之磁帶中，可使劃位的過程加速，適用於國內線航線飛行及沒有托運行李的情況。此外，在美國及歐洲，部分航空公司在機場或大學校園內設置販賣機，專賣簡易行程的機票以方便旅客購買。

 ## 第六節　低價航空公司營運策略

　　航空市場競爭激烈，降價是航空公司常用手段，但一旦降價，機票票價恐難以回升，但是面對降價的損失、油價等相關成本的不斷攀升與激烈的市場競爭，航空公司必須要想盡辦法降低成本，同時兼顧經營效率，其中降低人事成本是各家航空公司努力的目標，其次是減低其他方面的支出，如佣金支出、一般性支出等。

　　在惡劣競爭下，航空公司生存之道乃在於了解旅客需求，滿足旅客需要。在夾縫中力圖生存的小規模航空公司既無雄厚的資本，也無相等的競爭條件去與大型航空公司力拚，他們採取的是另一種完全相反的經營策略，並經營地相當成功，如美國的西太平洋航空、ValueJet及歐洲的Ryanair、easyJet和EBA Express，他們採用低成本、低票價的經營方式，採行單純的點到點飛行、不使用FFR、機艙內只有經濟艙單一等級，且採不對號入座的方式。easyJet宣稱它是世界上唯一不涉及CRS及旅行社作業的航空公司；同時，easyJet降低機內人員服務及只提供簡單的點心及飲料，其機票價格低但沒有彈性且不能退票，採行「用它或丟棄它」的政策，使得no show的旅客比率降到最低，越早購買越便宜，最後一分鐘購買最貴，完全依照機位販賣情況來調整（**圖7-3**）。這些低價航空公司以

OPATB 2

```
07
PASSENGER TICKET AND BAGGAGE CHECK
SUBJECT TO CONDITIONS OF CONTRACT
ISSUED BY                    IATA-BSP     DATE OF ISSUE   OWNER ID.   ISS.   FLIGHT COUPON   1 OF 2   ISO
                                          21JAN08          7766/C208 APH /ATW         X              TM
HONG KONG EXPRESS                                                                       ISS. OFF. CODE
SUPREME GENERAL T/S          /TAICHUNG         TW    FARE BASIS              TOUR CODE    34302100
NAME OF PASSENGER (NOT TRANSFERABLE)                      YRT1M          ITH20TWNS012
CHANG/JUICHI MR              CARRIER/FLIGHT    CLASS/DATE      TIME   INVALID BEFORE INVALID AFTER   1
      TAICHUNG RMQ           UO 2109  K  25JAN1520 OK
O HONG KONG              2
NONENDO/RERTE CONJ WZ SHIP TKT 1000386332
ORIGINAL ISSUE                      ISSUED IN EXCHANGE FOR        PNR CODE
                                                                HRTKTD/1B
                                                                CONJ. TKT. NO.
FARE CALCULATION
TXG UO HKG ITX UO TXG Q4.24ITX      END      ***EX-RMQ VLD TRVL ON 01NOV-31JAN
08*TKT VLDITY 0-30DAYS*O/B VLD ON UO/AE1821 ONLY*RFD REF ISS OFC*CHARTER FLT*
FARE            EQUIV.FARE PAID      FORM OF PAYMENT
      IT                             CHECK                SEG. NO.   ALLOW   PCS   CK.WT.   UNCK. WT.
TAX/FEE/CHARGE                        PCS   CK.WT.   UNCK. WT.        20K
   300TW
TAX/FEE/CHARGE
   938YR        95470764560333        1  128  4658091948  3
TOTAL
TWD      IT                          DO NOT MARK OR WRITE IN THE WHITE AREA ABOVE
```

```
PASSENGER COUPON              0027171
BOARDING PASS    8
NAME OF PASSENGER
CHANG/JUICHI MR
FROM
TAICHUNG RMQ
O HONG KONG          2
HONG KONG EXPRESS
CARRIER/FLIGHT     CLASS/DATE       TIME
UO 2109  K  25JAN1520
GATE     BOARD TIME    SEAT              SMOKE
ADDITIONAL SEAT  INFORMATION
PCS   CK.WT.   UNCK. WT.   SEG. NO.   PCS   CK.WT.   UNCK. WT.
BAGGAGE ID NO.
DOCUMENT NUMBER                             CK
1  128  4658091948  3
```

OPATB 2

```
07
PASSENGER TICKET AND BAGGAGE CHECK
SUBJECT TO CONDITIONS OF CONTRACT
ISSUED BY                    IATA-BSP     DATE OF ISSUE   OWNER ID.   ISS.   FLIGHT COUPON   2 OF 2   ISO
                                          21JAN08          7766/C208 APH /ATW         X              TM
HONG KONG EXPRESS                                                                       ISS. OFF. CODE
SUPREME GENERAL T/S          /TAICHUNG         TW    FARE BASIS              TOUR CODE    34302100
NAME OF PASSENGER (NOT TRANSFERABLE)                      YRT1M          ITH20TWNS012
CHANG/JUICHI MR              CARRIER/FLIGHT    CLASS/DATE      TIME   INVALID BEFORE INVALID AFTER   1
O HONG KONG             2    UO 2108  K  02FEB1300 OK
      TAICHUNG RMQ
NONENDO/RERTE CONJ WZ SHIP TKT 1000386332
ORIGINAL ISSUE                      ISSUED IN EXCHANGE FOR        PNR CODE
                                                                HRTKTD/1B
                                                                CONJ. TKT. NO.
FARE CALCULATION
TXG UO HKG ITX UO TXG Q4.24ITX      END      ***EX-RMQ VLD TRVL ON 01NOV-31JAN
08*TKT VLDITY 0-30DAYS*O/B VLD ON UO/AE1821 ONLY*RFD REF ISS OFC*CHARTER FLT*
FARE            EQUIV.FARE PAID      FORM OF PAYMENT
      IT                             CHECK                SEG. NO.   ALLOW   PCS   CK.WT.   UNCK. WT.
TAX/FEE/CHARGE                        PCS   CK.WT.   UNCK. WT.        20K
   300TW
TAX/FEE/CHARGE
   938YR        95470764560344        2  128  4658091948  6
TOTAL
TWD      IT                          DO NOT MARK OR WRITE IN THE WHITE AREA ABOVE
```

```
PASSENGER COUPON              0027171
BOARDING PASS    8
NAME OF PASSENGER
CHANG/JUICHI MR
FROM
O HONG KONG          2
      TAICHUNG RMQ
HONG KONG EXPRESS
CARRIER/FLIGHT     CLASS/DATE       TIME
UO 2108  K  02FEB1300
GATE     BOARD TIME    SEAT              SMOKE
ADDITIONAL SEAT  INFORMATION
PCS   CK.WT.   UNCK. WT.   SEG. NO.   PCS   CK.WT.   UNCK. WT.
BAGGAGE ID NO.
DOCUMENT NUMBER                             CK
2  128  4658091948  6
```

OPATB 2

```
07
PASSENGER TICKET AND BAGGAGE CHECK
SUBJECT TO CONDITIONS OF CONTRACT
ISSUED BY                    IATA-BSP     DATE OF ISSUE   OWNER ID.   PASSENGER RECEIPT  1 OF 1   ISO
                                          21JAN08          7766/C208 APH /ATW         X              TM
HONG KONG EXPRESS                                                                       ISS. OFF. CODE
SUPREME GENERAL T/S          /TAICHUNG         TW    FARE BASIS              TOUR CODE    34302100
NAME OF PASSENGER (NOT TRANSFERABLE)                      YRT1M          ITH20TWNS012
CHANG/JUICHI MR              CARRIER/FLIGHT    CLASS/DATE      TIME   INVALID BEFORE INVALID AFTER   1
**NOT VALID FOR**  REVALIDATION ***RETAIN THIS RECEIPT***
**TRANSPORTATION** ***THROUGHOUT YOUR JOURNEY***
NONENDO/RERTE CONJ WZ SHIP TKT 1000386332
ORIGINAL ISSUE                      ISSUED IN EXCHANGE FOR        PNR CODE
                                                                HRTKTD/1B
                                                                CONJ. TKT. NO.
FARE CALCULATION
TXG UO HKG ITX UO TXG Q4.24ITX      END      ***EX-RMQ VLD TRVL ON 01NOV-31JAN
08*TKT VLDITY 0-30DAYS*O/B VLD ON UO/AE1821 ONLY*RFD REF ISS OFC*CHARTER FLT*
FARE            EQUIV.FARE PAID      FORM OF PAYMENT
      IT                             CHECK                SEG. NO.   ALLOW   PCS   CK.WT.   UNCK. WT.
TAX/FEE/CHARGE                   ***************************************
   300TW
TAX/FEE/CHARGE
   938YR        95470764560355        0  128  4658091948  0
TOTAL
TWD      IT                          DO NOT MARK OR WRITE IN THE WHITE AREA ABOVE
```

```
PASSENGER COUPON              0027171
                               8
NAME OF PASSENGER
CHANG/JUICHI MR
FROM
TAICHUNG RMQ
UO 2109  K 25JAN  YRT1M
HONG KONG
UO 2108  K 02FEB  YRT1M
CARRIER/FLIGHT     CLASS/DATE       TIME
TAICHUNG RMQ
*********************************
*********************************
GATE     BOARD TIME    SEAT              SMOKE
ADDITIONAL SEAT  INFORMATION
*********************************
BAGGAGE ID NO.
NOT VALID FOR TRAVEL
     128  4658091948  0
```

(Printed by Zhejiang Matsuoka Co.,Ltd. China)

圖7-2　Automatic Ticket and Boarding Pass

資料來源：張瑞奇提供。

美國的西南航空（Southwest Airlines）陽春式服務最為有名，是美國眾多航空公司中經營成功且有盈餘的例子。

專欄7-2　西南航空傳奇（經營策略）

　　西南航空原是一家小規模、只飛地區性、短航線的小公司，由於其獨特的經營方式而聲名大噪，廣受消費者喜愛，同時在航空業一時不景氣中，能一枝獨秀，仍有盈餘，應歸功於其獨特的經營策略。

　　第一，經營短程航線：不採用輻軸式航線系統，而採用點到點服務。

　　第二，採用單一機種：只使用B737機種，只有經濟艙服務，可節省維修、零件儲存、訓練及機隊調度成本。

　　第三，減少銷售層級：鼓勵旅客直接訂位，減少透過旅行社訂位，減少銷售佣金。

　　第四，不加入CRS：CRS每有一個旅客訂位記錄（PNR），便會向航空公司收取固定費率（flat amount），且不會因票價的高低收取的費用有所不同，由於西南航空的產品價格低，加入CRS很不划算。

　　第五，服務單純化：機上無提供正餐服務，只有簡餐。不劃位，旅客可先上機再買票，一方面可減少人員開支，又可縮短飛機停留在地面的時間，減少停機費用，同時提高飛機使用率。

　　第六，使用次要機場及夜間飛行，無飛機壅塞問題，且可減少機場租金費用。

　　第七，採取重點經營方式，不求整個市場占有率，兩點之間提供密集班次，使旅客得到最大方便。

圖7-3　歐洲著名廉價航空公司

　　低成本航空公司（Low Cost Airline, No Frill Airline或Budget Airline，簡稱為LCC），指的是透過特殊之經營型態與市場策略，將營運成本控制得比一般航空公司較低的航空公司，其票價常低於傳統航空公司票價，到目前為止，低成本航空已經成為全球航空產業新的經營模式。但低成本航空票價並非永遠低價，在熱門時段或班機起飛前的時段，其票價可能與傳統航空公司的票價不相上下。

一、低成本航空的營運模式與服務

　　在開放天空激烈競爭之下，傳統航空公司獲利有限，一些中小型的航空公司逐漸以低廉的票價作為賣點，尤其是在美國，首家低成本航空公司為西南航空（Southwest Airlines），在1978年即成立且迅速發展，飛行時許多旅客只希望能夠快速安全地抵達目的地，並不需要很高級的服務或享受，因此打開了低成本航空公司的市場，全球已有近百家的低價航空公司。自助式的服務和簡便快捷的

登機，使低成本航空公司航線服務單一化。只提供短程航段經濟艙服務（一般椅距經濟艙為31英寸，商務艙為38英寸），無商務艙、頭等艙。核心精神為降低成本與提高飛機使用效率，以次級機場起降，以基本型飛機經營客流量大的短程航線，機上不提供免費餐點，將機上服務精簡，許多服務採取收費制，盡可能將座椅空間減小以增加座位，採行自助報到的方式，一般低成本航空的營運有下列幾種方式：

(一)降低營業成本

1. 飛行行程路線以短程為主，減少飛機停留時間，提高每日飛機的使用率，多開班次載更多旅客。
2. 機隊單一化，將保養維修成本降低，方便機組人員調度外，亦減少訓練時間與訓練費用。
3. 降落非主要城市或以各大城市的次級機場起降，以節省機場降落費及使用費。
4. 強調「點對點」方式的服務，減少飛機延誤帶來的損失。
5. 減少租用機場內昂貴的設施，比如登機橋，改為安排接駁車輛和小型登機梯。少數機場（如日本大阪的關西機場）設有廉價航空專用的航廈。
6. 改以約聘或契約方式聘僱員工，降低空勤及地勤員工人事成本。
7. 簡化機艙內服務項目。
8. 減少機艙內公共活動區域，增加班機座位。
9. 機內飲食服務簡單化，甚至改成付費制。
10. 積極販售機內商品或食物，以增加額外的收入。
11. 不提供或只提供收費及有限的機上視聽娛樂器材、雜誌及報紙。

12.降低行李托運的免費重量,或改成付費托運行李。

(二)降低票務成本

1.客艙等級單一化,以經濟艙為主,多搭載旅客。

2.透過「電子機票」的方式,在網路上完成訂票作業,及網上辦理登記手續,不提供選位服務,改以自由入座,降低票務及櫃檯的人力成本,鼓勵乘客早點到機場辦理登機手續。

3.依飛行時段有不同票價,冷門時段的票價更便宜,以提升搭機載客率。

4.愈早訂票票價愈低,吸引乘客。

5.不使用傳統硬紙板式帶磁條的登機證,改用包含條碼的普通紙登機證降低成本。

6.部分低成本航空不提供退款服務,錯過或是因故無法搭乘,機票作廢無法退費。若臨時更改時間,航空公司會額外索取手續費,有時手續費的價值超過當初所購買的費用。

二、亞太地區及台灣的低成本航空發展

亞洲太平洋地區引進低成本航空的經營模式較晚,但營運模式更積極,除了短程航線外,目前已有業者開始著手經營長程點對點航線,如馬來西亞的亞航是目前亞洲最大的廉航,提供東亞、東南亞和澳洲航線。亞洲低成本航空,如日本第一家廉價航空「樂桃航空」（Peach Aviation）於2013年10月初加入天空市場的競爭。其他家低成本航空公司有馬來西亞的Airasia（亞洲航空）及其子公司全亞洲航空（AirAsia X）、宿霧太平洋航空（Cebu Pacific Air）、欣豐虎航（Tiger Airways）、酷航（Scoot Airline）、捷星航空（Jetstar Airways）（來自新加坡的捷星航空為第一家進軍台灣航

空市場的廉價航空）、韓國的釜山航空（Air Busan）、韓國的眞航空（Jin Air）、韓國的德威航空（t'way Airline）以及韓國的易斯達航空（Eastar Jet）。2013年華航宣布與新加坡最大的廉價航空虎航（Tigerair）合資，成立「台灣虎航」（Tigerair Taiwan），華航將以合資者的身分跨足廉價航空市場，而復興航空亦宣布將成立首家台灣本土廉價航空——威航，因此2014年有2家「台資」低成本航空啓動營運，正式進軍低成本航空市場。但母公司復興航空因經營問題，在2016年10月結束威航營運。於2018台灣有15家廉價航空，由台北、桃園、台中、高雄出發飛往世界各地。

　　選擇廉價航空記得要貨比三家，把握優惠促銷，一旦決定前往目的地時間時，提早訂位通常可以拿到非常優惠的價格，選擇「離峰時間」搭機較省費用，必要時可分段購買有時比「來回票」划算，當然利用「團購」的方式，也是節省費用方法之一，廉價航空公告價格看似低廉但經常不含「機場稅」、「兵險」等其他費用，消費者得自己負擔。

　　目前廉價航空整體在台灣天空市場占有率，比例上不高，部分原因與我國「自助旅行」或「半自助旅行」不若鄰近國家日、韓，以及歐美國家盛行有關。然而，隨著國民對旅遊自主性的提高，台灣的廉價航空市場仍有相當大的拓展空間。惟廉價航空多數不供餐飲、不供免費托運服務、不可退票買了沒有「退款服務」、起飛時間過早或過晚，以及使用市郊機場等等，因而較適合短程旅行、行李輕便，以及勇於挑戰的自助旅行旅客或背包客及年輕族群。另外，降落在各大城市的「次要機場」，機場位置對旅客較不便利，增加的交通費用，可能沒有眞正省下多少費用。此外，部分廉價航空的機隊是接收母公司或其他一般航空公司的客機，機齡較高，因此民眾在比價的同時，也應考慮機齡，以提高旅行的安全性。

專欄7-3　虎航徵空服員月薪5萬吸引7,500人招考

真的太難考了吧！航空公司招考空姐88名，卻來了7,500人！華航旗下的台灣第一家廉價航空「虎航」招考空姐，沒有年齡、學歷限制，不少年輕女孩懷有空姐夢，諾大的禮堂坐的滿滿滿，年輕面孔中也出現媽媽級的考生。

現場就來了一位四十九歲的媽媽，希望可以一圓美夢。

台灣本土第一家廉價航空，身高、年齡都沒有限制，學歷也只要高中職以上，7,500人來報考、刷掉2,500人。剩下5,000多人進入第一關，要考中英文朗讀，能參加第二關面試的只會有600人，最後錄取88人，錄取率只有1.16%，競爭非常激烈！

台灣虎航籌備處營運長廖崇良：「我們不太願意用直接的英文成績來看他的英文能力的互動啦！我們是希望透過我們甄試的過程，他能夠很輕易的使用他的語言，我們來了解他的一些特質。」

比一比各家航空，遠航、華航學歷都要求大專大學以上，甚至要英檢550分。虎航只需要高中職以上，月薪跟華航一樣也有5萬，但恐怕就是薪水福利好、門檻低，讓這次錄取率只有1%低到不行。

資料來源：廖庭妤，三立新聞，2014年4月21日。

三、低成本航空帶來的影響

低成本航空的快速發展，影響傳統航空產業、各目的地次要機場使用，以及旅行社等相關產業。低成本航空的最大效應就是刺激旅遊市場需求，以更高的搭機人數創造商機，對各地機場帶來更

高的收入及就業機會。這對於機場的營運注入新的發展模式，讓不少從傳統機場轉型為低成本航空機場，像是英國倫敦的Stansted機場。低成本航空亦改變民眾旅行習慣，消費者受低票價的吸引，在消費行為上則跳脫委由旅行社安排的過程，自行在網路訂購機票，形成了大量的自助旅客，對旅行社來說無疑是重大的難題與挑戰。

四、全球低價航空

　　全球低價航空成長快速，許多國營或大型航空相繼成立廉價航空作為子公司。

(一)亞洲

◆日本

- ・樂桃航空（Peach Aviation）（全日空航空集團公司），香草航空於2019年併入於樂桃航空
- ・香草航空（Vanilla Air）（全日空航空集團公司），於2019年10月結束
- ・捷星日本航空（Jetstar Japan）（捷星航空集團分公司）
- ・春秋航空日本（Spring Airlines Japan）（春秋航空集團分公司）
- ・日本亞洲航空（AirAsia Japan）（亞洲航空集團分公司）
- ・ZIPAIR Tokyo（ZIPAIR Tokyo）（日本航空集團子公司）

◆台灣

- ・台灣虎航（Tigerair Taiwan）（中華航空子公司）

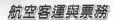
◆韓國

- 德威航空（t'way Airlines）
- 濟州航空（Jeju Air）
- 眞航空（Jin Air）（大韓航空子公司）
- 釜山航空（Air Busan）（韓亞航空子公司）
- 易斯達航空（EastarJet）
- 首爾航空（Air Seoul）（韓亞航空子公司）

◆中國大陸

- 春秋航空（Spring Airlines），爲中國首家廉價航空
- 西部航空（China West Air）
- 九元航空（9 Air）
- 烏魯木齊航空（Urumqi Air）（由海南航空與烏魯木齊市政府共同投資組建，爲海南航空集團公司）
- 中國聯合航空（China United Airlines）（中國東方航空集團公司）
- 祥鵬航空（Lucky Air）（由海航集團與雲南省國資委合資組建，爲海南航空集團公司）
- 吉祥航空（Juneyao Airlines），九元航空母公司，是否廉航有一定爭議

◆香港

- 香港快運航空（Hong Kong Express）（國泰航空全資附屬公司）

◆印尼

- 連城航空（Citilink）（加魯達印尼航空子公司）
- 印尼獅子航空（Lion Air）

‧印尼亞洲航空（Indonesia AirAsia）（亞洲航空集團分公司）

‧印尼全亞洲航空（Indonesia AirAsia X）（亞洲航空集團分公司）

◆緬甸

‧黃金緬甸航空（Golden Myanmar Airways）

◆馬來西亞

‧亞洲航空（AirAsia），負責營運短途航班，為亞洲最大的廉價航空公司

‧全亞洲航空（AirAsia X），負責營運長途航班

‧飛螢航空（Firefly）（馬來西亞航空子公司）

‧馬來西亞之翼航空（MASwings）（馬來西亞航空子公司）

◆菲律賓

‧菲鷹航空（Philippine Airlines）（菲律賓航空子公司）

‧天文航空（Astro Air International Inc.）

‧宿霧太平洋航空（Cebu Pacific Air）

‧宿翱航空（Cebgo）（宿霧太平洋航空子公司）

‧菲律賓亞洲航空（Philippines AirAsia）（亞洲航空集團分公司）

◆新加坡

‧捷星亞洲航空（Jetstar Asia Airways）（捷星航空集團分公司）

‧酷航（Scoot）（新加坡航空子公司）

◆泰國

‧都市航空（City Airways）

- 皇雀航空（Nok）
- 酷鳥航空（NokScoot）
- 泰國亞洲航空（Thai AirAsia）（亞洲航空集團分公司）
- 泰國全亞洲航空（Thai AirAsia X）（亞洲航空集團分公司）
- 泰國獅子航空（Thai Lion）（印尼獅子航空子公司）
- 泰國越捷航空（Thai VietJet Air）

◆越南

- 捷星太平洋航空（JetStar Pacific Airlines）（捷星航空集團分公司）
- 越捷航空（VietJetAir）
- 越竹航空（Bamboo Airways）

◆印度

- 德干航空（Air Deccan）
- 印度航空快運（印度航空的附屬公司）
- Alliance Air（印度航空的附屬公司）
- 捷特航空（GoAir）
- 靛藍航空（IndiGo）
- 帕拉蒙特航空（Paramount Airways）
- 印度亞洲航空（AirAsia India）（亞洲航空集團分公司）
- 香料航空（SpiceJet）
- JetLite（印度捷特航空子公司）
- Jet Konnect（印度捷特航空子公司）

(二)中東

以色列
- 向上航空（UP）（以色列航空子公司）

沙烏地阿拉伯
- 薩瑪航空（Sama）
- 納斯航空（Flynas）

◆科威特
- 半島航空（Peninsula Airways）

◆阿聯
- 沙烏地阿拉伯航空（Saudia）
- 杜拜航空（Fly Dubai）

(三)中亞

吉爾吉斯
- Pegasus Asia

巴基斯坦
- 亞洲國際航空（Aero Asia International）
- 巴基斯坦藍色航空（Pakistan Air Blue）
- 沙欣航空（Shaheen Air）
- Pearl Air
- SAFE AIR

(四)西歐

◆法國
- 霍浦航空（HOP!）（法國航空子公司）
- 藍鷹航空（Aigle Azur）

◆荷蘭
- 荷蘭Corendon航空
- 泛航航空（Transavia）

◆愛爾蘭
- 瑞安航空（Ryanair），是一家總部設在愛爾蘭的航空公司，它是歐洲最大的低價航空公司
- 愛爾蘭航空（Aer Lingus）

◆英國
- 易捷航空（EasyJet），是英國最大的航空公司，歐洲第二大低成本航空公司，僅次於瑞安航空
- 弗萊比航空（Flybe）
- 捷特二航空（Jet2.com）
- 君主航空（Monarch Airlines）

◆奧地利
- 尼基航空（Niki）

◆德國
- 歐洲之翼航空（Eurowings）
- 途易飛航空（TUI fly）
- Hapag-Lloyd Express

瑞士

- 瑞士易捷航空（EasyJet Switzerland）

(五)東歐

捷克

- 智能翼航空（Smart Wingslines）

◆匈牙利

- 維茲航空（Wizz Air）

波蘭

- 中央之翼航空（Centralwings）

保加利亞

- EasyFLY Bulgaria

羅馬尼亞

- 羅馬尼亞藍色航空（Blue Air）

塞爾維亞

- 歐洲中部航空（Centavia）

土耳其

- AtlasJet
- 奧努爾航空（Onur Air）
- 太陽快運航空（SunExpress）
- 飛馬航空（Pegasus）

◆俄羅斯

・天空快線航空（Sky Express）

・環空航空（Трансаэро）

・俄羅斯勝利航空（俄語：Победа）

(六)北歐

◆丹麥

・Sterling Airlines

◆挪威

・挪威航空（Norwegian Air Lines）

◆瑞典

・FlyMe

・FlyNordic

(七)南歐

◆義大利

・Air Service Plus（與法國Axis Airways共同營運）

・Alpi Eagles

・Evolavia

・Bluexpress

・Jet X（Icelandic company operating in Italy only）

・義大利晷航空（Meridiana S.p.A.）

・Myair

・volare

‧ Wind Jet

◆西班牙

‧ 西班牙快運航空（Iberia Express）

‧ 維羅提航空（Volotea）

‧ 水平航空（LEVEL）

‧ 伏林航空（Vueling Airlines）

(八)北美洲

◆加拿大

‧ 西捷航空（WestJet）

‧ 加拿大胭脂航空（Air Canada Rouge）

‧ 加拿大越洋航空（Air Transat A.T. Inc.）

◆美國

‧ 忠實航空（Allegiant Air）

‧ 邊疆航空（Frontier Airlines）

‧ 捷藍航空（JetBlue Airways）

‧ 人民快運（PEOPLExpress）

‧ 美國西南航空（Southwest Airlines），是世界最大的廉價航
空公司，總部位於德克薩斯州達拉斯

‧ 精神航空（Spirit Airlines）

‧ 陽光鄉村航空（Sun Country Airlines）

‧ 動力航空（Dynamic Airways）

(九)中美洲

◆墨西哥

- 英特捷特航空（Interjet）
- 愉快空中巴士航空（Aeroenlaces Nacionales, S.A. de C.V., VivaAerobus）
- 沃拉里斯航空（Volaris）

(十)大洋洲

◆澳大利亞

- 捷星航空（Jetstar）（澳洲航空子公司）
- 維珍澳洲航空（Virgin Australia）
- 澳洲虎航（Tigerair Australia）

◆紐西蘭

- 自由航空（Freedom Air）（紐西蘭航空子公司）
- 太平洋藍航空（Pacific Blue）（維珍藍航空子公司）

(十一)南美洲

◆阿根廷

- Sol Líneas Aéreas

◆智利

- 智利天空航空（Sky Airlines）

◆巴西

- 藍色巴西航空（Azul Brazilian Airlines）

· 高爾航空（GOL Airlines）

◆哥倫比亞

· EasyFly
· 哥倫比亞愉快航空（VivaColombia）

(十二)非洲

◆埃及

· 埃及阿拉伯航空（Air Arabia Egypt）

◆肯亞

· Fly540
· Jambojet

◆摩洛哥

· Jet4you
· 摩洛哥阿拉伯航空（Air Arabia Moroc）

◆南非

· 庫魯拉航空（kulula）
· 芒果航空（Mango Airways）（南非航空子公司）

◆坦尚尼亞

· 快捷航空（Fastjet）

第七節　民航機市場之動向

　　第一次世界大戰後各國對飛機研發產生興趣，二次世界大戰將民航機的發展推向新的紀元，螺旋槳飛機逐漸被噴射機所取代，螺旋槳飛機只限飛行於短程距離或離島航線。如今第一代的噴射機如B707、DC-8、Caravelle已不再使用，第二代中距離的航線機種如B727、737舊型及D-9等已不再生產。1970年至1974年間，第三代的B747、DC-10、L-1011和A300等長程線廣體型機種的出現，使航運史正式進入大量運輸時代，1976年由英法共同開發的超音速協和客機出現，震撼了全世界，將商用客機正式帶入超音速紀元，可惜由於成本及噪音公害等因素僅生產16架即告終止。

　　1973年首次石油危機，航空需求呈現衰退，直到1976年開始有好轉，但第二次的石油危機及市場開放競爭使得1981年到1982年成為航空史上的黑暗期，知名的飛機製造廠商乃採用最新的開發技術，研發出省油、高效能的第四代新機種，如B767、MD-80、A320等中程航線機種。1992年歐洲整合為單一市場，歐洲境內的國際航線和跨越大西洋的航線也將繼續擴大，亞洲的經濟也在起飛，中國大陸市場開放，亞洲與歐、美國家經貿往來頻繁，定期航空的旅客以5～6%的成長比率在增加，1990年以後生產的飛機則以越洋航線、長距離飛行、只需二名駕駛操作、更節省人力的機種為主，如MD-11、A340、B777等高載客量的廣體客機。

　　1991年波斯灣戰爭爆發，影響世界空中交通甚鉅，產油國科威特受到重創，油料價格再度引起注意，飛機油料的消耗仍是航空公司購買新機種時所關切的因素之一。長程空中飛行若能一次飛抵，最為經濟，可減少起降油料成本及機場使用費用；以長程飛行省油

觀點而言,以一次飛行6,000～7,000公里最經濟,目前噴射客機的巡航速度每小時平均是800～900公里,飛行的時間正好符合人類於機身內所能忍受的時限7～8小時,載客量高的B747-400型曾經是越洋航線的主力機種,Airbus 380是否會取代B747仍未知,但其優越的性能將成為航空市場的新寵。

全世界目前有飛機,以北美地區使用飛機數量最多。美國波音公司預測,全球航空業將在未來的二十年當中,亞洲將是成長最快的市場,未來二十年交運的民航機中,將有36%是由亞洲航空業界訂購。由於市場需求繼續擴大,未來新型民航機大部分將用在不中停的長途直飛和中短程航線上,小部分則用來替換機齡比較老舊的民航機。航空業內人士則分析說,中國大陸的國內航線成長迅速、兩岸三通,以及亞洲的航空公司積極開闢市場等因素,在在都讓各界看好亞洲市場。美國波音公司預測,在未來的二十年內,中國國內將需要3,400架飛機,總價值將達到三千四百億美元,而中國也將成為發展速度最快的市場,成為美國之外的最大民用飛機市場。其中波音737各型飛機將達到2,200架是中國使用最多的機型。

除了亞洲之外,拉丁美洲、非洲和中東等地的市場也將有大幅度的成長。歐洲和美洲市場的成長則可能較為緩慢,因為歐洲市場剛剛度過成長高峰期,美國市場則是正在恢復當中,運輸能量供過於求。而且,美國的民航業者普遍財務狀況欠佳,機隊換新的速度相對上比較緩慢。因此,民航機製造業的兩大龍頭——波音和空中巴士——都使出渾身解數爭奪亞洲市場。

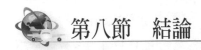

第八節　結論

航空運輸事業未來的走向仍然有很大的空間可供發展,隨著世界經濟景氣的轉變,其成長的比例仍然可期。即使是在景氣不好的狀態下,航空旅行仍是人們選擇的必備方式,即使商務旅行可能減少,但其他目的的旅行將不會衰減,所以航空事業必將成長,但成長的快慢將隨景氣好壞而有所區別。

航空事業的成長並不表示航空公司必然有利潤的空間存在,大型航空公司仍將一方面降低成本,一方面提供更多、更便宜的機票及更多元化的機上服務,此一做法可能帶來更為激烈的競爭市場;因而,航空公司要能生存,勢必走向聯營或合併。大型航空公司挾著資本雄厚的優勢,仍應想辦法降低營運成本,提高服務品質,簡化手續,縮短旅行時間,讓營運更有效率,才是生存之道。

現在,網際網路的普遍使用及無票飛行已被運用在航空公司的行銷策略上,消費者利用上網路獲得航空公司票價及相關資訊,直接訂位、登機,此舉已形成另外一波的航空市場革命。

以下為美國、歐洲與亞洲之航空運輸市場概況。

一、美國航空運輸市場

金融危機發生之後,美國航空旅客運輸量下降,頭等艙、公務艙收入減少。美國航空運輸業率先採取的GDS分銷系統(銷售代理企業的營銷模式),逐步取消。已有美國傳統型航空公司拋棄GDS分銷系統,使用100%直接營銷管道來加強與客戶密切聯繫。

儘管受「海灣戰爭」和「911」等多次衝擊,但是美國航空市

場整體仍呈現增長態勢。美國航空運輸市場的行業收入從一千三百零二億美元增長到一千五百四十七億美元。到2013年美國民航客運達8.26億人次，航空業利潤達八十六億美元。北美地區的航空業者，透過合併及國際聯營策略，獲利表現超過全球平均值。2016年美國四大航——美國航空、達美航空、西南航空和聯合航空——從過去偏重搶占更多的市場占有率，已經轉移到如何獲取更多的利潤上。美國三大國際航空（美國航空、達美航空、聯合航空）也積極調整其海外的運輸網絡，並增加了飛往中國和亞洲其他國家和地區的直飛航線。

二、歐洲航空運輸市場

歐洲傳統型航空公司也實行GDS分銷系統，但是，由於歐洲的航空消費市場由幾家規模較大的航空旅遊分銷企業控制，GDS分銷系統仍相當受重視。歐洲是全球航空運輸第二大生產國，僅次於美國的民用飛機，航空業利潤達三十一億美元，2014年面臨烏克蘭局勢影響油價走高，航空安全受到威脅。2019年受英國脫歐、恐怖襲擊的影響，導致歐洲一些航空公司，對利潤的預期不樂觀，但是歐洲的一些低成本航空公司依然會快速發展。

三、亞洲航空運輸市場

根據國際航空運輸協會（IATA），在新加坡航空商務會議上表示，2009年全球航空旅客人數達二十二億，亞太地區共計有六億四千七百萬名旅客，已超越北美2009年的六億三千八百萬名乘客，成為全球最大的航空市場，占全球總旅客人數的四分之一以上。亞太地區航空市場還會繼續增長，尤其是廉價航空的快速成

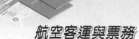

長。低價航空將會刺激機票殺價，但同時帶動觀光人口成長。例如日本航空市場的增長相當部分來自於不斷成立的低成本航空運輸。航空市場預測稱，未來二十年，亞太地區新增民用飛機需求量達到8,560架，占未來二十年全球預計總需求量的33%。亞太地區的航空客運量將以年平均5.8%的速度增長，貨運量的年平均增長速度將達到7%，均高於全球平均增長速度，2013年航空業利潤達三十七億美元。

另外，國際航空運輸協會指出，在亞洲地區，目前中國大陸航空客運量已超越日本，成為區域內的最大航空市場，旅遊活動活絡是一個關鍵因素，中國大陸擁有1,400架客機。預計中國將成為國際航線和國內航線客運量增長最快的市場，國際航線增長率為10.8%，國內航線增長率為13.9%，成為全球第二大國內航線市場。快速增長的同時也帶了諸多挑戰，尤其是基礎設施嚴重不足、機場相關資源有限是此地區最重要的面臨問題。

第三篇
航空票務

　　全球總共分成十二個時區，每一個時區相差一個小時，此地的時間並不等於彼地的時間，我們必須藉由各地與格林威治的時差來計算出兩地時間的差異。如遠航時刻表上所列的出發與抵達時間均指當地時間，而非全都是某一地的時間。

　　旅客搭機前必須先購置機票，許多機票的內容會以代號來表示，此外不同性質的機票也會有不同的規定與限制，若能了解所購買機票的性質，可減少錯誤的認知與旅遊糾紛。本篇除了討論機票內容與使用外，亦討論使用機票時可能會使用到的相關憑證與工具。

Chapter

8

時差與時間的換算

- 時差
- 日光節約時間
- 時間換算及飛航時間計算

雖然每一個地區均有固定的時差,但由於有部分地區尤其是一些歐美國家,有另外再實施夏令節約時間,於某個時間(每一國家實施日期不一定一致)將時間撥快一個小時,也因此造成時間之計算更加複雜,除了要知道時差外,尚須知道該地區是否有實施夏令節約時間,及何時開始?何時終止?南半球又與北半球在實施上又有什麼不同。

第一節　時差

地球由北到南共分成三百六十個經度,其表面共劃分成二十四個時區,每一個時區十五度,每時區相差一個小時。由格林威治子午線(Meridian of Greenwich)開始算起為零度,此線經過英國位於倫敦的格林威治天文台,此地的時間稱為格林威治時間或世界標準時間(Greenwich Mean Time,簡稱GMT),倫敦格林威治天文台所使用的原子鐘已失效,已由環球時間所取代,或稱斑馬時間(Zebra Time),其與格林威治時間只是名稱不同。由GMT往西延伸(到美國)為減小時,一直到−12小時、180度為止;往東延伸(經歐洲、中東到亞洲)為加小時,一直到＋12小時、180度的國際換日線(international date line)相會合。搭船或飛機經過國際換日線時,時間會有重大改變,往東走多一天(譬如7月21日會變成7月22日),往西走則少掉一天(7月21日變成7月20日)。

當地時間(local time)係指某一個地方當時的時間。在航空時刻表裡所呈現的出發時間及抵達時間均指當地時間,並非完全以出發城市為主,而是指出發城市當時的出發時間,而抵達時間則指抵達城市當時的時間。因此,時間必須經過換算才能算出正確的飛行時間,要換算時間則必須先知道當地時間與格林威治時間的差別。

基本上每個時區是相差一個小時，但也有例外的，如印度的斯里蘭卡為＋5.5，加拿大的紐芬蘭省為－3.5，分隔時區的經線並非直線，為了避免人口密集區時差不同造成的困擾，它成曲線分布，經過人煙罕至的地區。

　　時區的分布因國而異，以經過倫敦的GMT為準，為標準時間。整個英國為0，台灣為＋8（亦即英國凌晨一點時，台灣為同一天的早晨九點）。世界上占最多時區的前蘇聯，由＋3到＋12，其橫跨十個時區，其次是加拿大，由－3.5到－8，及美國由－5到－10，共跨六個時區，澳洲大陸本土為＋8到＋10，印尼為＋7到＋9。基本上領土越大（東西越寬）所跨時區越多，但唯一例外的是中國大陸，只跨一個時區，所有的地區、城市均為＋8。**表8-1**為一些主要國家、城市與GMT相差的時區。

表8-1　主要國家、城市與GMT相差的時區

主要城市國家		相差時區
	紐西蘭	＋12
	澳洲（＋8、＋9.5、＋10） 　坎培拉、雪梨、墨爾本、布里斯班 　阿得雷德、達爾文 　伯斯	＋10 ＋9.5 ＋8
	關島	＋10
	日本、韓國	＋9
東半球	台灣、中國大陸、香港、新加坡、菲律賓、馬來西亞	＋8
	泰國、印尼（雅加達）	＋7
	印度	＋5.5
	阿拉伯聯合大公國（杜拜）	＋4
	俄羅斯（莫斯科、聖彼得堡）、沙烏地阿拉伯	＋3
	歐洲 　希臘、埃及、芬蘭、東歐、南非 　法、德、西班牙、義大利、荷、比、盧、丹麥、瑞典 　英國	＋2 ＋1 ＋0

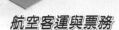

（續）表8-1　主要國家、城市與GMT相差的時區

主要城市國家		相差時區
加拿大（－3.5、－4、－5、－6、－7、－8）		
渥太華、多倫多、蒙特利爾		－5
卡加立、艾德蒙吞		－7
溫哥華		－8
美國		
Eastern Time：紐約、波士頓、奧蘭多、亞特蘭大		－5
Central Time：芝加哥		－6
Mountain Time：丹佛、鹽湖城		－7
Pacific Time：拉斯維加斯、洛杉磯、舊金山、西雅圖		－8
阿拉斯加州		－9
夏威夷群島		－10
墨西哥（－6、－7、－8）		
墨西哥市		－6
巴拿馬		－5
巴西（－2、－3、－4、－5）		
里約熱內盧、巴西亞、聖保羅		－3
阿根廷		－3
智利		－4
秘魯		－5

（西半球）

資料來源：「旅遊百科　各國時差」。網址：http://www.gloriatour.com.tw。

飛航資訊

時　差

　　由於我們身體內生理時鐘的節奏所致，大多數人搭乘飛機至遠地（須改變時差）旅行時，會有「時差」（jet lag）的經驗。當跨越的時區越多，情況就越嚴重，白天時充滿了濃濃的睡意，晚上則精神充沛，生活經常會被弄得顛三倒四，持續數日。

　　至於往東或往西飛，哪一個飛行方向生理時鐘會較受時差影響呢？

　　結果是，往東飛行要比往西飛行造成更大的時差影響。這是因為當往東飛行時，會使睡覺的時間提早來到，而我們的生理時鐘較容易延長而不容易縮短，就像是提早起床比提早入睡容易。因此要克服飛行上所引起的時差，最好的方法就是配合目的地的晨昏作息時間。例如抵達目的地的時間是晚上時，在飛機上就少睡，到達當地之後，即使是身體很疲乏，也得撐到正常的就寢時間才睡覺。

第二節　日光節約時間

　　早年由於世界曾發生能源危機，為了節省能源，世界各國紛紛於夏季來臨時採行日光節約時間（daylight saving time），於午夜24時將時鐘撥快一個小時，成為隔日的一時，於是形成夏季時白晝特別長，某些地區到下午九時才天黑，若靠近時區線可能產生近下午十時才天黑。絕大部分西歐國家均有實施日光節約時間，台灣曾實施過，但已廢除，同時每一個國家開始實施日期也不相同。英國於3月底開始實施日光節約時間，10月底結束；美國則於4月初開始，10月底結束（2007年美國國會通過新的節約能源法案後，美國實施的夏令日光節約時間大為提前，由4月提早到3月的第二個星期日，結束時間延後到11月的第一個星期日，日光節約時間因此比往年提前三週，也因此政策對電機設備、電腦程式有很大影響，航空公司飛航時間表必須全面重新設定）；澳洲因位居南半球，夏季時分與北半球相反，因此實施日光節約時間開始於10月底，於次年3月底結束。即使一國有實施日光節約時間，也可能其國內某些地區不實施，例如美國的夏威夷、亞利桑那兩州及印第安那州的東邊則不

實施日光節約時間；加拿大的薩克其萬省（Saskatchewan）也沒實施。因此在計算時間時必須注意兩地之間的時差，及是否有實施日光節約時間？何時開始及結束？

台灣日光節約時間

　　其實過去台灣有做過夏令時間調整，民國63年及68年間為因應世界能源危機，我國曾兩度實施夏季日光節約時間，到了夏季將時間調快一小時（十二點變成次日凌晨一點），進入「日光節約時間」，目的就是要利用夏天時白天比較長，來節約能源，由於傍晚時間延長，人們在下班之後參加戶外運動，或是進行各種戶外娛樂項目，可減少室內能源耗損。不過因為當時是農業社會，還相當適用，但時間演進到70、80年代工商業社會，電器、上班族變多了，早下班或者早睡反而回到家開冷氣用掉更多能源，不符合效益的情況。此外台灣非屬高緯度地區，實施夏季日光節約時間，對於節約能源效果不大，徒使交通、運輸等若干行業及生活作息困擾，對各種時刻紀錄徒增混亂，於是決定取消這個措施。

　　高緯度地區國家，冬天早上將近八點才日出，夏天卻不到四點就天亮，為實施「日光節約時間」最佳的區域，而北迴歸線附近的國家如台灣，雖然夏天的白天時間較長，但與冬天差異性不是很大。故目前亞洲地區國家，如日本、泰國、新加坡、香港、韓國，皆未實施「日光節約時間」。

資料來源：記者林芸帆、陳君傑（2017），三立新聞。

第三節　時間換算及飛航時間計算

一、GMT與當地時間的換算

世界各國均有固定的時差及標準時間，台灣比格林威治時間早8小時，以＋8來代表與GMT的時差，其換算方式為：

$$GMT＋（時差）＝當地時間$$

【例一】台北時間1月12日上午11：30，換算成GMT的時間為何？

$$GMT＋8＝11：30$$
$$GMT＝3：30$$

由於台北與GMT的時差為＋8，經計算結果得知GMT的時間為同天的凌晨3點30分。

【例二】舊金山時間1月12日下午8時，請換算成GMT的時間？

$$GMT＋(－8)＝20：00$$
$$GMT＝28：00$$
$$28：00－24：00＝04：00（次日）$$

由於舊金山與GMT的時差為－8，經計算結果得知GMT的時間為次日（1月13日）的凌晨4時整。

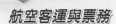

航空客運與票務

【例三】當台灣時間為8月20日的上午10時整時,紐約的時間應為幾點?

$$GMT + 8 = 10:00$$
$$GMT = 02:00$$
$$GMT - 4 = 紐約時間$$
$$02:00 - 4 = 紐約時間$$
$$26:00 - 4 = 22:00$$

由於8月時美國紐約州有實施日光節約時間,原本紐約與GMT的時差為-5,在實施日光節約時間後時差變為-4;台灣則並沒有實施日光節約時間,時差仍為+8,故紐約的時間經計算得知為8月19日的下午10時整。

二、飛航時間的計算

由於世界各家航空公司的時刻表上所載明的起飛時間及抵達時間均為當地時間,因此在計算兩據點之間總共花費之飛行時間(包括中途轉機或暫停),則必須考慮下列兩點因素:

1. 出發地與目的地是否為同一個時區,若不是同一時區,則分別找出與GMT的時差。
2. 是否有實施日光節約時間。

將起飛地點的當地出發時間及目的地的當地抵達時間均換算成GMT的出發時間及抵達時間並相減。

【例一】 長榮航空032班機於1月24日的18：20由台北起飛，於同天的
　　　　21：30飛抵紐約，途中於安克拉治短暫停留，試問其飛航總
　　　　時數爲多少？

$$GMT的出發時間 ＝GMT＋8＝18：20$$
$$GMT ＝10：20$$
$$GMT的抵達時間 ＝GMT－5＝21：30$$
$$GMT ＝26：30$$
$$26：30－10：20＝16：10$$

　　台北與GMT的時差爲＋8、紐約爲－5，須先將台北出發的時間
及紐約抵達的時間換算成GMT的時間。故長榮032班機由台北飛往
紐約需時16小時10分鐘。

　　同理可知，當7月時由台北飛往紐約，由於美國有實施日光節
約時間，長榮航空於台北時間18：20起飛，飛行時間仍爲16小時10
分，但飛抵紐約的時間則爲22：30。

【例二】 達美航空於7月24日的14：45由西雅圖起飛，於同天的22：04
　　　　飛抵亞特蘭大，其飛航總時數爲多久？

$$GMT的出發時間 ＝GMT－7＝14：45$$
$$GMT ＝21：45$$
$$GMT的抵達時間 ＝GMT－4＝22：04$$
$$GMT ＝26：04$$
$$26：04－21：45＝4：19$$

　　由於西雅圖與GMT的時差爲－8（7月時實施日光節約時間則時
差變爲－7），而亞特蘭大與GMT的時差爲－5（7月時實施日光節

約時間變爲－4），故由西雅圖飛到亞特蘭大需時4小時19分。

【例三】華信航空AE802於1月24日的12：00由雪梨起飛，於同天的18：00飛抵台北，其飛航總時數爲多少？

$$GMT的出發時間 ＝ GMT＋11＝12：00$$
$$GMT＝01：00$$
$$GMT的抵達時間 ＝ GMT＋8＝18：00$$
$$GMT＝10：00$$
$$10：00－01：00＝09：00$$

雪梨與GMT的時差爲＋10（1月時實施日光節約時間，時差變爲＋11），台北與GMT的時差爲＋8，故由雪梨飛到台北需時9小時。

【例四】國泰航空於2月25日的14：10由法蘭克福起飛，中途在香港暫停，之後於2月26日的11：40飛抵台北，其飛航總時數爲多少？

$$GMT的出發時間 ＝ GMT＋1＝14：10$$
$$GMT＝13：10$$
$$GMT的抵達時間 ＝ GMT＋8＝11：40＋24：00$$
$$GMT＝27：40$$
$$27：40－13：10＝14：30$$

法蘭克福與GMT的時差爲＋1、台北爲＋8，故由法蘭克福飛到台北需要14小時30分。

【例五】英亞航空於2月24日的19：40由台北起飛到倫敦，其飛航時間
共16小時45分，試問該班飛機會於何時飛抵倫敦？

$$GMT的出發時間 ＝GMT＋8＝19：40$$
$$GMT ＝11：40$$
$$GMT的抵達時間 ＝GMT－11：40＝16：45$$
$$GMT ＝27：85＝28：25$$
$$28：25－24：00＝04：25（2月25日）$$

台北與GMT的時差為＋8、倫敦為＋0，故該班飛機抵達倫敦的
時間為2月25日的凌晨4時25分。

飛航資訊

時 區

格林威治時間已不再被作為標準時間來使用，現在各國所使用
的標準時間為UTC（Coordinated Universal Time）；協調世界時又
稱世界標準時間，簡稱UTC。這套時間系統被應用在許多網際網路
和全球資訊網的標準時間上，如大陸、香港、澳門、台灣、蒙古、
新加坡、馬來西亞、菲律賓、西澳的時間與UTC的時差均為＋8，
也就是UTC＋8。

一般認為全球共分二十四個時區（time zone），一個時區等
於1小時；然而事實上全球卻有四十個時區而不是二十四個時區。
這歸結於許多地方有0.5小時，也就是所謂的半時區（0.5 hour），

並且有一個非官方的區域在澳洲。這些半時區的地區有紐芬蘭（Newfoundland）、蘇里南（Surinam）、緬甸（Myanmar）、伊朗（Iran）、印度（India）、斯里蘭卡（Sri Lanka）、澳洲中部（Central Australia）。此外，也有許多地方是幾個時區共同出現在一個地區，如芬蘭、挪威和俄國的三國家邊界。

Chapter 9

機票內容及使用須知

- 機票的類型與構成
- 機票的內容及其說明
- 機票使用應注意事項

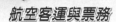

在使用電子機票前,紙本機票的構成要素有四聯,每一家航空公司均有印製自己的機票,但也會加入聯運組織,使用標準化的機票以服務旅客,簡便作業手續。無論機票是屬於手寫或由電腦印出,除了些微不同外,基本上組成要件與代表內容均有其共同點。由於搭乘飛機人口日益增多,對於機票之了解已經不限專業人員,一般消費者也應知曉。

 # 第一節　機票的類型與構成

一、機票類型

開立機票需要專業知識與技能。機票過去有手寫機票(manual)及經由電腦再由開票機開出的機票(automated)。手開機票由人工繕寫在已印有航空公司名稱的機票上;開票機開出之機票簡潔、清楚,若經由BSP所印製之機票則稱為標準化機票,此種機票格式內容一致,只要有授權之航空公司均可使用,比手開機票方便、清楚,無論何種款式機票,構成要素、內容均一樣,只是在格式及位置上有些不同。

除了第七章所提到的電子機票外,機票可分三大類型:

1.手寫機票:以一國之國內航線使用居多。
2.電腦自動開的機票:可分航空公司自行印的機票及BSP的標準化機票。
3.ATB:附有登機證電腦自動開的機票,ATB I是沒有條碼的,ATB II則是附有條碼系統的機票。這種附有登機證的機票,旅客可以減少劃位排隊等待的時間。另外,ATB II因有電腦

條碼，可以降低機票遺失而被冒用的機會。

二、機票的構成

一本機票內含有關運送人及被運送人之義務與權利，除了一些使用說明與規定外，機票主要由四個不同聯（coupon）所組成，每一聯顏色不一，各有其功能與用途：

1. 審計聯（auditor's coupon）。
2. 公司聯（agent's coupon）。
3. 搭乘聯（flight coupon）：分一張、二張（以國內線居多）及四張搭乘聯三種。
4. 旅客存根聯（passenger coupon）。

在台灣的BSP印製機票，第一聯為公司聯，第二聯為審計聯，排列順序與一般不同。審計聯與公司聯應於填妥機票後撕下來，作報表用，旅行代理店將審計聯與支票每十五日作成報表一併繳給航空公司，公司聯則由填發機票之公司收執歸檔，至於搭乘聯與旅客存根聯則一併交給旅客，在交給旅客前要確認搭乘聯沒有撕錯。旅客在機場辦理登機手續時，應將搭乘聯與旅客存根聯一起交給航空公司，航空公司將搭乘聯撕下，再將剩餘之搭乘聯與旅客存根聯一併還給旅客，旅客應特別注意航空公司是否有不小心多撕一張搭乘聯，以免在下一站時因少了搭乘聯而無法登機。

一本機票，審計聯、公司聯、旅客存根聯均只有一張，只有搭乘聯因實際旅行旅客可能不只到一個城市，因此目前的設計有二張及四張搭乘聯可使用，亦即一本機票旅客可到二個或四個不同的城市去旅行，如果超過機票上面填寫的城市則使用第二本有相同搭乘聯的機票且必須連號，沒有用完的搭乘聯則寫上VOID使之作廢。

專欄9-1　旅客性質代號

在替旅客訂位或填寫機票時，應註明該旅客的稱謂或身分，當發生任何事故時有助於旅客之辨認及機艙內之服務。以下是旅客的性質代號，通常放在旅客稱謂之後。

①COUR（commercial courier）：商業信差。如CHANG／WANYEN MS COUR，指張小姐是送快遞的商業信差。

②DEPA（deportee accompanied by escort）：指被放逐的人或遞解出境者，有護衛陪伴。

③DEPU（deportee unaccompanied）：指沒有護衛陪伴的被遞解出境者。

④DIPL（diplomatic courier）：指外交信差。

⑤EXST（extra seat）：指需額外座位，如身材過大或有攜帶樂器或易碎品者。對於體型肥大之旅客，航空公司依情況可給予兩份座位，供其專用。各航空公司對此規定不同，有些另收一張全票，有些加收50%。

⑥INAD（inadmissible passenger）：指被禁止入境的旅客。

⑦UM（unaccompanied miner）：所謂UM指小孩或嬰兒搭乘飛機時並沒有十二歲以上的親朋好友陪伴，或有成年人作陪但坐在不同艙別或出發地／目的地不一樣時，航空公司為了保護未成年人旅行之安全，每個航班均有最高嬰兒搭機的人數限制，以華航為例，各機型限制為三十位嬰兒（受限於氧氣罩數量）。由於機型不同，每家航空公司對嬰兒及UM人數限制及旅行服務也各異。

⑧DATE OF BIRTH：出生日期，如CHEN／PINGCHOU MSTR 20JUN98。

⑨IN（INF）：指infant（嬰兒）。

⑩CHD（child）：指小孩。

⑪SP：指乘客由於身體某方面之不便需要協助者。

　　搭乘聯本身有先後順序之號碼，第一張搭乘聯為Coupon1或FC-1，第二張搭乘聯為Coupon2或FC-2，第三張搭乘聯為Coupon3或FC-3，第四張搭乘聯為Coupon4或FC-4（均以藍色格式表示）。在使用搭乘聯時，應依照號碼順序使用，不可顛倒使用，否則航空公司有權拒絕搭載之旅客。

三、填發機票時應注意之事項

1. 機票為有價證券，必須妥善保管。
2. 填機票必須使用大寫的英文字體，且字跡不可潦草。
3. 避免塗改，塗改之機票無效。
4. 開立機票應按機票號碼順序填發，避免跳號。
5. 一本機票只能一人使用，且只能由本人使用，不可轉讓給他人使用，否則航空公司有權拒絕理賠。
6. 機票空白地方應填入VOID使之作廢。

第二節　機票的內容及其說明

　　機票的格式可能因不同地區、不同航空公司發行而有不同的排列方式，但大體上不會相差太多，而且機票四聯中每聯的格式及內容均不致有太大的變化（**圖9-1**）。

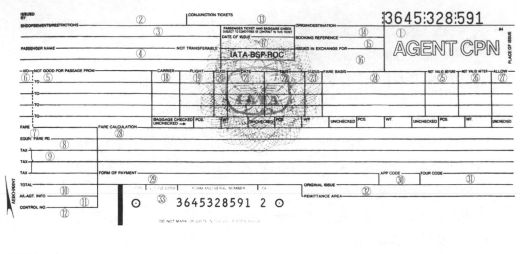

說明：

①開票航空公司或旅行社　　⑫管制號碼　　　　　　　⑳訂位狀況
②發行的航空公司　　　　　　⑬機票連號　　　　　　　⑳票價依據
③重要限制條件　　　　　　　⑭出發地城市及目的地城市　⑳搭乘聯開始使用日期
④旅客姓名　　　　　　　　　⑮訂位記錄　　　　　　　⑳搭乘聯使用截止日期
⑤各段行程　　　　　　　　　⑯機票來源　　　　　　　⑳免費行李托運量
⑥中途可否停留　　　　　　　⑰開票日期　　　　　　　⑳票價計算
⑦不含稅的票價　　　　　　　⑱航空公司代號　　　　　⑳付款方式
⑧付款貨幣及金額　　　　　　⑲班機號碼　　　　　　　⑳機票價格核准代碼
⑨稅　　　　　　　　　　　　⑳艙等代號　　　　　　　⑳團體代號
⑩含稅的票價　　　　　　　　⑳搭機日期　　　　　　　⑳原始資料號碼
⑪航空公司及旅行社間的聯　　⑳出發時間　　　　　　　⑳機票票號
　絡號碼

圖9-1　機票範本（公司聯）及內容說明

一、機票內容說明

　　雖然電子機票已經不再格式化，但許多內容及資訊仍沿襲過去紙本機票之內容。了解紙本機票之格式及內容有助於電子機票內容之判讀及對機票屬性之認識。以下為**圖9-1**的機票欄位內容說明：

①PLACE OF ISSUE（開票航空公司或旅行社）

　　PLACE OF ISSUE欄是由開立此張機票之航空公司或旅行社蓋鋼印以證明有效。內容含公司名稱、地點及代號。由電腦開出之機票無須蓋鋼印或簽名，可由刷機票機直接印出，但人工開票則需由出票人直接簽名，並蓋鋼印。

②ISSUED BY（飛行的航空公司）

　　ISSUED BY是指發行此本機票之航空公司，此欄必須填寫航空公司英文全名。

③ENDORSEMENTS／RESTRICTIONS（重要限制條件）

　　ENDORSEMENTS／RESTRICTIONS是指使用本張機票的重要限制條件。如：

　　1.NON-ENDORSABLE：不可背書轉讓搭乘另一家航空公司（NONENDO）。

　　2.NON-REROUTABLE：不可改變行程（NONRTG）。

　　3.NON-REFUNDABLE：不可以退票，否則將課以罰金或作廢（NONRFND）。

　　4.NON-TRANSFERABLE：不可將機票轉讓給他人使用。

　　5.VALID ON × × ONLY：僅可搭乘××航空。

　　6.VALID ON DATE／FLIGHT SHOWN：限當日當班飛機使用。

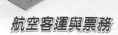

7.EMBARGO FROM：限時段搭乘。

④**PASSENGER NAME（旅客姓名）**

PASSENGER NAME欄為填入旅客的姓名之欄位。填寫方式為姓在前，姓與名字以「／」分開，最後加上此人之稱謂；名字有時也可以縮寫（initial）的方式來表示。如：

1.CHANG／WANYEN MR（MRS、MS、MISS、MSTR）。

2.CHEN／P.D. MS。

3.MSTR指小男孩，MISS指小女孩、少女。

如果旅客是複姓時，中間不加空格或「－」，如：陳張為CHENCHANG。

⑤**FROM／TO（各段行程）**

指旅客的行程，含出發城市、中途轉機或停留城市，以及目的地城市，如果空格沒有填滿，則在未填寫的空格內打入VOID，指名作廢。如果位置不夠則再開立一本機票（但必須連號），第一本機票的最後城市須寫在第二本機票的第一個位置，除非有中斷旅行可以不寫。城市要寫英文全名，不可只寫城市代號（city code）（**圖9-2、圖9-3**）。

1.當一個城市不只一個機場時，必須註明是哪一個機場。

2.當旅客抵達一個機場，但由同一個城市的另一個機場離開時，均必須註明抵達的機場及離開的機場，可合併寫在一起或分開填寫，但城市名字不可省略。

3.當一個城市名字在另一州或另一個國家也有時，必須註明該城市的州名或國名，或特別註明其城市或機場代號，如Springfield在美國許多州均有。

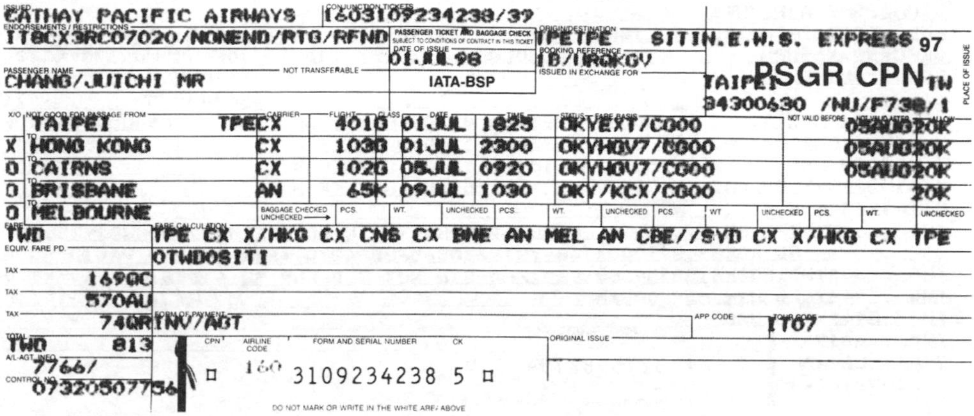

註：本行程範例為：台北→凱恩斯→布里斯班→墨爾本→坎培拉→雪梨→台北。

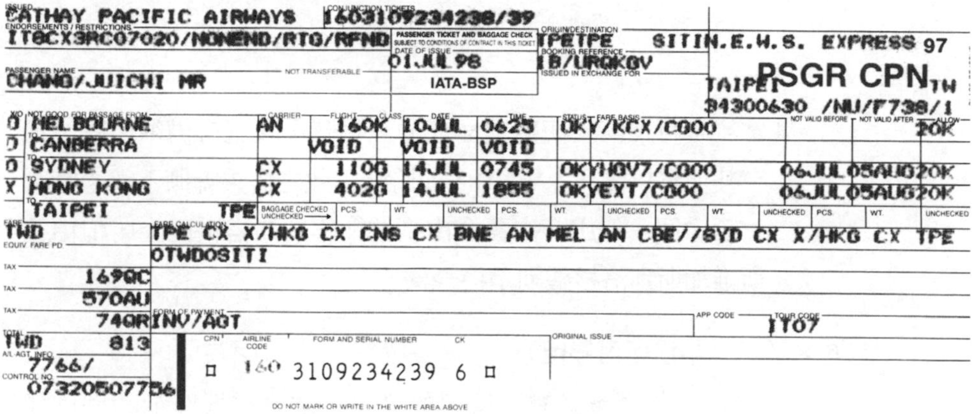

圖9-2 行程範例

```
ISSUED BY: SINGAPORE AIRLINES          CONJUNCTION TICKETS
ENDORSEMENTS/RESTRICTIONS: ENDO/RERTG/RFND REF TO ISSU    Passenger ticket and baggage check    ORIGIN/DESTINATION   TPETPE  SIT1APPLE TRAVEL SERVIC  04
OFFC*SQ*KKSURH                                            Subject to conditions of contract in this ticket   10F 1 ND 393740TD   PASSENGER
                                                         DATE OF ISSUE  28JUL04          X3PWX4/1A  TAICHUNG TW
NAME OF PASSENGER (NOT TRANSFERABLE): CHANG/JUI CHI MR              IATA BSP                         34303975
```

X/O	NOT GOOD FOR PASSAGE FROM	CARRIER	FLIGHT	CLASS	DATE	TIME	STATUS	FARE BASIS	NOT VALID BEFORE	NOT VALID AFTER	ALLOW
	TAIPEI C.K.S. 2	SQ	0029	W	25AUG	0710	OKYHEE6M		28JUL	30SEP	20K
X	SINGAPORE CHANGI	SQ	0320	W	25AUG	1240	OKYHEE6M			25FEB	20K
O	LONDON LHR 3	SQ	0317	W	15SEP	1200	OKYHEE6M			25FEB	20K
X	SINGAPORE CHANGI	SQ	0872	W	16SEP	0830	OKYHEE6M			25FEB	20K
O	TAIPEI C.K.S.										

```
FARE  TWD  64589   FARE CALCULATION  TPE SQ X/SIN SQ LON5M967.50SQ X/SIN SQ TPE5M967.50NUC1935.00E
EQUIV FARE PAID                     ND ROE33.379000XT684YQ1261GB656UB342YQ *SIN BEYOND VALID SQ32
TAX/FEE/CHARGE  300TWD.SQ326.SQ334.SQ346**FRA-SIN NOT VLD FOR SQ 6/DIGIT FL +*EKT V
TAX/FEE/CHARGE  342YQLD MIN.MAX OD-6M
TAX/FEE/CHARGE  2943XTDS.UMD
TOTAL  TWD  68174
                                                                         APP CODE          TOUR CODE
CPN  AIRLINE CODE  FORM AND SERIAL NUMBER        CK          ORIGINAL ISSUE
7906/ LS-AA      618 3275982794 0
CONTROL NO.  21079482415
                        DO NOT MARK OR WRITE IN THE WHITE AREA ABOVE
```

圖9-3　機票範例

資料來源：張瑞奇提供。

4. 當旅客行程涉及使用地面交通工具時，該城市仍須填號，但在其他資料欄寫上VOID，並將該無效之搭乘聯撕下與審計聯一起繳回。如旅客由舊金山到拉斯維加斯搭乘巴士，但由拉斯維加斯到洛杉磯則是搭飛機。

⑥×／○（中途可否停留）

中途可否停留會影響到機票的價格，填寫在機票上的城市如果是轉機城市（非旅客原本計畫要停留之城市，之所以會暫停為航空公司飛行路線因素所導致）則填入「×」，如果是停留城市（stopover city），亦即是旅客所計畫停留的城市，則打「○」；通常「○」也可不寫，不寫即表明是停留城市，就必須計算其價格，但「×」則不可省略。

⑦FARE（未稅票價）

FARE指這本機票不含稅的票價。在價格前面必須註明ISO或IATA的國家貨幣單位（參考附錄三），通常為旅行出發地或開立機

票地方的貨幣單位。

⑧EQUIV. FARE PD.（付款貨幣及金額）

指equivalence amount fare paid，亦即當旅客付款的幣值不是出發城市的幣值時，需將原本機票之價格轉換成旅客付款的幣值及金額，其價值等於「FARE欄」內的價格，且同樣不含稅。

⑨TAX（稅）

含國內或國外需課徵之稅款，例如美國的出入境稅五美元及交通稅十二美元是依附在國際線機票內。台灣的機場稅新臺幣三百元則是旅客到了機場再繳交（1999年開始內含到機票內），至於航空捐，我國已停止課徵。一般稅目可分：

1.離境稅（departure tax）。
2.入境稅（arrival tax）。
3.交通稅（transportation tax）。
4.安全稅（security tax）。

⑩TOTAL（含稅的票價）

TOTAL是指機票含所有稅捐後的總價格，亦即fare加上taxes，金額前必須有貨幣代號。

⑪A／L-AGT. INFO.（航空公司及旅行社間的聯絡號碼）

A／L-AGT. INFO欄係指airline（航空公司）和agent（旅行社）之間的聯絡號碼。

⑫CONTROL NO.（管制號碼）

管制號碼共有十二位數，第十位數如果是「4」表示是以人工計算票價，「5」則為自動計算票價。

⑬CONJUNCTION TICKETS（機票連號）

本欄為填寫機票票號欄。當一個行程停留許多城市而必須開立兩本以上機票時，將第一本機票票號填入後再加上其他本機票的票號最後兩個數字。例如1603109234238／39／40，同樣的號碼也要寫在第二本及第三本機票的這個欄位上。

⑭ORIGIN／DESTINATION（出發地城市及目的地城市）

本欄位為填入旅客此行程的出發地城市及目的地城市（行程的最後一個城市）。行程如：TPE→×／TYO→SFO→NYC→LAX→×／TYO→TPE時，目的地也是TPE，並非NYC，在第二本機票上的此欄其出發地與目的地也均是TPE。在此欄的右邊則依買票及開立機票地方而填入SITI、SOTI、SITO、SOTO四種情況之一（依行程出發地為準來決定in或out，因為買機票的地方未必是開立機票的地方）。如SOTI：

S：指sale（買機票付費）

O：指out（買機票地點不同於出發地）

T：指ticket（開機票）

I：指in（開立機票地點在出發地）

⑮BOOKING REFERENCE（訂位記錄）

BOOKING REFERENCE指訂位記錄。此代號有六位數，通常由英文字母及數字所組成。

當旅行社透過電腦為旅客完成一個旅客訂位記錄（PNR）時，CRS（電腦訂位系統）在檢查無誤後會回應給此PNR一個電腦代號，一個PNR可以包含數人或一個旅遊團。當旅客在海外作回程機位確認時，可告知此電腦代號，航空公司職員即可透過此電腦代號很容易地知道旅客訂位記錄，便於確認或修改行程內容。

⑯ISSUED IN EXCHANGE FOR（機票來源）

本欄位指此本機票的來源，應將原始的憑證號碼填入此欄。例如當旅客的原始機票遺失，在向航空公司申請補發後，於新補發的機票此欄填入被遺失的機票票號。

⑰DATE OF ISSUE（開票日期）

指開票日期，亦即機票生效日期。正常機票通常有效期限為一年，由開票日開始計算。例如開票日為2020年7月1日，則填入01JUL20。日期先寫，以二位數表示，其次為三個英文字母的月份縮寫，最後使用西元年的最後兩位數字。

⑱CARRIER（航空公司代號）

填入旅客飛行使用之航空公司兩個字的代號。由於市場競爭，航空公司紛紛採取合作聯盟策略，在航空公司同意下旅客可拿別家所發行之機票搭乘另一家航空公司的飛機，航空公司之間會自己去拆帳。所以旅客可以使用某家航空公司的機票而能搭乘其他數家航空公司，行李也可直接轉運，減少旅客許多不便。

⑲FLIGHT（班機號碼）

固定的航線，航空公司會給予固定的班機號碼，由於航空公司合作聯營關係，許多航空公司會使用共同班機號碼。

⑳CLASS（艙等代號）

指機艙內的艙等代號。航空公司為了服務旅客，將機艙內劃分成數個不同等級的客艙，以滿足不同旅客的需求。一般來說可分成三個等級：

1.頭等艙：設在飛機的最前面，在駕駛艙之後，因離飛機引擎遠也較安靜，它的價格最高，約為經濟艙票價的2倍，但最受

航空公司禮遇，無論在服務、餐飲、艙內座椅尺寸及擺設均是最好的。例如貴賓室的使用、行李、優先登機服務、空姐的服務比例、使用瓷盤等較高級器皿、精緻高級且無限供應的餐飲、前後座間距較大且坐臥兩用的座椅。

2.商務艙：頭等艙之後則是商務艙，其設置目的是提供商務人士搭機時有個舒適、安靜、能放鬆又能思考工作的空間，其價格約為經濟艙的1倍，設備介於頭等艙與經濟艙之間，目前最受航空公司重視。

3.經濟艙：緊接著商務艙之後是經濟艙，座位數最多，享受的待遇不如頭等艙及商務艙，但費用最低，由於市場的競爭壓力，經濟艙的旅客所能享受的服務也越來越好。

雖然上述三種艙別價格各異，但即使在同一艙等，由於航空公司促銷因素，坐在一起的旅客所購買的機票費用也會差異相當大。以下所列是各艙等不同的代號，有折扣的等級在餐飲服務並無不同，差別是在機票上的使用限制：

1.頭等艙：

(1)P：first class premium，價格較昂貴的頭等艙。

(2)F：一般的頭等艙（P與F艙位一般設在機身最前段）。

(3)A：first class discounted，有折扣的頭等艙。

(4)R：supersonic，只限於協和號超音速班機，目前僅大西洋航線才有，票價比頭等艙還高，約頭等艙票價的0.5倍。

2.商務艙：

(1)J：business class premium，價格較昂貴的商務艙。

(2)C：一般的商務艙。

(3)D.I.Z：business class discounted，有折扣的商務艙。

3.經濟艙：

(1)W：economy class premium，價格較貴的經濟艙。

(2)S.Y：一般的經濟艙。

(3)B.H.K.L.M.Q.T.V.X：有折扣的經濟艙。

㉑DATE（搭機日期）

此欄位的日期是指搭機時當地的日期及月份。日期先寫，以二位數來表示，若爲個位數則前面加0，月份後寫，以每個月的前面三個英文字母表示，如03JAN。

㉒TIME（出發時間）

此欄是指當地班機起飛時間，以四位數字方式來表示，例如早上8時爲0800，下午4時半爲1630。

㉓STATUS（訂位狀況）

此欄位是指機位的訂位狀況：

1.OK：表示機位已訂妥。

2.RQ：已去電要求訂位，但尚未訂妥，正在等候（waiting）中。

3.SA：不能預先訂位的票，空位搭乘。亦即必須等到該班機的旅客都登機了，尚有空位，才能補位登機，因此此種機票有極大的折扣。

4.NS：即infant no seat，指嬰兒無座位。

須注意的是，若㉑、㉒、㉑、㉒、㉓均未填寫，只以OPEN表示，則指旅客在這段航程尚未決定啓程日期，一旦旅客決定出發日期後，向航空公司訂位OK後只需再貼上一張sticker即可，sticker的格式如同㉑項到㉓項。

㉔FARE BASIS（票價依據）

此欄爲機票票價的依據，由一系列縮寫組成，內容包括六項要

素，除第一項"CLASS"一定會顯示外，其他五項則不一定均會同時出現於此欄之內，當出現時必須按順序顯示，prime code永遠排在第一位。六項要素按順序如下：

1.prime code：與"CLASS"欄所記載類似。

2.seasonal code：季節代號，如：

  (1)H：旺季。

  (2)O：介於旺季與淡季之間，其他代號有K（第二高）、J（第三高）、F（第四高）、T（第五高）及Q（第六高）。

  (3)L：淡季。

3.week code：星期代號，如：

  (1)W（weekend）：限週末旅行，歐美等先進國家通常指週六、日。

  (2)×（weekday）：除週末外其他日子。

4.day code：白天或晚上的代號。"N"指夜間旅行，若無代號則表示白天旅行。

5.fare and passenger type code：使用者身分代號及票價代號。

6.fare level identifier：當同樣的票價依據可分階層時，「1」表示最高級、「2」表示第二級、「3」表示第三級。

㉕NOT VALID BEFORE（搭乘聯開始使用日期）

開始可以使用此張搭乘聯之日期，在這個日期之前不可以使用此搭乘聯。

㉖NOT VALID AFTER（搭乘聯使用截止日期）

搭乘聯使用截止日期，亦即在這天沒有使用本搭乘聯，過了今日便失效。

專欄9-2　Fare Basis欄的例子

　　Fare Basis的第一個英文字代表艙別，且旅遊票必須有來回行程，以下是票種代碼的各種例子：

①YEE60：旅遊票六十天效期。

②YHE90：旺季，旅遊票九十天效期。

③YGV10：團體票至少須十人。

④Y/CH33：兒童票30% off。

⑤YHGA25：旺季，團體票至少須二十五人。

⑥YKPX6M：K季節，旅遊票六個月效期。

⑦YEE3M/CH50：旅遊票三個月效期，限兒童，50% off。

⑧YLEE21/AD75：淡季，旅遊票為二十一天效期，使用者為旅行代理店優惠票75% off。

⑨YAP1M/CH33：可於一個月前提早訂購，限兒童，機票價33% off。

⑩YE2-45：團體旅遊票，在目的地至少須停留二個晚上，最高停留四十五個晚上。

⑪YID75N2（長榮）：航空公司職員或親屬享機票75% off（N表示其他航空公司職員或直系親屬，2表示subject to load，亦即不可預先訂位）。

⑫KLVUSA：淡季，visit USA（除美、加外任何國家居民都適用，機票必須在旅客抵達美、加境內前開好）。

⑬HXE7P50：非週末使用，旅遊票七天效期，50% off（P50指50% off，用於美國境內）。

⑭QHE14NR：N或NR接在最後面表示nonrefundable fare（不可退票，用於美國境內）。旺季，旅遊票十四天效期。

專欄9-3　使用者身分代號及票價代號

①AD（agent discount fare）：指旅行代理店使用之最優惠票價。航空公司會給在旅行代理店擔任旅程策劃、設計、銷售的人員優惠票，折扣不一且使用有時間上的限制，一般稱quarter fare，效期三個月。AD後面的數字表示優惠百分比。如：

(1)AD50指50%折扣，亦即付全費50%。

(2)AD75指75%折扣，只付25%費用，稱quarter票。

②AP（advance purchase fare）：AP後面的數字表示天數。如AP14指必須在十四天前購買之機票、AP1M指於一個月前購買之機票。

③B（B）：budget fare。

④BT（bulk inclusive tour or package tour）：通常在歐洲使用，類似IT。

⑤CD（senior citizen）：指老年人優惠，CD後面接數字表示優惠百分比。

⑥CG（tour guide or tour conductor）：指給帶團的領隊優惠票，CG後面接的數字表示優惠百分比。當旅客有十五位以上時則給予一張CG00，亦即領隊免費票。IATA規定，團體旅行優待如下：

10-14人	1/2 FOC
15-24人	1 FOC
25-29人	1＋1/2 FOC
30-39人	2 FOC

以此類推，但因航空市場競爭，有些航空公司已打破此默契，

如以10＋1等來爭取客戶。

⑦CH（child）：例CH33，指小孩付全票之67%。

⑧CL（clergy）：指宗教人士。

⑨D：discount fare。

⑩DG（government officials fares）：政府官員優惠票，後面接的數字表示優惠百分比。

⑪E（E）：excursion，指旅遊票，EE後面接數字表示天數。如EE60指旅遊票六十天內有效、EE6M指旅遊票六個月內有效。

⑫EM（emigrant）：指移民票。如台灣到美國，限制直飛美國西海岸，中途不可停留。

⑬GA（group affinity）：指旅遊者身分或目的相同的團體，GA後面數字代表人數。如GA30指此團體必須有三十人以上才能享受機票優惠。

⑭GI（group incentive）：獎勵旅遊團體，後面接數字代表人數。

⑮GS（group ships crew）：船員團體，後面接數字代表人數。

⑯GV（group inclusive tour）：包辦式旅遊團體，後面接數字代表最低成團人數。

⑰ID（air industry employee）：航空公司的職員搭飛機均可享受一定張數的免費機票，每家規定不一，一般是每人一年一張免費機票，不限遠近。ID後面接數字代表優惠百分比，例如ID00表示免費。

⑱IG（inaugural guests）：參加就職典禮的客人，後面接的數字代表優惠百分比。

⑲IN（infant）：代表嬰兒優惠票。IN90表示嬰兒只需付全票的10%，須有人陪伴旅行，限手提行李一件。

⑳IP（instant purchase fare）：立即購買票價。

㉑IT（inclusive tour）：旅行社對外招攬生意，向航空公司申請

團體旅遊票，經航空公司同意後給予該團體一個團號稱tour code，只要參加此團體者均可得到某種程度之優惠機票。

㉒M：military fare。

㉓OJ：open jaw。

㉔OW：one way。

㉕P：family fare或spouse fare。

㉖PG（pilgrim）：指朝聖者優惠票。

㉗PX：PEX fare。

㉘RG（general sale agent）：指航空公司總代理店優惠票。

㉙RT：round trip。

㉚RW：round the world。

㉛SC（seaman discount）：後面接的數字表示優惠百分比，一般為票價六折，行李限制較寬。

㉜SD（student）：十二至十六歲學生旅遊票，可購得折扣25%的優惠票，赴美學生不適用。

㉝SS：super saver fare。

㉞U（U）：no advance reservation permitted，一種優惠票，但不可以事先預訂位子，必須stand by，到機場等候補位子。

㉟VUSA（visit USA）：購買此種優惠票者必須預先購好國際線的機票，且必須是非美國籍的外國人，通常此種優惠票不可更改第一站搭機時間。

㊱Z（Z）：youth fare，指青年優惠票，一般不能預先訂位。

　　航空公司發行之優惠票往往會有許多限制，價格越低往往限制越多。在淡季時，機位出現過剩情形，便會提出促銷方案，但在淡季中可能會含有數天是旺季，因而航空公司不希望持有優惠票之旅客在

旺季時使用機票，致營收減少，於是便設定了所謂的使用截止日期，對機票有最少停留及最多停留天數之限制，或者在某一段時間內不得使用。

在美國，星期一到星期五商務旅客忙著出差洽公，因此機票價格較高，星期六、日反而成為淡季，航空公司乃提出週末優惠機票，鼓勵人們搭機旅行。有些航空公司也會和度假區合作，推出至少要停留超過一個星期日的優惠票，希望旅客能停留在度假區久一些。

㉗ALLOW（免費行李托運量）

即免費托運行李。航空公司對於搭乘飛機乘客二足歲以上，無論小孩或成年均有免費托運行李及免費隨身行李之規定。基於營運考量，現今各家航空公司對免費托運行李之優惠條件不盡相同。

專欄9-4　免費托運行李

◎國內線

每人限10公斤，不限件數；嬰兒不得托運行李；其他國家各有其標準。

◎國外線

免費托運行李可分論重及論件（pc）方式計算，採用方式因航空公司而異，一般情況如下：

1.論重：公斤（kg）或磅（lb）：
　(1)以TC2及TC3境內或TC2與TC3（歐洲與亞洲間）之間的航線為例說明如下：
　　a.頭等艙：限40公斤以下或88磅，不限件數。

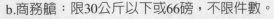

　　b.商務艙：限30公斤以下或66磅，不限件數。

　　c.經濟艙：限20公斤以下或44磅，不限件數。

(2)隨身行李：限一件，長、寬、高三圍長度相加總和不得超過45英寸或115公分（或以能放入機上行李箱或椅座下為原則），或不超過7公斤。在某些機場於辦理登機手續區，有測量器可供旅客測試手提行李是否合於規定大小。

(3)超重行李計算方式：每超過1公斤需繳付頭等艙單程全票機票票價的1%。

(4)其他費用：非美洲地區，嬰兒無免費托運行李之優惠（如CI）；寵物及其容器的重量不得列入免費托運行李，其費用依照一般超重費率計算；滑雪用具和高爾夫球具可列入免費托運行李內，若超重則其費用另計。

2.論件：

(1)以TC1境內或TC1與TC2之間、TC1與TC3之間的航線（前往美洲航線）為例說明如下：

　　a.頭等艙及商務艙：二件，每件長、寬、高三圍總和不超過62英寸或158公分，每件行李重量不可超過32公斤。

　　b.經濟艙：二件，每件長、寬、高三圍總和不超過62英寸或158公分，二件行李三圍總和不得超過106英寸或270公分，每件行李重量不可超過32公斤（此優惠已隨著油價上漲而改變中）。

(2)隨身行李：同論重方式計費。

(3)超重、件計算方式：每超帶一件行李，不超過230公分者，加收一個計算單位（約新台幣二千至三千元）；行李超帶一件，超過230公分或重量超過32公斤，則按行李重量計費。

3.免費托運行李：

下列物品可當作一件免費托運行李：高爾夫球具一套；可攜帶
式的樂器不超過100公分長；一雙滑雪（水）用具；可折疊式
腳踏車；美洲地區嬰兒可免費托運一件可折疊的嬰兒手推車
（如CI）。

4.其他費用：

寵物及其容器不得列入免費行李。

㉘FARE CALCULATION（票價計算）

即票價之計算，含城市之間所搭乘之航空公司、分段票價及匯
換比率。例如：

**TPE NW× ／ TYO NW MSP NW NYC M927.39 NW× ／ DTT
NW CLT NW× ／ DTT NW TPE M927.4NUC 1854.79END
ROE27.705NW**

"×"表示為轉機城市、M927.4NUC表示由NYC回到TPE，依
里程計算法所得票價為927.4NUC。NUC為計算票價單位，其價值
以美金為基礎，公告票價通常以當地貨幣及NUC為單位，計算票價
時再將之轉換為出發地的票價。ROE為rate of exchange。

㉙FORM OF PAYMENT（付款方式）

付款方式有：

1.CASH：表示付現或旅行支票。
2.CHECK／AGT：以支票付款，若加上AGT表示由旅行社支票
　付款。
3.信用卡付款：需先填寫信用卡種類代號，後接信用卡卡號

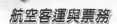

十六個數字。

㉚APP CODE（機票價格核准代碼）

即航空公司與旅行代理店有關機票價格之核准代號。

㉛TOUR CODE（團體代號）

為針對團體式包辦旅遊所書寫之代號。申購之旅行代理店獲得航空公司認可後，航空公司會給予認可代號，前面兩個字母以BT或IT表示。以IT8CX3PG43為例說明如下：

1. 第一及第二個字"IT"指固定代號。
2. 第三字"8"指1998年，西元的最後一個數字。
3. 第四及第五個字"CX"指認可之航空公司代號。
4. 第六個字"3"指IATA所劃分的TC1、TC2、TC3區中的第3區——亞洲地區。
5. 第七個字以後為航空公司所指定的特別代號，通常不會超過八個字。

㉜ORIGINAL ISSUE（原始資料號碼）

填入原始資料號碼，含航空公司代號、原始票號、發行地、日期、代理店的代號。

㉝TICKET NUMBER（機票票號）

每一本機票均有票號，總共十三位數，前三個數字為航空公司本身的代號，第四位數為來源號碼，第五位數為搭乘聯張數，其他數字則為機票本身之號碼（BSP的票號則不同）。以下列號碼為例：

106　9412048391　4

1.106：美國航空公司的代號（001為AA、297為CI、695為BR）。

2.9：美國聯合航空來源號碼。

3.4：表示機票有四張搭乘聯（2表示有二張搭乘聯）。

4.12048391：機票本身的票號。

5.4：檢查號碼，為防止盜印用，非票號之一。檢查號碼之計算方式為：

$$9412048391 \div 7 = 1344578341.57143$$
$$0.57143 \times 7 = 4.00001$$
$$故，檢查號碼為4$$

第三節　機票使用應注意事項

機票使用有許多限制，必須注意其使用規定，以免遭到損害，基本上機票越價廉，限制條件越多。

一、英文姓名與護照不相符合

航空公司有權拒絕搭載機票上英文姓名與護照上英文姓名不相同之旅客（團體劃位時，航空公司通常會要求審查護照及簽證）。

二、逾期之機票

旅客購買優惠票，必須注意其使用期效，航空公司不接受逾期之機票。如果是一年有效票，過了效期不可使用，但可申請退票。

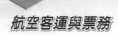

三、機票調整

　　航空公司在不違反政府相關規定下，可隨時不另行通知而調價，其調價規定與一般交通運輸事業略有不同。所謂生效日期，除非航空公司另有說明，旅客在使用機票之第一張搭乘聯開始旅行之日期即為機票生效日期。生效日期會影響到機票價格之調整。

　　1.2020年2月1日開始旅行，同年2月1日前機票漲價，旅客必須補漲價之差額。
　　2.2020年2月1日開始旅行，3月1日回程，同年2月15日機票漲價，旅客可以不必補漲價之差額。

四、機票遺失

　　過去旅客遺失機票或搭乘聯，如能提出充分之證據，並簽署保證書，保證該遺失之機票或搭乘聯未被使用，可申請退票或免費填發新機票以代替所遺失之機票，航空公司對申請遺失機票之退票或補發會收取手續費。如今因為電子機票之使用，許多機場劃位時已經不要求查看機票，航空公司電腦保有訂位紀錄，只須檢驗護照即可查出。

五、退票

　　未使用之票根如有退票價值可於規定內申請退票，退票可分自願退票及非自願退票。

(一)自願退票

指依旅客之意願不願使用全部或部分之機票，原則上對無折扣之機票（一年有效之票）不收退票手續費，但各家航空公司規定略有出入。至於退票之金額依情況而定，如果是屬於特惠機票，因票價低廉扣除已使用的航段後，票值可能所剩無幾。

(二)非自願退票

指因航空公司因素或因安全、法律之需求，旅客未能使用其機票之全部或部分者，此種不收退票手續費。如果機票已使用部分時，可退未使用之部分票價，或以其全部機票票價減已使用部分票價之差額，二者比較取其較高之金額退給旅客。例如根據華航機票規定，凡旅客持有前已訂妥之機票，不論原票是否有航班限制或搭乘時段限制（例如購買之機票是限搭晚班或原先購買之機票不可搭乘週末航班），若因颱風或罷工致使班機取消，於機票效期內，可改訂一次相同行程及機場之其他航班，航空公司不收價差及手續費（但只限一次）。如果旅客決定取消行程要求退票（Refund），針對完全未用機票，可按實際費用，全額退費，不扣手續費；針對部分未使用機票，以非自願退票（Involuntary Refund）方式計算，不扣手續費。

六、退票之貨幣

退票應受原購買機票地政府及申請退票地政府之法令約束，一般退票幣值可依下列方式處理：

1.以付款之幣值支付。
2.以其航空公司所屬之國家幣值支付。

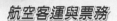

3.以旅客申請退票地國家幣值支付。

4.以機票上所示之原購買地支付。

七、退款之受款人

　　航空公司之退票款僅支付給予該機票或雜費支付單上所記載姓名之旅客，除非購買機票時，購買人有指定退票款之收受人。對於使用信用卡購買機票者，其退票款僅能退給該信用卡之持有人。對以預付票款通知（Prepaid Ticket Advice, PTA）方式購買機票之退票時，僅可退給該PTA之付款人。至於機票逾期是否仍可申請退款，各家航空公司均有不同之規定。

八、機票效期之延期

(一)非自願延期

　　由於飛行班機改變及訂位錯誤之非自願延期，在下列情況下，航空公司會延長機票效期：

1.航空公司取消班機。

2.飛機過站不停靠旅客機票上所示之城市。

3.由於航空公司本身之因素致使旅客錯失轉接之班機。

4.航空公司無法提供旅客先前已訂妥之機位。

5.以不同機艙取代旅客原定之艙等。

(二)班機正好客滿時

　　當旅客在機票有效期內提出訂位搭機，航空公司無機位讓旅客

順利在有效期內搭機，機票可以延期到有同等機位的第一班有空位之班機，此延期不得超過七天，且僅適用於普通票或一年有效之機票。

(三)旅客於旅途中生病時

旅客於旅行途中生病，未能在機票有效期限內完成旅行，旅客本身及其直系親屬（immediate family）得延長機票期限，但須有醫生證明：

1. 如果旅客購買的為一年效期機票：
   (1)可延到康復可旅行日。
   (2)病癒後可旅行，但機位客滿，可延長效期到有該等位之班機第一天止。
   (3)如果搭乘票根尚有一張以上時，得延長到醫生證明書上所載可旅行日起三個月以內為限。
2. 如果旅客購買的是特別票：得依據醫生證明延期至旅客康復可旅行日，但無論如何效期延期不得超過旅客康復可旅行日起七天。

(四)旅客於旅途中死亡時

1. 旅客因故於旅行途中死亡，與其同旅行之同伴或其直系親屬之機票有效期限可延長至完成其宗教或習俗葬禮為止，但不可超過死亡日起四十五天。
2. 機票延期必須提出有效之死亡證明書，該證明書航空公司至少須保留二年。

九、機票有效期限之計算

普通機票自開始旅行日起一年之內有效，如果機票未經使用任何票根時，自填發日起一年之內有效。機票有效期之計算方式，以第二天爲計算有效期限的第一天。

例如：七天有效之旅行票，如旅客在7月1日開始旅行，該機票之效期則至7月8日止。至於有效期限期滿則以其最後一天的午夜爲準，但於未期滿前搭飛機，在飛行過程中期滿，只要不換班次，仍可繼續旅行。

1.月之計算：以旅客開始旅行日期以後之各月中的同一日期：
  (1)三十天效期：4月1日至5月1日。
  (2)三十一天效期：4月1日至5月2日。
  (3)一個月效期：1月31日至2月28日或1月31日至2月29日。
2.年之計算：以旅客開始旅行日期以後次年的同月同日：
  (1)一年效期：2019年1月1日至2020年1月1日。
  (2)一年效期：2020年2月29日至2021年2月28日（依情況而定）。

十、填發機票限期與訂位

航空公司透過收益管理，將同等級之座位規劃成不同價格，愈早訂愈便宜，但也會要求於一定時間內要開好機票以確保機位銷售完成。除非特殊狀況，一般航空公司對機位之控制均有一套規定，以確保機位能有效運用。

1.在飛機起飛前72小時訂位時，一旦機位訂妥後，應於班機起

飛72小時以前填寫機票。

2.在飛機起飛前72小時內訂位時，應於機位訂妥後，1小時內填發機票。

3.如果訂妥機位，逾時未付款填發機票，航空公司即自動取消其訂妥之機位。至於其他之優惠案則各有其規定。

十一、機位之再確認

除非該航空公司有特別申明，一般情況下不需作再確認（reconfirmation）手續。

十二、機票不得轉讓

機票不得轉讓給任何第三者使用。航空公司對於被他人冒用之機票，以及被他人申請而被冒領之退票概不負責。航空公司對因冒用他人機票，對其行李之遺失、損壞或延誤，以及因冒用而引起其私人財物之損失概不負責。

 飛航資訊

搭機注意事項

1.國際航線旅客最好能在飛機起飛前2小時辦理報到手續，30分鐘前到達登機門等候搭機。

2.登機前應隨時注意登機時間及登機門是否有更改。

3.有嬰兒隨行時，可先行告知航空公司提供特別服務。

4.飛機起飛前，應仔細觀看空服員緊急救生示範，並參考前座椅背袋內之文字資料。

5.飛機起飛、降落時務必繫上安全帶，飛行途中應按指示燈規定繫好安全帶。

6.機艙走道切勿堆放隨身手提行李，可放置於機上的行李櫃或前面的座位下，但較重的行李不要放在行李櫃，以免掉落砸傷他人。

7.飛機上禁止吸菸、攜帶液體上機，機上全程禁用行動電話。

8.進餐時，應將椅背豎直，並將前座背後的小桌拉放下來以便服務員將菜盤放上。

9.飛機起飛、降落時，應豎直椅背，以免造成他人不便或發生危險。

10.長程飛行，應避免造成致命的靜脈血栓症（又稱經濟艙症候群），情況允許的話可站起來活動一下。

11.機上洗手間門上標示著 "OCCUPIED" 表示有人正在使用；"VACANT" 則表示無人使用。推門入內，應確定燈亮，表示門已上鎖。廁所內絕對禁止吸菸。男士用廁時要將坐墊掀起。

12.飛機未停止前不可離開座位站起來拿行李。

相關憑證

- 預付票款通知
- 雜費支付單

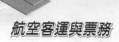

本章針對旅行社或航空公司因作業需求所常使用的預付票款通知及雜費支付單方便旅客旅行的相關憑證進行說明。

第一節　預付票款通知

預付票款通知（PTA）是航空公司或其旅行代理店在收到機票款後，藉由電報、郵件或其他方式告知在另一個城市的航空公司，請其針對某一個特定人或團體開立機票或其他服務。基本上付款的人與需機票搭飛機的人各在不同的城市，此目的是方便旅客在無力購票的情況下，可請親友在另一地預先付款，旅客再去拿機票，開始其旅程。PTA不可單獨拿來作為匯款目的使用，在使用PTA時，購買者必須付服務費。

PTA的使用涵蓋範圍有：

1.預付機票票款及稅。
2.預付超重行李費。
3.旅行途中需花費之零用金。

如：Mrs. Inge Christensen向位於哥本哈根的旅行社要求達美航空提供服務，在預付機票款DKK14,890、服務費DKK200後，請該航空公司開立一張機票給位在西雅圖的Miss Ulla Christensen。達美航空收到預付款後，即開一張PTA（**圖10-1**），並通知位在西雅圖的達美航空根據PTA上註明的資料開立一張機票給Miss Christensen（**圖10-2**）。此張機票上的international sale indicator為SOTI（因在西雅圖開機票，在哥本哈根付費）。

通常，航空公司會收取處理PTA的費用。自從電子票務問世以來，PTA的使用已大大減少。

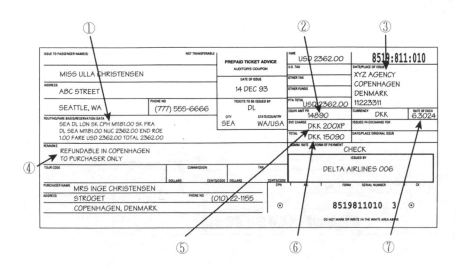

說明：

①飛行路線及機票費用，以NUC為單位再轉換為當地幣值。

②機票款，以丹麥的幣值Krone為單位。

③代理通知的旅行社。

④若辦退費，只能將退款給購買人。

⑤PTA的服務費以XP表示。

⑥購買者總共支付給旅行社的費用金額。

⑦銀行匯率，1美金＝6.3024DKK。

圖10-1　預付票款通知（PTA）

資料來源：*International Air Fares Construction and Ticketing*, Helle Sorensen.

航空客運與票務

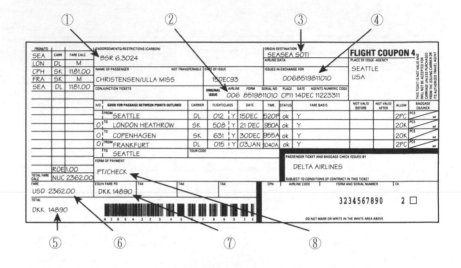

說明：

①銀行匯率：將出發地的幣值轉換為付款地的幣值。

②航空公司數字代號、PTA票號、地點、日期、旅行社代號。

③International sale indicator代號。

④航空公司數字代號及PTA票號。

⑤機票款（含稅在內），以丹麥的Krone為單位。

⑥機票款以美金為單位。

⑦未含稅的機票款，以丹麥的Krone為單位。

⑧PT指PTA的交易，Check指以支票付款。

圖10-2　根據PTA所開的機票

資料來源：*International Air Fares Construction and Ticketing*, Helle Sorensen.

296

第二節　雜費支付單

　　雜費支付單（MCO）是由航空公司或旅行代理店發行的旅遊憑證，替旅客安排旅行並用來支付與旅遊有關的各項開支（機票除外），使旅客在旅行時更為方便。MCO不可單獨拿來當作匯款之目的使用。

一、MCO的使用

　　MCO使用涵蓋的項目有：

1. 旅客空中或地面交通運輸。
2. 行李超重費用。
3. 行李空運費。
4. 套裝旅遊，陸上安排費用。
5. 租車費用。
6. 地面住宿費用。
7. 額外開支。
8. 超支費用或不足額款項之費用。
9. 稅金。
10. 訂金。
11. 退款。
12. PTA（以PTA為目的使用）。
13. 旅客使用額外設備之開支，如患病旅客使用氧氣、救護車或特別用品等。
14. 機上臥鋪。

15.行程變更手續費、預約等各項費用。

MCO從發行日起有效期爲一年，用法可分有特定目的用法及無特定目的用法兩種。MCO的構成可分：

1.審計聯（audit coupon）：MCO的第一張，塡完後撕下繳回總公司作帳用。
2.公司聯（agent coupon）：塡完後撕下，發行公司存查作帳用。
3.交換聯（exchange coupon）：旅客使用時，需出示交換聯，以換取交換聯上所記載之服務項目，MCO有四種版本：分一張、二張、三張或四張交換聯。
4.旅客聯：旅客自己存查。

特定目的用法即有特定的公司提供服務項目，如使用特定的航空公司、輪船、鐵路運輸、巴士及其他陸上交通。而無特定目的用法則爲MCO上沒有載明旅客需何種交通工具或何種服務。例如在"TYPE OF SERVICE FOR WHICH ISSUED"欄裡寫"FURTHER TRANSPORTATION AND OR EXCESS BAG-GAGE"。

二、MCO的塡寫

雜費支付單範本如圖**10-3**，另說明如下：

①姓先寫，後面接 / ，再寫名字及稱謂，MCO除了可以記載單獨一個旅客姓名外，也可將團體旅客之姓名一併記載。如：SMITH / J MR / R MRS / JAM MISS.
②載明需服務的項目，如：CHANGE OF RESERVATION CHARGE、TRANS-POR-TATION AND RELATED SER-

a.有一張交換聯的雜費支付單

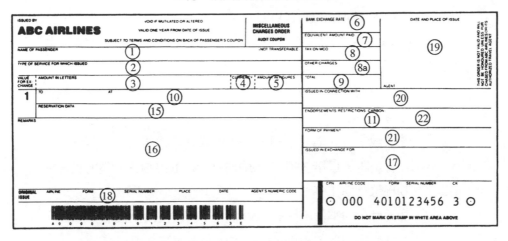

b.有三張交換聯的雜費支付單

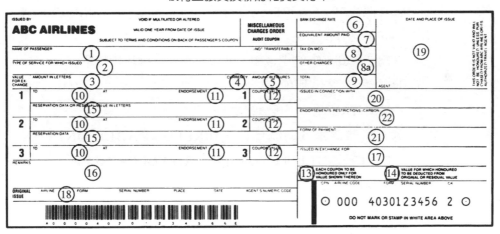

圖**10-3** 雜費支付單範本

資料來源：*Ticketing Handbook*, IATA, 1996.

VICE、PTA，如果是套裝旅遊，需寫上旅遊名稱及團號，如 FUN TOURS IT2BA12345。

③MCO的票面金額，但不含稅，必須以英文字母大寫記載，剩餘空白位子要畫一條線，以防止遭塗改。

④出發地貨幣代號，以IATA所規定的三個英文字母代號爲依據。

⑤以數字方式填寫金額，其金額需與第③項一致，若兩者金額有差距，以第③項"AMOUNT IN LETTERS"欄所載爲準。

⑥貨幣兌換比率。

⑦當付款的幣值不同於"VALUE FOR EXCHANGE"欄時，以付款地的貨幣來表示，但價值必須與第③項相符。

⑧當地政府對發行MCO所課之稅金，以付款地的幣值表示。

⑧a其他費用，例如PTA的服務費、額外的稅金。以XP表示PTA的服務費。

⑨爲⑦＋⑧＋⑧a的總金額，金額前需加上付款貨幣單位。

⑩對旅客提供服務的公司及地點，如XYZ AIRWAYS MONTREAL。

⑪、㉒爲背書或限制條件，如REFUNDABLE ONLY IN R.O.C.、NOT REFUNDABLE / NOT ENDORSABLE。

⑫交換聯的價值：

(1)特定目的用法：如果MCO在填寫時有決定使用目的，且使用不只一張交換聯時，必須依照使用目的所需之金額，在各交換聯上載明其需花費之費用，同時在第⑬項"EACH COUPON TO BE HONOURED ONLY FOR VALUE SHOWN THERE ON"欄中打上"×"的符號。

(2)無特定目的用法：如果MCO在填寫時尚未決定使用之目的，不需在交換聯上載明金額，只需在票面金額上載明金

額數，其金額上限為三百五十美元，即使是以其他幣值
支付，亦不能超過三百五十美元的價值。如果超過，此
MCO無效（在特定目的用法，並無限制其金額）。當旅客
使用這種MCO時，收受者應先計算提供服務所需之金額，
然後填入第一張交換聯之金額欄裡，並從票面金額欄之
數額扣除所花費之金額，再將餘額用數字大寫填入殘額欄
（第⑮項）"RESERVATION DATA OR RESIDUAL VALUE
IN LETTERS"。同時在第⑭項"VALUE FOR WHICH
HONOURED TO BE DE-DUCTED FROM ORIGINAL OR
RESIDUAL VALUE"欄中打上"×"的符號。

⑬在□內打上×，如果有特定目的用法。

⑭在□內打上×，如果無特定目的用法。

⑮填入訂位資料及狀況。如果MCO是用在無特定目的用法時
則需填入大寫的剩餘金額。

⑯填入任何與本服務項目有關之資料。

⑰填入原始文件的號碼，如111 4041 254345。

⑱填入原始文件的號碼、發行地點、日期和代理店的代號，如
111 4041 254345 NYC 20OCT91 99-9-99993。

⑲發行此張MCO者蓋章證明有效。

⑳填入與此張MCO有接連的票號。如果MCO的目的是用在套
裝旅遊、免稅證明、空中或陸上交通時，此欄必須填寫。

㉑付款方式，如CASH。

讀者可詳見雜費支付單填寫實例，如**圖10-4**。

ISSUED BY ABC AIRLINES	VOID IF MUTILATED OR ALTERED VALID ONE YEAR FROM DATE OF ISSUE SUBJECT TO TERMS AND CONDITIONS ON BACK OF PASSENGER S COUPON	MISCELLANEOUS CHARGES ORDER AUDIT COUPON	BANK EXCHANGE RATE USD1.00=DEM1.440 EQUIVALENT AMOUNT PAID USD1087.40	DATE AND PLACE OF ISSUE

NAME OF PASSENGER
GRINFELD/ELIOR MR

TYPE OF SERVICE FOR WHICH ISSUED
PTA INCL TAX

NOT TRANSFERABLE

TAX ON MCO

VALIDATE

OTHER CHARGES
USD25.00XP

VALUE FOR EX CHANGE
AMOUNT IN LETTERS
ONE FIVE EIGHT SEVEN 50/100 ——

CURRENCY AMOUNT IN FIGURES
DEM1587.50

TOTAL
USD1112.40

AGENT

1 AT
XYZ AIRLINE FRANKFURT

TO

ISSUED IN CONNECTION WITH

RESERVATION DATA
FRA XY FCO Y/OPEN/ROM XY TLV Y/OPEN

REMARKS
SPONSOR:
AVIAD GRINFELD
10 YONATHAN ST.
YEHUD
TEL:5366633
FRA XY ROM XY TLV M965.47END   ROE1.64065
FARE DEM1584 TAX DEM3.50DE TOTAL DEM1587.50

PSGR CTC:
SIHLSTRASSE 15
8000 MUNICH
TEL:2111528

ENDORSEMENTS RESTRICTIONS CARBON
REFUNDABLE IN ISRAEL TO
SPONSOR ONLY

FORM OF PAYMENT
CASH

ISSUED IN EXCHANGE FOR

ORIGINAL ISSUE   AIRLINE   FORM   SERIAL NUMBER   PLACE   DATE   AGENT S NUMERIC CODE

CPN   AIRLINE CODE   FORM   SERIAL NUMBER   CK
○ 000   4010123456   3 ○
DO NOT MARK OR STAMP IN WHITE AREA ABOVE

A 0 0 0 0 4 0 1 0 1 2 3 4 5 6 3 E

圖10-4 有其他費用的雜費支付單填寫實例

資料來源：*Ticketing Handbook*, IATA, 1996.

三、MCO其他應注意事項

1.MCO若為無特定目的用法，其可使用金額不可超過三百五十美元。若MCO的目的是為了refund only，則不在此限。

2.填MCO時必須大寫。

3.塗改過之MCO，一律視為無效。

4.沒有旅客聯只有交換聯，提供服務者可以拒收。

5.MCO之使用需按照順序，不可跳號。餘額用盡，剩下不再使用之交換聯，在填寫 "VOID" 後，一併與審計聯、公司聯撕下。

6.在填寫金額時，儘量靠左邊，剩餘空白部分畫一條橫線，以防塗改。

7.在 "EQUIVALENT AMOUNT PAID" 欄若沒填入資料，則畫

一橫線。

8.若爲旅行代理店發行之MCO，不可以用「無特定目的的用法」。

9.旅行代理店發行之MCO只有兩種版本，分一張及二張交換聯。

像電子機票一樣，現在大多數MCO以電子方式發行，因此也稱爲vMCO（虛擬雜項收費單），MCO正在逐步淘汰，並被電子雜項單取代。

Chapter 11

機票價格

- 航空公司決定航線機位票價考慮因素
- 影響機票票價的相關因素

影響旅客搭機飛行的因素很多，商務客與觀光客旅遊動機不同，考慮選擇所搭乘之航空公司自然互異。但不可否認，航線與票價有決定性之因素。雖然nonstop的航線最貴、最方便，但並不表示最受所有旅客喜愛，觀光客旅行仍以價格低廉為主要考慮因素。

第一節　航空公司決定航線機位票價考慮因素

航空公司在制定價格時，與公共汽車或火車不一樣，並非採取誰先來就先上車，價格統統一樣的制度。他們採取預訂座位的方式，藉由收益管理（revenue management or yield management）系統或載運量（load factor）管理法來計算如何賣掉機票才能最賺錢。目前許多航空公司採用收益管理，就是把產品按不同的價格適時地賣給不同類型的顧客，從中獲得最大利潤，因此在制定價格時，以市場而非成本為標準，在銷售時，考慮不同顧客的不同需求，使每一航班中每一航段的每個座位都能以最好的價格出售（**圖11-1**）。根據航空公司的實證，並非空位越少，收益就越大。一架飛機即使坐滿使用折扣票的客人，仍有可能這趟飛行是虧本的。航空公司利用有限制的折扣票來吸引一些不一定要坐飛機的客人，這些乘客多屬於遊客，對票價較在乎，比較早訂位。不在乎票價的旅客屬於商務客，他們通常比較晚訂位，能接受較高的價格。如果航空公司早早就將機位以低價賣掉，臨時要票的旅客可能因買不到機票而誤事，而航空公司也沒賣到好價錢，因此實行多艙管理及多級票價，不僅可適時賣出一部分折扣票減少空位數，又可滿足較晚訂位旅客的需求，並賺取較高的票價。

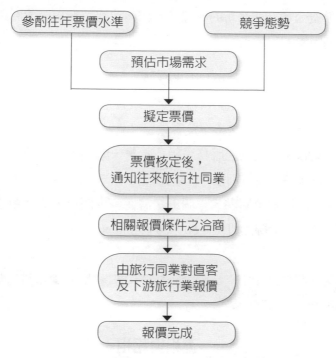

圖11-1　長榮航空公司的票價制定流程

資料來源：《旅報》。

revenue management與yield management的計算方式不一樣。revenue management強調每一座位每公里或英里所創造的收入；其計算方法是總收入除以座位總數與總飛行公里之值，即：

$$總收入÷（座位總數×總飛行公里）$$

yield management強調每一位乘客每公里或英里所創造的收入，其計算方式是總收入除以乘客總數與總飛行公里之值。由於飛機起飛的成本是固定的，多載運一個客人的成本增加極為有限，而多增加一個客人的收入卻相當可觀，因此使用revenue management須考慮價格及座位，對於航空公司來說較能反映出較佳的經濟效益。

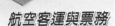

　　航空公司在開發新的航線後，如何決定該航線座位的票價，受到下列因素的影響：

1. 兩地往來旅客數量及未來發展。
2. 航空公司每星期的飛行班次、載客量及競爭程度。
3. 在航線上使用之機型及容量。
4. 機艙內擬提供之服務等級及數量，如頭等、商務、經濟艙，及優待票或特別票。
5. 決定損益平衡點，一個班次需賣多少個位子才能損益平衡，在固定航線的班機是50～60%之間。

　　飛航資訊

濕租與乾租

　　「濕租」指的是航空公司跟其他公司租借飛機，連同機上最少一名機組人員一起租。這種狀況最常出現在剛成立的航空公司，或自己的公司沒有租借的同型飛機，還有旅遊旺季、麥加朝聖等特殊節日時。例如遠東航空出租給吳哥航空的波音757，即是採用濕租模式。著名的濕租公司有美國的亞特拉斯航空（Atlas Air），曾濕租多架波音747貨機給中華航空。但代碼共享不是濕租。

　　「乾租」指某航空公司向其他公司租賃飛機，但由航空公司自己派機組人員飛行，並由自己負責維護，稱之為乾租，這種狀況最常出現在已有同機型，但是飛機數量不夠分配給每一條航線使用的時候。

資料來源：檢索自維基百科。

定期航空機位的銷售常以鼓勵提早訂位的方式來吸引旅客，預售優惠票（Advance Purchase Excursion, APEX）被使用在許多航線的經濟艙上，隨著提早訂位的時間不同，票價也有差距，當然這種票價在數量上也是有限制的，隨著旺季來臨而減少。空中交通流量變化很大，很容易受到出發地經濟興衰或目的地政治是否安穩的影響，這些不確定因素會使得航空公司以承租的方式來取代購買新機。有些航空公司專門從事購買新機來租給其他航空公司，他們常用濕租（wet leases）的方式，所謂「濕租」即除了租用飛機外也包含租用操作的機組人員，而飛機可以塗上租用公司所想要的標誌或圖案。

第二節　影響機票票價的相關因素

航空公司提供的產品在競爭激烈的航空市場呈現非常多樣化，已經不再單獨根據飛行的距離來決定機票票價。反之，現今的機票票價受到：(1)飛行行程種類（types of air journeys）；(2)機票之種類；(3)飛行方式；(4)機艙服務等級的影響。

一、飛行行程種類

(一)單程行程

「單程行程」（One Way journey, OW）意指由出發地出發到目的地，而沒有再回到出發地的單向行程。如：TPE→LAX、TPE→LAX→NYC。

(二)來回行程

「來回行程」（Round Trip journey, RT）指由出發地到達目的地之後，再回到原出發地的往返行程。如：TPE→LAX→TPE、TPE→HNL→DEN→HNL→TPE。

(三)環遊行程

「環遊行程」（Circle Trips journey, CT）指具有來回行程的特性，但去程與回程所經過的城市並不相同。例如：MSP→SEA→LAX→MSP，或TPE→SIN→LON→BKK→TPE。

(四)開口式行程

「開口式行程」（Open Jaw journey, OJ）本身具有來回或環遊行程的特質，只是有部分行程是包含陸上旅行或非空中旅行。

開口式行程可分為下列兩種：

1.單開口式行程（Single Open Jaw）：其開口地方可在折返點。如：

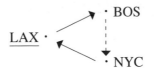

或開口地方在出發城市與目的地城市，如：

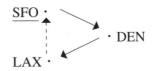

2.雙開口式行程（Double Open Jaw）：開口的地方在兩邊，一

邊是在折返點的地方，一邊在出發城市與目的地城市之間，
如：

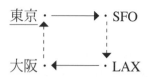

二、機票種類

航空機票種類繁多，可依使用者年齡、使用時機、運輸限制
等而有不同的待遇及價格，大體上可將各種不同條件的機票分成三
大類：普通票（normal fare）、優待票（discounted fare）和特別票
（special fare）。

(一)普通票

普通票也可稱為標準的全票（adult fare），從開始旅行日起一
年有效。購買者必須年滿十二歲以上，支付適用於旅行票價之全
額，其艙等為頭等艙的F或P，或超音速客機的R、商務艙的C或J、
經濟艙的Y或S。普通票使用時通常沒有太多限制條件，可以退票而
不需受到罰款，沒有使用季節、時段的限制，不需有最少停留天數
的限制，可以允許中途停留。

(二)優待票

以普通票為準而打折扣的票價，依使用者身分不同而有不同折
扣優惠。

◆兒童票

凡是滿二歲未滿十二歲的旅客與購買全票之監護人搭乘同一班

飛機、同一等艙位，即可購買兒童票（Children Fare, CH），如同全票占有一座位，享有與全票同樣的免費托運行李。一般的航空公司針對兒童收取其適用全票的75%，旅客在買票前最好事先詢問該公司針對兒童收取的標準。基本上如果兒童獨自旅行，需付全額的機票費用。當兒童在出發旅行當天滿十二歲時，視同成年人，必須購買全額機票，但如果在使用第一張搭乘聯後才滿十二歲，則不需購買全額機票。至於國內線，則各國規定不一，台灣國內線兒童為全額機票的50%。如果五歲到十二週歲的兒童無人陪護，個人單獨搭乘坐飛機時，可以辦理兒童無陪護旅行手續，但需要提前向航空公司申請，兒童於搭乘飛機時航空公司會派有專人來負責照顧該兒童上下飛機，但這樣的兒童就不能享受兒童機票的優惠。

◆嬰兒票

所謂嬰兒票（Infant Fare, IN）乃是指出生後未滿二歲的小孩，由其監護人陪同搭乘同一班機、同一等艙位、不占機位，即可購買適用全票10%的機票，不收取任何稅費。其年齡以旅行日為準，旅行當日如果滿二歲，則需付兒童票，如果於旅途中超過二週歲時，則不需補票。嬰兒票無免費行李，僅可攜帶搖籃及嬰兒用品，在機上一般均有供應搖籃及嬰兒用品，如奶粉等，但須事先申請，航空公司可在機上免費提供固定的小嬰兒床（bassinet）。每一旅客只能購買一張嬰兒票，如果攜帶超過一位嬰兒時，第二個嬰兒必須購買兒童票。嬰兒若獨自旅行，必須有送機及接機者，且必須付費請空服員陪伴照應。三個月以下嬰兒，各航空公司均不接受獨自旅行。

嬰兒票在國際航線收取10%，至於國內線則各國不一，台灣國內線收取10%。美國國內線嬰兒免費；而從其他地方到美國的嬰兒票計算方式為：(1)當橫渡太平洋時，計算到舊金山（不管行程是否到舊金山）收全額10%；(2)當橫渡大西洋時，則計算到蒙特婁或

波士頓，二者比較取票價低者，收取全額10%；(3)當由南美洲到美國，以計算到邁阿密，收取全額10%。

◆領隊優惠票

航空公司為了協助旅行代理商向大眾招攬團體能順利進行，對帶團的領隊提供領隊優惠票（Tour Conductors Fare, CG），雖然有愈來愈多之航空公司取消相關優惠規定，但根據一般不成文規定：

1.十至十四人的團體，可享有半票一張。
2.十五至二十四人的團體，可享有免費票一張（Free of Charge, FOC）。
3.二十五至二十九人的團體，可享有免費票一張、半票一張。
4.三十至三十九人的團體，可享有免費票二張。

◆代理商優惠票

代理商優惠票（Agent Discount Fare, AD）係針對有販售機票之旅行代理商服務年滿一年以上的職員，視情況申請75% off所提供的優惠機票。亦即一種僅支付全票25%的優惠票，即一般所稱的1/4票或quarter fare。

根據IATA規定，每個代理營業所每年只能購買二張代理商優惠票，效期自發行日起三個月有效，其目的是協助業者出國考察增加業務知識。

◆老人票

各國對老人之年齡限制不同，提供優惠的老人票（Senior Citizen Fare, CD）票價也各異，我國針對六十五歲以上中華民國國民，國內線可購買50%的優惠機票。

(三)特別票

航空公司在淡季或針對特定航線、特定日期、人數，為鼓勵
度假旅行或基於其他理由所提出的機票優惠，如旅遊票（excursion
fare）、團體全備旅遊票（group inclusive tour fare）、APEX fare
等。

◆旅遊票

航空公司所推出之旅遊票都會有一些旅遊上的限制，可能包
含：(1)最低、最高停留天數；(2)限制使用的季節及時間；(3)必須
提前一段時間購票；(4)停留城市的限制；(5)不可退票，如果要退票
需付退票費。基本上旅遊票有效期限依票而異，但必須是購買來回
票。如：

1.YHE1Y：Y艙，旺季使用，旅遊票有效期限一年。
2.BLE3M：B艙，淡季使用，旅遊票有效期限三個月。

◆團體全備旅遊票

指團體包辦式旅遊，必須達到特定人數，每人才能享受特定程
度的優惠，例如GV25、GV10。GV表示團體全備旅遊票，「25」表
示至少需二十五人以上。

◆APEX fare

這是所有機票中價格最便宜的一種，同時使用限制最多，必須
在出發前提早購票，中途不可以停留，必須買來回票，由出發日開
始算起有效期間為三至六個月。在機票的"FARE BASIS"欄有時
以AP來表示。如：

1.YLAP21：Y艙，淡季使用，二十一天前提早購買。
2.BOWAP：B艙，淡、旺季之間使用，限週末使用，必須提早

購票。

三、飛行方式

旅客的空中旅行會受到航空公司的既定飛行航線影響，其飛行方式可分直飛（direct flight）、不停留（nonstop flight）及轉機（connection）三種。

(一)直飛

直飛是旅客使用同一航空公司、同一班機號碼，由出發地飛到預定停留的城市或目的地，在飛行途中可有一站或一站以上的停留，此停留可讓旅客登機或下機離開，但其他乘客不下機休息。但實際上，有時因暫停時間較長，航空公司會讓旅客下機等候。如旅客搭SQ12班機由台北直飛倫敦，途中停留於新加坡載客或卸客，但由新加坡到倫敦仍使用SQ12班機，該停留城市新加坡並未出現在機票上面。

(二)不停留

不停留指旅客使用同一航空公司、同一班機號碼，由出發地直飛到預定停留的城市或目的地，途中沒有作任何停留。這種飛行最快、最節省時間，較受歡迎，可避免轉錯機的困擾。

(三)轉機

轉機指旅客的空中旅程被中斷，需暫停一個城市或以上，且使用不同的航空公司或相同的航空公司、不同的班機號碼，通常此種飛行方式耗時，但票價較便宜。轉機可分兩種型態：

1.on-line connection：旅客由出發地到目的地，途中需轉機，旅

客前後使用同一家航空公司，但為不同的飛機及班機號碼。

2.interline或off-line connection：指一個飛行行程中，旅客使用兩家或兩家以上不同的航空公司，採用不同的飛機及班機號碼。

四、機艙服務等級

機艙內的服務等級端視旅客購買搭乘的艙別，不同的艙別，航空公司提供不同的服務，此服務可依座位舒適、餐飲、娛樂和服務品質來區分，旅客所付的價格自然不同。大型的飛機所提供的艙別較多，一般分頭等艙、商務艙及經濟艙（如長榮某些機種分四個艙等）。以西北航空台北→洛杉磯為例，F艙須新臺幣十萬八千元，C艙六或七萬元，Y艙三或四萬元。協和號的R艙曾經是最貴的艙等，約是一般頭等艙費用的0.5倍。

(一)頭等艙

座位寬敞、舒適，幾乎可躺平，前後椅距62英寸以上，座位排列2-2-2。餐飲精緻，旅客可自由選擇，使用高級的瓷盤，享受空服員仔細的照顧，且享有使用貴賓室的權利及優先上下飛機的權利，現今仍保有頭等艙之航空公司有大量減縮之趨勢。

(二)商務艙

價格低於頭等艙，有時比照經濟艙原價，服務介於頭等艙與經濟艙之間，有多種主食可任選一種，使用高級餐巾、餐具，座位寬敞、舒適，有較大的座椅斜度。B747座位排列為2-3-2或2-2-2，前後座間距為48～50英寸，較經濟艙3-4-3前後間距36～44英寸寬敞多了。

(三)豪華經濟艙

　　介於經濟艙與商務艙間的艙等。價錢約為經濟艙的110～225%，但座椅寬度、椅距及舒適度都較經濟艙高，豪華經濟艙的航班餐點、飲食種類大多會比經濟艙多一些，餐點品質通常也會較高。豪華經濟艙通常會與其他艙等分開，並設置於經濟艙及商務艙之間，會免費提供個人用品包，但乘客無法使用航空公司的機場貴賓室，此艙等通常只出現在中、長程航線。

(四)經濟艙

　　費用最低，得到的照應最基本，使用美耐皿，一人一份的餐盒，食物選擇性低，座位排列較擠，空服員與乘客比率約1：30～1：40。

飛航資訊

艙位調整

　　長榮航空預估於2007年下半年取消頭等艙，將商務艙全面升級，增加座位；中華航空則維持頭等艙，但商務艙將升等為尊爵華夏艙，座位減少。兩大國際航空長程越洋航線B747機艙明年大換裝，營運策略大不同，但同時鎖定頂級商務客層人士。

　　長榮航空的客艙，之前有超級頭等艙、桂冠艙、超級商務艙、菁英艙、長榮客艙及經濟艙六種等級。配合新型客機A330及B777引進後，機種簡化，艙等也化繁為簡。其中A330客機，決定改採兩艙等設計，取消頭等艙，改為桂冠艙和商務艙；去年到位的B777-

300ER新型客機,將全面換裝,重新設計為桂冠艙、菁英艙及經濟艙三個艙等。目前長程越洋航線的B747機艙設計為四艙等,包括頭等艙、商務艙、長榮客艙及經濟艙。長榮客艙為長榮首創的設計,過去稱為豪華經濟艙,以越洋航線而言,加價不到一萬元就可由經濟艙升等,市場反應叫好又叫座,未來改裝後菁英艙會取代長榮客艙。長榮集團分析,頭等艙的搭載率(loading)不佳,叫好不一定叫座,不少歐美航空公司已紛紛取消頭等艙,這次長榮機隊全面取消頭等艙的規劃,B747比照B777三艙等全新設計,是以更務實的態度迎合市場需求,調整營運策略。

華航強調仍會維持頭等艙。華航表示,頭等艙的搭載率高低主要是航線差異,有些旅遊航線表現不佳,但在商務航線卻可能一位難求。華航目前中長程客機A330及A340採兩艙等設計,由尊爵華夏艙取代頭等及商務艙,長程越洋航線以B747為主力,同樣採三艙等設計。華航的B747機隊因新舊不同,有411、397及390座的設計,為提高對商務客層的服務,計畫明年將4架390座的B747客機商務艙,換裝升等為尊爵華夏艙,總座位數由64席降為49席,椅距由48英寸變長為60英寸,頭等與經濟艙的配置維持不變,並計畫於2007年3月將B747加入改裝行列。

兩家國際籍航空公司面臨高油價沉重的經營壓力,服務絲毫不能有半點馬虎,不僅要比較硬體設備的先進豪華,也要比較軟體的貼心服務。華航首創的機上寬頻無線上網服務,就是專為商務菁英人士量身打造;另外,為提供其他旅客便利性,陸續推出線上轉帳購票、網上報到、自助報到亭領取登機證等服務。

資料來源:整理修改自《經濟日報》(2006/04/24)。「聯合新聞網」與「長榮華航艙位整容 搶頂級客—信用卡比例網 新聞評論站」。網址:http://www.billy.com.tw。線上檢索日期:2008/03/31。

阿聯酋航空——三艙等A380客機台北—杜拜航線

　　2017年10月1日起，阿聯酋航空將全面改由三艙等A380客機營運台北—杜拜航線，提供頂級服務品質滿足此航線旅客的需求，同時提供更多選擇給喜愛頭等艙及商務艙的台灣旅客。

　　搭乘頭等艙的旅客可於飛行旅途中，在4萬英尺高空享受阿聯酋航空備受矚目的機上水療淋浴服務。阿聯酋航空頭等艙私人套房也提供可阻隔外界干擾的獨立空間，並有個人專屬迷你酒吧、32吋高畫質液晶螢幕，以及阿聯酋航空私藏的Bulgari（寶格麗）沐浴用品包；此外每個頭等艙座位皆配置一部觸控式整合控制器，可遙控機上娛樂系統和調整座位，無論想將座椅調整成180度平躺式睡床、鋪上睡墊一覺好眠，或是想輕鬆地伸展四肢，皆可透過電動遙控的方式將座位調整。

　　頭等艙旅客並可善用阿聯酋航空A380機上設備，包含於機上貴賓休息室品嚐精緻小點、各式調酒；觀賞獲殊榮的機上娛樂系統ice內超過2,600個頻道所播映的最新電影、音樂及電視節目；隨時享用由國際頂級主廚準備的客房點餐服務；使用特選美酒及優質飲品；還可享受50公斤的免費行李托運額度。同時享有私人專車接送服務。

資料來源：阿聯酋航空，2017/05/22。

Chapter

12

電腦訂位系統相關內容之顯示與認識

- 班機時刻顯示
- 可售機位顯示
- 旅客訂位記錄內容說明
- 機票票價及各種代號說明

航空公司班機時刻表、機票價格及相關條款內容之顯示除了由OAG或時刻表可以查到外，也可藉由電腦螢幕顯示出來，其內容相當複雜，有各種不同的代號，除了標準代號外，其餘須另外向航空公司查詢，即使是旅客訂位記錄（PNR）之顯示，各家亦稍略有所不同。

 # 第一節　班機時刻顯示

藉由電腦訂位系統可以查出兩地之間的班機時刻表，包含飛行之航空公司、起飛及抵達時間、服務艙別及機型等（**圖12-1**）。

 # 第二節　可售機位顯示

對於可售機位，是採取公平顯示所有參與的航空公司機位的做法，絕不偏頗任何一家航空公司。首先，顯示的是nonstop班機、直飛班機，接著顯示轉機班機。顯示的班機由輸入指令的時間開始顯示，且可依不同的指定（日期、時間、轉機點、艙等及航空公司）作不同的顯示（**圖12-2**）。

	⑪		⑫		⑬	⑭	⑮	⑯	⑰

```
         ⑪                    ⑫              ⑬  ⑭  ⑮  ⑯  ⑰

    07MAR   FRI -   21MAR FRI  TPE/Z¥8      SFO/PST-16
①   1UA     872   F  P  C  D  Z  Y   TPESFO  1400 0845 777 LB  0  45  DC/E
                  B  E  M  U  H  Q   V W A
②   06MAR – 07MAR
    2BR      18   C  J  Y  M  Q  L   TPESFO  1950 1440 74E M  0      DC/E
                  Z  V  R  K  T  B   X U H
    27FEB – 08MAR
    3AA/BR 7960   F  C  Y  B  M  V   TPESFO  1950 1440 744 M  0  ×7  DC/E
                  K  Q
    03MAR – 08MAR
    4CI      4    F  A  C  D  Y  B   TPESFO  2325 1810 744 M  0      DC/E
                  T  M  K  Q  H  N   L X W
    04NOV – 08MAR
③   5DL/CI 8940   C  D  I  Y  B  M   TPESFO  2325 1810 744 S  0      DC/E
                  H  Q  K  L  U  T
    02MAR – 08MAR
    6BR      28   C  J  Y  M  Q  L   TPESFO  2330 1820 74E M  0 ×37  DC/E
                  Z  V  R  K  T  B   X U H
    27FEB – 08MAR
    7AA/BR 7962   F  C  Y  B  M  V   TPESFO  2330 1820 744 M  0 ×37  DC/E
                  K  Q
    16FEB – 08MAR
    8UA     872   F  P  C  D  Z  Y   TPESFO  1400 0845 777 LB  0  6  DC/E
                  B  E  M  U  H  Q   V W A
    08MAR – 08MAR
    9UA     872   F  P  C  D  Z  Y   TPESFO  1300 0845 777 LB  0  7  DC/E
                  B  E  M  U  H  Q   V W A

       ④    ⑤                  ⑥ ⑦    ⑧   ⑨   ⑩
```

說明：

① 航班及該航次提供之艙等　　　⑥ 出發地
② 班次及時刻表適用時間　　　　⑦ 目的地
③ 共用班機號碼之航空公司　　　⑧ 出發時間
④ 班機號碼　　　　　　　　　　⑨ 抵達時間
⑤ 該班次所提供之艙等　　　　　⑩ 使用機型
⑪ 台北與斑馬時間（格林威治時間）的時差
⑫ 台北與舊金山之時差，PST（Pacific Standard Time），PDT（Pacific Daylight Saving Time）
⑬ 機艙內提供之餐別：L＝Lunch、B＝Breakfast、M＝Meal、S＝Snack
⑭ 停留城市數目：0＝未停、1＝停一站
⑮ 45表示該班機只有星期4、星期5飛，×7表示星期日沒有班機，若未顯示表示每天都有飛
⑯ 與CRS簽約等級
⑰ /E表示可開立電子機票

圖12-1　班機時刻表

資料來源：Amadeus訂位系統。

```
①  21JUL  MON  TPE/Z¥8      LAX/PDT-15                      ② ③ ④        ⑥ ⑦
  1MH      94   F4 P9 A4 C4 J9 D4    TPELAX    1545 1255 744 M 0       DC/E
               Y9 W9 K9 B9 H0 M9    Q9 L0 S0V0
  2CI       6   F4 A4 C4 D4 Y7 B7    TPELAX    1640 1405 744 M 0       DC/E
               T7 M7 K7 Q0 H0 N0    L0 X0 W0
  3DL/CI  8942  C4 D4 I4 Y7 B7 M0    TPELAX    1640 1405 744 D 0       DCA/E
               H0 Q0 K0 L0 U0 T0                              ⑤
  4BR       2   C4 J7 Y7 M7 Q7 L7    TPELAX    1700 1415 77W M 0   146 DC/E
               Z0 V0 R0 K7 T7 B7    X7 U7H0
  5AA/BR  7966  D6 J7 Y7 B7 H7 M7    TPELAX    1700 1415 77W M 0   146 DCA/E
               S7 K7 Q7 G7 N7
  6BR      12   C4 J7 Y7 M7 Q7 L7    TPELAX    1840 1555 77W M 0       DC/E
               Z0 V0 R0 K7 T7 B7    X7 U7H7
  7AA/BR  7965  D6 J6 Y7 B7 H7 M7    TPELAX    1840 1555 77W M 0       DCA/E
               S7 K7 Q7 G7 N7
  8CI       8   F4 A4 C4 D4 Y7 B7    TPELAX    2320 2045 744 M 0       DC/E
               T7 M7K7 Q7 H0 N0     L0 X0 W0
  9DL/CI  8944  C4 D4 I4 Y7 B7 M0    TPELAX    2320 2045 744 S 0       DCA/E
               H0 Q0 K0 L0 U0 T0
 10BR      16   C4 J7 Y7 M7 Q7 L0    TPELAX    2355 2110 77W M 0       DC/E
               Z0 V0 R0 K7 T7 B7    X0 U0H0
 11AA/BR 7958D6 J6 Y0 B0 H7 M7       TPELAX    2355 2110 77W M 0       DCA/E
               S7 K7 Q7 G7 N7
⑧         ⑨    ⑩                                            ⑪  ⑫
```

說明：

①表頭：日期、星期、出發城市與格林威治之時差、到達城市與出發城市之時差

②飛機機型，744指B747-400

③餐點服務：B＝早餐、L＝午餐、D＝晚餐、R＝早午餐、S＝點心、M＝餐點、H＝熟食；如空白則表示無該班機餐點服務資料

④轉機點：0表示直飛班機無轉機點、1表示停一站、2表示停兩站

⑤每週飛行星期代碼：1＝星期一、2＝星期二、3＝星期三、4＝星期四、5＝星期五、6＝星期六、7＝星期日

⑥參與本系統之航空公司簽約等級

⑦/E表示可開立電子機票

⑧航空公司代號

⑨班機號碼

⑩可售機艙等級及一次可訂之座位數

⑪出發時間

⑫抵達時間

圖12-2　可售機位顯示

資料來源：Amadeus訂位系統。

第三節　旅客訂位記錄內容說明

　　每個旅客訂位記錄必須含有五大要素才算完整之訂位記錄，每
筆訂位記錄不限一位旅客，可多人或一個團體共用一個訂位記錄，
如圖**12-3**。

```
①  1.1LEE/BERNARD MR⑦    ⑧    ⑨                         ⑩
②   1 NX 501Y 19AUG W TPEMFM HK1  1020A 1205P /DCNX*H3JSS
③   2   ARNK
    3 CZ 354Y 21AUG F CANPEK HK1   150P  440P /DCCZ*H3JSS
   TKT/TIME LIMIT
④    1.TAW16AUG/
⑤  PHONES
     1.TPE ABC TRVL 2751-0399 MS WINNY-A
   PASSENGER DETAIL FIELD EXISTS - USE PD TO DISPLAY
⑥  TICKET RECORD - NOT PRICED
   RECEIVED FROM - WINNY           ⑪
   X508.X508*AWS 2053/26APR98 SPWKYD
```

說明：
①旅客姓名
②行程
③城市之間交通若不搭機，則以ARNK表示
④開票期限為8月16日
⑤旅行社電話及聯絡人
⑥訂位者是Winny
⑦星期
⑧出發地及目的地
⑨一個位子OK（HOLDING CONFIRMED）
⑩航空公司回覆之電腦代號
⑪CRS回覆之電腦代號

圖12-3　旅客訂位記錄

資料來源：Amadeus訂位系統。

旅客訂位記錄須含下列五大要素：

1. N－旅客姓名（Name Field）：姓放在前面，需註明旅客稱謂。
2. I－行程（Itinerary）。
3. T－開票資料（Ticketing Field）：註明應開票日期及機票號碼。
4. P－聯絡電話（Phone Field）：含訂位者及旅客電話。
5. R－資料來源（Received Form）：訂位者姓名。

 # 第四節　機票票價及各種代號說明

一、機票票價說明（美國地區，Sabre）

機票票價說明如**圖12-4**。

二、租車代號及說明

租車代號可分四大類：

1. 第一類是等級（class）。
2. 第二類是車型（type）。
3. 第三類是自排或手排（automaticmanual）。
4. 第四類則是冷氣（air conditioning）。

當業者代訂租車時會從這四大類中各選擇一個英文字代號來組合（**表12-1**）。

```
    FQNYCLAX17OCT-AA.
①  ORG-NYC   DST-LAX     TRIP-OUTBOUND   CXR-AA  17OCT93   USD
②  CO  DL  HP  MG  ML  NW  PA  TW  UA  US  YX
        QTE     F/B         BK    FARE      EFF    EXP   TKT     AP   MIN/MAX  RTG
    01  -    F            F X   1017.00    -      -     -      -    -/-      2
    02  -    C            C X    677.00    -      -     -      -    -/-      2
    03  -    Y            Y X    623.00    -      -     -      -    -/-      2
    04  -    KE7X234N     K R    338.00    -    20DE  25JL    ##   SUN/-    2
    05  -    KE7Z234N     K R    298.00    -    20DE  25JL    ##   SUN/-    2
    06  -    QXE7P50      Q R    509.00    -      -     -      ##   SUN/-    2
    07  -    QWE7P50      Q R    551.00    -      -.    -      ##   SUN/-    2
    08  -    QAP7         Q X    348.00  12JL     -   25JL     7   -/-      2
    09 26JL  QAP7         Q X    368.00  12JL     -    -       7   -/-      2
    10  -    HXE14N       H R    446.00    -      -     -      ##   SUN/-    2
    11  -    HWE14N       H R    488.00    -      -     -      ##   SUN/-    2
    12  -    VXE14N       V R    426.00    -      -     -      ##   SUN/-    2
    13  -    VWE14N       V R    468.00    -      -     -      ##   SUN/-    2
    14  -    B            B X    569.00  12JL     -   25JL     -   -/-      2
    15 26JL  B            B X    589.00  12JL     -    -       -   -/-      2
    16  -    M            M X    477.00  12JL     -   25JL     -   -/-      2
    17 26JL  M            M X    497.00  12JL     -    -       -   -/-      2
③    2   ATL BHM BNA BTR BUR BWI CHI CMH DFW DSM EUG EWR GSO HDN
         HSV ICT IND JAN LAS LGB LIT MEM MKC MOB MSY OAK OKC OMA
         ONT PDX PHL PHX RDU RNO SAN SEA SFO SHV SJC SLC SMF BNA
         STL SWF TUL TVL WAS
```

①出發地紐約，目的地洛杉磯，USD指票價單位為美金
②其他航空公司也提供此票價

QTE：票價起售日期
F／B：Fare Basis
BK：訂位等級、X表示單程、R表示來回
FARE：票價（含稅）若是單程票價，乘以2即成為來回票價
EFF：Effective Date，即開始旅行日
EXP：Expiration Date，旅行終止日
TKT：開票日
AP：提早購票天數
MIN／MAX：最少停留及最高停留天數，SUN指Sunday
RTG：Routing Number，指由紐約到洛杉磯，中途可允許轉機的城市 （這些城市代號列在最下面4行）
③Routing Number（路線號碼）

圖12-4　機票票價說明

表12-1　租車代號

Class （等級代號）		Type （車型代號）		Automatic / Manual （自排或手排）		Air Conditioning （是否有冷氣）	
M	Mini	C*	Car	A*	Automatic	R*	Yes
E*	Economy	W	Wagon	M	Manual	N	No
C*	Compact	V	Van				
I*	Intermediate	L	Limo				
S*	Standard	R	Recreational				
F*	Full-Size		Vehicle				
P	Premium	T	Convertible				
L*	Luxury	S	Sports Car				
X	Special	F	4-Wheel Drive				
		P	Pick-Up				

註：有*號者代表較常被使用。

三、各種代號及說明

(一)常用餐點代碼說明

　　以下代號乃是旅行社或航空公司人員在接受旅客訂機位、建PNR時，接受旅客於搭機時之特別要求而輸入之指令代號。例如旅客因身體狀況，希望搭機時吃低鹽之食物，則可輸入LSML告知航空公司這位旅客要吃低鹽餐。

代碼	說明	
AVML	亞洲素食	Asian vegetarian meal
BBML	嬰兒餐	baby meal
BLML	無刺激性餐	bland meal
CHML	兒童餐	child meal
DBML	糖尿病餐	diabetic meal
EZML	簡餐	easy meal
FPML	水果盤	fruit platter meal

代碼		說明
GFML	無澱粉質餐	gluten free meal
HFML	高纖維餐	high fiber meal
HNML	印度餐	Hindu meal
JPML	日本餐	Japanese meal
KSML	猶太餐	Kosher meal
LCML（LCAL）	低卡洛里餐	low calorie meal
LCRB	低糖餐	low carbohydrate
LFML（LOCH）	低膽固醇／低脂肪餐	low cholesterol meal / fat
LPML	低蛋白質餐	low protein meal
LSML	低鹽（鈉）餐	low sodium meal / no salt
MOML	回教餐	Moslem meal / Muslim
NLML	無乳糖餐	non lactose meal
ORML	東方餐	oriental meal
PRML	低酸餐	low purine meal
PWML	斷奶餐	post weaning meal
RVML	生菜素食餐	raw vegetarian meal
SFML	海鮮餐	seafood meal
SPML	特別餐（需加入敘述）	special meal / describe
VGML	中式素食餐	vegetarian meal / non dairy
VLML	奶蛋素食餐	vegetarian meal / milk-eggs

(二)常用設備代碼說明

代碼		說明
WCHR	輪椅（旅客可自行上下階梯）	wheelchair / PSGR can walk up stairs
WCHS	輪椅（旅客可自行走到機位上）	wheelchair / PSGR can walk to seat
WCHC	輪椅（旅客需由人攙扶）	wheelchair / PSGR must be carried
WCBD	輪椅（電動，裝乾電池）	wheelchair / with dry cell battery
WCBW	輪椅（電動，裝濕電池）	wheelchair / with wet cell battery
WCMP	輪椅（手動）	wheelchair / manual power
WCOB	輪椅（登機）	wheelchair / on-board
STCR	擔架	stretcher assistance

代碼	說明	
BLND	盲人	blind PSGR
DEAF	聾啞	deaf PSGR
NSST	非吸菸座位	no smoking seat
UMNR	末成年少年單獨旅遊	unaccompanied minor
SMST	吸菸座位	smoking seat
FQTV	持會員卡旅客	frequent traveler
PETC	攜寵物登機	pet in cabin compartment
AVIH	攜寵物登機	when a pet is in cargo
OTHS	其他需求	other requests
XBAG	額外行李	extra baggage
BIKE	腳踏車	bicycle
BSCT	搖籃	bassinet
SPML	尿布	diaper
BULK	巨大行李（需註明數量、重量、尺寸）	bulky baggage / specify, wt, size
EXST	額外座位	extra seat
MEDA	醫療證明	medical case
RQST	要求特定座位	seat request / include specific seat
LANG	註明只會說某種語言	specify languages spoken
SEMN	船員	ships crew / seaman
MAAS	需要協助與接機（需註明原因）	meet and assist / specify details
NSSA	非吸菸靠走道座位	no smoking aisle seat
NSSB	非吸菸靠艙壁座位	no smoking bulkhead seat
NSSW	非吸菸靠窗座位	no smoking window seat
SMSA	吸菸靠走道座位	smoking aisle seat
SMSB	吸菸靠艙壁座位	smoking bulkhead seat
SMSW	吸菸靠窗座位	smoking window seat

票價計算原則

- 計算票價名詞
- 票價計算方法種類
- 票價計算基本原則
- 里程計算法計算票價的步驟（**SITI**）

　　尋找航班符合個人需求價格可能會很讓人沮喪，尤其是複雜的行程時。一般消費者會試著使用不同的網站搜尋，但很可能仍然找不到滿意的票價，特別是當看到現在的價格比以前支付的價格高許多時，更會讓人困惑。其實基礎機票的價格會隨著時間及其他因素而改變，要買到理想之票價還真不容易。一張機票的價格須考慮很多成本，如：

1.基本票價。
2.稅金和機場服務費：世界各國機場為提供旅客更優質之機場服務，均有收取機場服務費之規定。
3.燃油附加費：因油價浮動造成航空公司燃油成本大幅增加，航空公司為了適度反映部分成本，全球航空公司會針對國際航線加收燃油附加費，因各航空公司購油成本因購油地點及所簽訂契約方式有所不同，又因各航空公司使用之機型不同、油耗不同，且計算運價之基礎與方式亦不相同，各航空公司所收取之燃油附加費就有所差異。
4.相關服務費：如兵險附加費或開票服務費。於機場櫃檯購買機票或因旅程變更而需更換機票時，會收開票服務費。
5.機內餐飲費。
6.座位選擇（一般外加，不是每一家航空公司都有）。
7.行李托運費等等。

　　有關基本票價，單純兩個城市之間的票價容易計算並公布，但涉及到數個城市的旅行時，票價計算就變得複雜，而航空公司也不可能將所有旅客可能發生的行程全部一起計算好，再一一公布出來；因而，計算票價有一定的方式及考慮的因素，即使行程一致，但飛行方向不同，所計算出來的票價必定不同。
　　票價之取得有許多方式，最簡單的就是公告票價，最複雜的是

藉由里程計算法所取得之票價，本章所談乃是在SITI情況下里程計算法之計算步驟。

旅客購買機票，總會發現兩地之間的票價會隨著購票時間、搭乘時間、選用的航空公司不同，而有所不同，這是因為受到季節、航空公司促銷，或旅行社銷售策略的影響。基本上兩地之間的票價有其固定的價格，但台北到紐約的價格未必等於紐約到台北的價格。兩地之間的票價，中途沒有停留任何城市，稱之為「點到點之間的票價」（point to point fares）。兩個城市之間的票價（不論中途是否有暫停）稱為「直接票價」（direct fares），例如台北到高雄或台北到舊金山。但世界上有許多大大小小的城市，並非所有城市之間的票價在航空價目表上都有「公告票價」（published fares or through fares），要求此票價這時就要藉助其他票價計算方式求得，例如以「附加票價」（add-ons）方式求得。遊客或商務客在旅行時，行程可能涉及數個城市，即使出發地及目的地均相同，但因行進方向不同或經過某個特定地區或城市也會產生不同的票價，例如由台北到紐約，往東飛經太平洋與往西飛經大西洋兩條路線不同，里程數亦不相等，當然票價也不同，基本上飛的里程數越遠，票價越高。

第一節　計算票價名詞

一、點到點的票價

點到點的票價是最單純的票價，是指兩個停留城市之間的價格。例如台北→高雄、台北→香港。假如一位旅客的行程是：台北

→東京→首爾→北京，行程中的每一個城市均是停留城市，這時旅客的票價價格為：台北→東京、東京→首爾、首爾→北京，點到點的票價互相相加。

二、公告票價

列在航空價目表上，由出發地到目的地的票價，此票價包含中途轉機的城市；亦即兩個停留城市之間的飛行，中途如停在某一個城市轉機，也不會另外加收費用。例如搭乘飛機由台北到洛杉磯，中途在東京轉機，旅客只需付台北到洛杉磯的票價。

三、聯運票價

所謂「聯運票價」（joining fares）是指由出發地到目的地，一家航空公司無法飛抵，必須由兩家或兩家以上的航空公司經由轉機才能飛抵，共同聯營的票價，所以旅客在行程中必須使用兩家或兩家以上不同的航空公司。例如行程是由台北到美國的丹佛，前一段台北到洛杉磯使用中華航空，後段由洛杉磯到丹佛使用美國的聯合航空，由中華航空與聯合航空共同同意聯合營運的票價。

四、附加票價

當兩地之間沒有直接票價時，可在兩地之間找一城市形成附加票價與直接票價合用構成新的直接票價，此情形通常發生於國內線或區域性的城市。附加票價應加於直接票價的前面或後面，亦可同時加於直接票價的前面或後面，但不可兩個附加票價先後相加。

如：A→C無直接票價時：

(1)A $\xrightarrow{\text{add-ons}}$ B $\xrightarrow{\text{normal fare}}$ C（可）

(2)A $\xrightarrow{\text{normal fare}}$ B $\xrightarrow{\text{add-ons}}$ C（可）

(3)A $\xrightarrow{\text{add-ons}}$ B $\xrightarrow{\text{normal fare}}$ D $\xrightarrow{\text{add-ons}}$ C（可）

(4)A $\xrightarrow{\text{add-ons}}$ B $\xrightarrow{\text{add-ons}}$ D $\xrightarrow{\text{normal fare}}$ C（不可）

第二節　票價計算方法種類

　　旅客的行程各有不同，航空價目表上的票價無法一一呈現，尤其是當整個行程涉及停留好幾個城市時，如何計算才能不違反計算票價規定，又能為旅客計算出最合理、經濟的票價。站在旅行業者服務旅客的立場是要儘量地為旅客省錢，算出合理的票價。雖然基本上兩地之間距離越遠，票價應該越高，但也有某些例外發生；在航空業者的營運政策及行銷策略下，有可能由於轉機因素及航線安排，行程總里程數雖遠，但票價反而便宜。由於機票票價涉及複雜的旅程安排及特殊限制，往往不小心可能造成航空公司營運上的虧損或旅客的損失，因此必須格外小心謹慎。

　　以下是票價取得的種類：

一、公告票價

　　在IATA的航空價目表上均會編列兩地之間的票價、搭乘等級、使用之航空公司及限制條件，因此在計算票價時應以此價目表上所列之航空公司的票價為第一優先使用，所有其他方式計算出來的票價若低於此公告票價則皆不可採用。

二、路線圖計算法（routing system）

航空公司經營的是定期航線，在IATA的航空價目表中會刊登出來，並且加以編號以利查詢。根據航空公司飛行的路線查閱所得到的票價稱為「路線圖票價」（routing fares）。這種票價限制嚴格且很少有彈性，必須嚴守該家航空公司飛行路線及連接的城市，途中旅客不可任意停留，每一個城市的先後順序必須吻合，但路程途中有的城市，旅客可以不停留跳過。

三、里程計算法

當一個行程無法由路線圖計算法取得票價時，則可根據「里程計算法」（mileage system）來取得。里程計算法必須以出發地到折返點或到目的地的「最高可旅行里程數」（Maximum Permitted Mileage, MPM）為基準，在計算票價時，先將各個城市間的里程數（Ticketed Point Mileage, TPM）相加，將其總和與最高可旅行里程數相比較，如果低於最高可旅行里程數，即適用該出發地到轉折點或目的地的票價，如果其總和大於最高可旅行里程數時，則需按「超過里程百分比表」（excess mileage percentage table）來求出其超過里程數之百分比，然後再以適用票價按百分比加收（Extra Mileage Surcharge, EMS），根據超過里程數百分比表，最少增加之百分比為5%，接著為10%、15%、20%，最高加收25%，萬一超過25%時，則不可用里程計算法來計算，而需另外安排旅行城市或用其他方式求得票價。

第三節　票價計算基本原則

　　一個行程的出發地到目的地不一定會有直接票價，如果有則可
適用，並可按里程計算法求得票價；如果沒有直接票價存在，則可
分段來計算，但此分段計算所求得之票價必須依據「應收最低票價
原則」（lowest combination of fares principle）。

　　「應收最低票價原則」係指一個行程如果沒有出發地到目的地
的直接票價時，可以用行程中的城市來作數個分段相加計算方式求
取票價，互相比較後，以最低的票價為適用票價。

【例一】行程A→B→C→D。

　　【解】當A→D沒有直接票價時，可能之組合有：

第一組合：　A→B　　　NUC200 ┐
　　　　　　　　　　　　　　　 ├─ NUC500
　　　　　　　B→C→D　NUC300 ┘

第二組合：　A→B→C　NUC250 ┐
　　　　　　　　　　　　　　　 ├─ NUC400
　　　　　　　C→D　　　NUC150 ┘

第三組合：　A→B　　　NUC200 ┐
　　　　　　　B→C　　　NUC200 ├─ NUC550
　　　　　　　C→D　　　NUC150 ┘

三個組合相比較，以**NUC400**票價最低，故取
NUC400為適用票價。

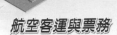

【例二】由巴拉馬利波（PBM）→喬治市（GEO）→邁阿密（MIA）
→倫敦（LON），Y艙。

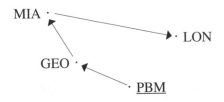

【解】假設找不到由**PBM**到**LON**的直接票價時，用分段方式
相加計算。

第一組合：**PBM→GEO** 直接票價**NUC192.00** ⎤
　　　　　GEO→MIA 直接票價**NUC363.00** ⎬ **NUC**
　　　　　MIA→LON 直接票價**NUC1,190.00** ⎦ **1,745.00**

第二組合：以邁阿密為分界點

　　　　　PBM→MIA 里程計算法**NUC544.00** ⎤ **NUC**
　　　　　MIA→LON 直接票價　**NUC1,190.00** ⎦ **1,734.00**

第三組合：以喬治市為分界點

　　　　　PBM→GEO 直接票價　**NUC192.00** ⎤ **NUC**
　　　　　GEO→LON 里程計算法**NUC1,539.00** ⎦ **1,731.00**

比較上述三個組合：以喬治市為分界點所取得的票價**NUC**
1,731.00最低，再將票價轉換為出發地的貨幣為：

　　　　　Local Sale Fare（LSF）
　　　　　＝NUC1,731.00×Rate Of Exchange（ROE）
　　　　　＝1,731.00×401
　　　　　＝SRG 694,131.00

當使用里程計算法計算票價，如果有EMS發生，且應加收票價百分比超過25%時，里程計算法不再適用，可用應收最低票價原則來求取票價。

【例三】由東京（TYO）到香港（HKG）經馬尼拉（MNL）轉機到帛琉
（ROR），回程再經馬尼拉轉機到台北（TPE）再回到東京，
CT（Circle Trip），Y艙。

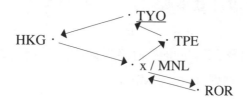

【解】

(1)TYO→HKG→MNL，以TYO→MNL方向

里程計算法　0.5RT　NUC546.00

(2)MNL→ROR　直接票價　0.5RT　NUC57.00 ── NUC

(3)ROR→MNL，以MNL→ROR方向　　　　　── **1,206.00**

直接票價　0.5RT　NUC57.00

(4)MNL→TPE→TYO，以TYO→MNL方向

里程計算法　0.5RT　NUC546.00

1,206×(ROE)＝JPY

第四節　里程計算法計算票價的步驟（SITI）

當一個行程至少停留一個城市以上，此行程又無法以路線圖計算法取得票價時，可以里程計算法求得。

一、單程票價計算步驟

1.先找出出發地到目的地的直接票價（需符合行程之旅行方向）。

2.找出出發地到目的地之MPM。

3.將各機票城市（ticketed points）間之TPM相加。

4.檢查此行程是否有EMA（Extra Mileage Allowance），若有則由TPM總和扣減。

5.TPM總和（TTPM）再與MPM比較：

　(1)TTPM≦MPM，直接票價可用。

　(2)TTPM＞MPM，依照超過里程百分比表求出應加收之百分比（5%、10%、15%、20%、25%）。根據超過里程百分比規定，一旦TTPM＞MPM時，加收百分比至少為5%，最多只能加收到25%，如果超過25%則不適用此規定。

6.檢查是否有HIP（Higher Intermediate Point）：

　(1)查出由出發地到所有機票城市之票價，檢查是否有大於由出發地到目的地的票價，亦即找出HIF（Higher Intermediate Fare）。

　(2)查出由出發地後第一站到後面之所有機票城市（含目的地）之票價，檢查是否有大於由出發地到目的地的票價，找出HIF。

飛航資訊

MPM與TPM

兩個城市之間有兩個里程數，一個叫Maximum Permitted Mileage（MPM），一個叫Ticketed Point Mileage（TPM）。MPM與TPM在Air Tariff Book1-World Wide Rules, Routings and Mileages裡或航空公司的電腦訂位系統裡可查詢到。MPM是兩個城市之間最高可允許旅行的里程，TPM是兩個城市之間直接飛行里程數。如果一個行程飛行里程數不超過最高可允許旅行的里程數，則沒有限制的全票（normal fare）可以適用，同時在此飛行路線上，旅客可以被允許任意停留，只要這些停留的城市所有的TPM相加不超過MPM即可。

例：TPE→SIN→JKT

解：(1)求TPE→JKT　　　MPM＝2,848（EH）

　　(2)求TPE→SIN的TPM＝2,009

　　(3)求SIN→JKT的TPM＝560

　　(2)＋(3) TPE→SIN→JKT的TPM總和為2,569

將TPM總和與MPM相比較，以決定是否要加收票價，如果MPM大於TPM總和，則該行程沒有限制的全票（即一年有效全票）可以適用。

(3)在查出由出發地後第二站（並以此類推）到後面之所有機票城市之票價，檢查是否有大於由出發地到目的地的票價（依旅行方向逐一檢查，但不需要作反方向的檢查）。

(4)比較HIF，取其中最高者。

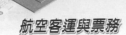

7.求適用之價：

(1)TTPM≦MPM時：

　a.無HIP時，原直接票價即可適用。

　b.有HIP時，將原直接票價提高到HIF。

(2)TTPM＞MPM時：

　a.無HIP時，以原直接票價加收其百分比。

　b.有HIP時，先將票價提高到HIF，再加收HIF票價之百分比。

8.檢查是否有單程票價順序顛倒情況（One Way Backhaul Check, BHC）。

(1)由出發地到機票城市之直接票價，依先後順序一起列出，檢查是否有先高後低之票價順序顛倒情況。

(2)如有一段或兩段以上之票價順序顛倒時，以各段之最高票價減低票價，並將其差額加於高票價（所謂低票價乃指出發地到目的地的票價）。

(3)如有連續顛倒發生時，以最高票價減低票價，並將其差額加於最高票價。

9.無backhaul發生時，則維持第7項適用之票價，若有backhaul發生時，將其票價與第7項適用之票價相比較，取其最高票價。

二、來回行程及環遊行程票價計算步驟

1.找出行程中折返點，亦即比較由出發地到各機票城市之MPM，取最高者為折返點。

2.去程（outbound）：

(1)查出出發地到折返點之直接票價及MPM（需符合行程之

旅行方向）。

(2)將各機票城市間之TPM相加。

(3)檢查是否有EMA，若有，則由TTPM扣減。

(4)比較TTPM與MPM：

　　a.TTPM≦MPM，直接票價適用。

　　b.TTPM＞MPM，依照超過里程百分比表，求應加收之百
　　　分比。

(5)HIP檢查（如同單程，求出HIF）。

(6)求出適用之票價：

　　a.TTPM≦MPM時：

　　　‧無HIP時，直接票價適用。

　　　‧有HIP時，將原直接票價提高到HIF。

　　b.TTPM＞MPM時：

　　　‧無HIP時，以原直接票價再加收其百分比票價。

　　　‧有HIP時，以HIP之票價再加收HIP之百分比票價。

3.回程（inbound）：

　(1)查由目的地到折返點之直接票價（非折返點到目的地的票
　　　價）。

　(2)將各機票城市間之TPM相加。

　(3)檢查是否有EMA，若有則由TTPM扣減。

　(4)比較TTPM與MPM：

　　a.TTPM≦MPM，直接票價適用。

　　b.TTPM＞MPM，依照超過里程百分比表，求取應加收之
　　　百分比。

　(5)HIP檢查：

　　a.查出由目的地到回程之機票城市之票價，檢查是否有大
　　　於由目的地到折返點的票價，找出HIF。

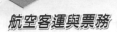

b.查出由目的地前第一站到回程之機票城市（含折返點）之票價，檢查是否有大於由目的地到折返點的票價，找出HIF。

c.再檢查由目的地前第二站到回程之機票城市（含折返點）之票價，以此類推找出HIF。

d.比較HIF，取其中最高者。

e.求適用之票價：同去程(6)。

4.Circle Trip Minimum（CTM）檢查：

(1)將去程與回程適用票價相加，成為應使用總票價。

(2)去程之HIF（必須是由出發地到機票城市）與回程之HIF（必須是由目的地到機票城市）相比較，取高者乘以2。

(3)將第(1)項與第(2)項比較，取最高者為票價：

a.假如在作CTM檢查時，去程或回程之HIF發生在停留城市之間，則不適用CTM，亦即沒有CTM。

b.來回行程及環遊行程因出發地及目的地均為同一城市，故去程及回程之直接票價，均為由出發地到折返點之票價。

c.票價查詢以來回票之一半（非單程票價乘以2）為準。

附　　錄

- 航空公司代號
- 城市與機場代號
- 貨幣代號
- 各國機場稅
- 航空飛行相關術語與解釋
- 導遊領隊航空票務25題

附錄一　航空公司代號

　　要了解航空市場及旅遊資訊，必須先學習航空飛行語言，在旅遊業中含有許多不同的代號、縮寫、標示符號，了解這些術語有助於航空公司的訂位及開立機票。為了方便起見，根據國際航空運輸協會（IATA），每一家航空公司均有兩個英文字（少數航空公司是一個英文字及一個數字）的代號〔另外根據國際民航組織（International Civil Aviation Organization, ICAO），也賦予各航空公司代號（ICAO Airline Designator），為三個主英文字，要作為空中交通管理，各國民航當局管理識別之用。中華航空公司的ICAO代號是CAL〕，用在飛行時刻表上，另外航空公司還有三個數字的代號，通常用在會計作帳上，在機票的票號最前面會加上此三個數字，以方便辨認是由哪一家航空公司開出之機票，如美國航空的代號是AA、中國國際航空的代號是CA、中華航空的代號是CI、立榮航空的代號是B7。

一、國際航空公司及其代號

　　航空公司代號（air transportation codes）是由國際航空運輸協會所制定，且經常被使用在訂位、時刻表、機票、票價表及機場上。以下所列的是較知名且耳熟能詳的國際線航空公司中、英文名稱及其縮寫。

簡稱	英文全稱	航空公司
AA	American Airlines	美國航空
AC	Air Canada	加拿大航空（楓葉航空）
AE	Mandarin Airlines	華信航空
AF	Air France	法國航空
AI	Air India	印度航空
AK	AirAsia	大馬亞洲航空公司
AM	Aero Mexico	墨國航空
AN	Ansett Australia	澳洲安捷航空
AQ	Aloha Airlines	夏威夷阿囉哈航空
AR	Aerolineas Argentinas	阿根廷航空
AS	Alaska Airlines	阿拉斯加航空
AY	Finnair	芬蘭航空
AZ	Alitalia	義大利航空
BA	British Airways	英國航空
BD	British Midland International	英倫航空公司
BG	Biman Bangladesh Airlines	孟加拉航空公司
BI	Royal Brunei Airlines	汶萊航空
BL	Pacific Airlines	越南太平洋航空
BR	EVA Airways	長榮航空
B7	UNI AIR	立榮航空
CA	Air China	中國國際航空
CI	China Airlines	中華航空
CO	Continental Airlines	大陸航空（美國）
CP	Canadian Airlines International	加拿大國際航空
CS	Continental Micronesia	密克羅尼西亞航空
CV	Cargolux Airlines（Cargo）	盧森堡航空
CX	Cathay Pacific Airways	國泰航空
DL	Delta Air Lines	達美航空
EF	Far Eastern Air Transport	遠東航空
EG	Japan Asia Airways	日本亞細亞航空
EK	Emirates	阿酋國際航空

簡稱	英文全稱	航空公司
EL	All Nippon Airways	（全）日空航空公司
FI	Icelandair	冰島航空公司
FJ	Air Pacific	斐濟太平洋
FX	Fedex（Cargo）	聯邦快遞
GA	Garuda Indonesia	印尼航空
GF	Gulf Air	海灣航空公司
GL	Grandair	大菲航空
HA	Hawaiian Airlines	夏威夷航空
HP	America West Airlines	美國西方航空
IB	Iberia	西班牙航空
JD	Japan Air System	日本航空系統
JL	Japan Airlines	日本航空公司
KA	Dragonair	港龍航空
KE	Korean Air	大韓航空
KL	KLM-Royal Dutch Airlines	荷蘭航空
KU	Kuwait Airways	科威特航空公司
LA	LAN-Chile	智利航空
LH	Lufthansa	德國航空
LO	LOT-Polish Airlines	波蘭航空
LR	LACSA	哥斯大黎加航空
LY	EI AI Israel Airlines	以色列航空
MA	Malév Hungarian Airlines	匈牙利航空公司
ME	Middle East Airways	中東航空公司
MF	XIAMEN AIRLINES	廈門航空公司
MH	Malaysia Airlines	馬來西亞航空
MI	Silk Air	新加坡勝安航空
MK	Air Mauritius	摩里西斯航空公司
MP	Martinair Holland	馬丁航空
MS	Egyptair	埃及航空
MU	China Eastern Airlines	中國東方航空
MX	MEXICANA	墨西哥航空

簡稱	英文全稱	航空公司
NG	Lauda Air	維也納航空
NH	All Nippon Airways Co. Ltd.	全日空航空
NW	Northwest Airlines	西北航空
NX	Air Macau	澳門航空
NZ	Air New Zealand	紐西蘭航空
OA	Olympic Airways	奧林匹克航空
ON	Air Nauru	諾魯航空
OS	Austrian Airlines	奧地利航空
OZ	Asiana Airlines	韓亞航空
PR	Philippine Airlines	菲律賓航空
QF	Qantas Airways	澳洲航空
RG	Varig	巴西航空
RJ	Royal Jordanian	約旦航空
SA	South African Airways	南非航空
SG	Sempati Air	森巴迪航空（印尼）
SK	Scandinavian Airlines System	北歐航空（SAS）
SN	Sn Brussels Airlines	比利時航空
SQ	Singapore Airlines	新加坡航空
SR (LX)	Swiss Air	瑞士航空
SU	Aeroflot	俄羅斯航空
SV	Saudia	沙烏地阿拉伯航空公司
TA	Avianca El Salvador	薩爾瓦多航空公司
TG	Thai Airways International	泰國國際航空
TK	Turkish Airlines	土耳其航空公司
TP	TAP Air Portugal	葡萄牙航空公司
TW	Trans World Airlines	環球航空
UA	United Airlines	美國聯合航空
UB	Myanma Airways	緬甸航空公司
UL	Air Lanka	斯里蘭卡航空
UN	Transaero Airlines	俄羅斯全錄航空公司
US	US Air	全美航空

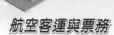

簡稱	英文全稱	航空公司
VN	Vietnam Airlines	越南航空
VP	Viação Aérea São Paulo	巴西聖保羅航空公司
VS	Virgin Atlantic	英國維京
WN	Southwest Airlines	西南航空（美國）

二、中國大陸航空公司及其代號

　　中國大陸民航業以民航總局所屬的六大家航空公司為骨幹，此六家分別為：中國國際航空、中國西北航空、中國南方航空、中國西南航空、中國東方航空、中國北方航空，此六家幾乎占了所有國際航線的運量。

簡稱	英文全稱	航空公司
2Z	Changan Airlines	長安航空
3Q	China Yunnan Airlines	雲南航空
3U	Sichuan Airlines	四川航空
3W	Nanjing Airlines	南京航空
ZH	Shenzhen Airlines	深圳航空
CA	Air China	中國國際航空
CJ	China Northern Airlines	中國北方航空
CZ	China Southern Airlines	中國南方航空
IV	Fujian Airlines	福建航空
G4	Guizhou Airlines	貴州航空
G8	Greatwall Airlines	長城航空
JM	China General Aviation Corporation	通用航空
HU	Hainan Airlines	海南省航空
MF	Xiamen Airlines Ltd.	廈門航空
MU	China Eastern Airlines	中國東方航空

簡稱	英文全稱	航空公司
SC	Shandong Airlines	山東航空
FM	Shanghai Airlines	上海航空
SZ	China Southwest Airlines	中國西南航空
WH	China Northwest Airlines	中國西北航空
WU	Wuhan Airlines	武漢航空
X2	China Xinhua Airlines	中國新華航空
XO	Xinjiang Airlines	新疆航空
Z2	Zhongyuan Airlines	中原航空

三、台灣航空公司及其代號

以下所列之航空公司是台灣地區所成立之航空公司，部分航空公司只飛國內及離島航線。

簡稱	英文全稱	航空公司
AE	Mandarin Airlines	華信航空
B7	UNI AIR	立榮航空
BR	EVA Airways	長榮航空
CI	China Airlines	中華航空
JX	Starlux Airlines	星宇虎航

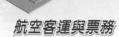

附錄二　城市與機場代號

　　國際航空運輸協會將班機抵達的每一個城市均定有由三個英文字母所組成的代號，同名的城市亦各有其代號，如英國的倫敦代號是LON，加拿大的倫敦代號是YXU。在一些國際大城市往往有一個以上的機場，這些機場也都各有英文字母的代號，如英國倫敦有兩個較著名的機場分別是Heathrow機場，代號LHR，Gatwick機場代號LGW，又如美國的紐約市有三個著名的機場，分別是J. F. Kennedy國際機場，代號JFK，Newark國際機場，代號是EWR，La-Guardia機場，代號LGA。有些城市與機場代號（city codes & airport codes）共用，有些則否，如荷蘭的阿姆斯特丹城市代號是AMS，其重要的Schiphol機場代號也是AMS，至於美國中部大城芝加哥市的城市代號是CHI，其重要的OHare機場代號則是ORD。這些代號必須以大寫的英文字母來表示，至於英文代號的設定並沒有一定的原則，只是加拿大地區的城市及機場代號則一律以Y開頭，如渥太華是YOW，蒙特婁是YUL，溫哥華是YVR。熟記城市代號是旅遊從業者必備的基本工作技能，若能知道一個城市內有哪些機場，離市區有多遠則能提供旅客更好的服務，並避免錯誤的發生。

一、亞洲、中東、澳洲、太平洋地區

國名	機場名（英文）	座落地點	機場代號
中華民國	Chiayi	嘉義	CYI
中華民國	Hualien	花蓮	HUN

國名	機場名（英文）	座落地點	機場代號
中華民國	Kaohsiung	高雄	KHH
中華民國	Taichung	台中	TXG
中華民國	Tainan	台南	TNN
中華民國	Taipei	台北	TPE
中國大陸	Capital International Central	北京（首都機場）	PEK
中國大陸	Shuangliu	成都	CTU
中國大陸	Changle	福州	FOC
中國大陸	Baiyun	廣州	CAN
中國大陸	Liangjiang	桂林	KWL
中國大陸	Xiaoshan	杭州	HGH
中國大陸	Loukou Airport	南京	NKG
中國大陸	Pudong International Airport	上海	PVG
中國大陸	Bao'an Airport	深圳	SZX
日本	Fukuoka Airport	福岡市	FUK
日本	Narita Airport	東京（成田機場）	NRT
日本	Haneda Airport	東京（羽田機場）	HND
日本	Kansai Airport	大阪（關西機場）	KIX
日本	Chubu Centrair International Airport	名古屋	NGO
日本	Naha Airport	琉球	OKA
日本	New Chitose Airport	札幌市	CTS
韓國	Cheju Airport	濟州島	CJU
韓國	Gimhae International Airport	釜山	PUS
韓國	Kimpo International Airport	首爾	SEL
韓國	Inchon International Airport	首爾（仁川機場）	ICN
香港	Chek Lap Kok International Airport	香港（赤鱲角國際機場）	HKG
澳門	Macau International Airport	澳門	MFM
泰國	Suvarnabhumi Bangkok International Airport	曼谷（蘇凡納布機場）	BKK
泰國	Chiang Mai International Airport	清邁	CNX
泰國	Phuket International Airport	普吉島	HKT
越南	Noi-Bai Airport	河內	HAN
越南	Tan Son Nhut Airport	胡志明市	SGN

國名	機場名（英文）	座落地點	機場代號
馬來西亞	Kota Kinabalu International Airport	亞庇	BKI
馬來西亞	Kuala Lumpur International Airport	吉隆坡	KUL
馬來西亞	Penang International Airport	檳城	PEN
新加坡	Changi International Airport	新加坡（樟宜機場）	SIN
菲律賓	Mactan / Cebu International Airport	宿霧	CEB
菲律賓	Ninoy Aquino International Airport	馬尼拉	MNL
印尼	Ngurah Rai Bali International	峇里島	DPS
印尼	Soekarno-Hatta International Airport	雅加達（蘇卡諾哈達機場）	CGK
印尼	Juanda International Airport	泗水（祝安達機場）	SUB
汶萊	Bandar Seri Begawan International Airport	斯里巴卡旺	BWN
新喀里多尼亞	Magenta Airport	努米亞	NOU
關島	Guam International Airport	關島	GUM
大溪地	Papeete Airport	帕佩地	PPT
諾魯	Nauru Island International	諾魯	INU
馬爾地夫	Maldives International Airport	馬爾地夫	MLE
帛琉共和國	Babelthuap / Koror Airport	帛琉	ROR
馬里亞納群島	Saipan International Airport	塞班島	GSN
斯里蘭卡	Bandaranaik International Airport	可倫坡	CMB
印度	Jawaharlal Nehru International Airport	孟買	BOM
印度	Netaji Subhash Chandra Bose International Airport	加爾各答	CCU
印度	Indira Gandhi International Airport	德里	DEL
巴基斯坦	Quaid-e-Azam / Jinnah International Airport	喀拉蚩	KHI
尼泊爾	Tribhuvan Internationl Airport	加德滿都	KTM
伊朗	Mehrabad International Airport	德黑蘭	THR
伊拉克	Baghdad International Airport	巴格達	SDA

國名	機場名（英文）	座落地點	機場代號
約旦	Queen Alia International Airport	安曼	AMM
以色列	Ben Gurion International Airport	特拉維夫	TLV
科威特	Kuwait International Airport	科威特	KWI
巴林	Bahrain International Airport / Muharraq	巴林	BAH
阿拉伯聯合大公國	Nadia International Airport	阿布達比	AUH
阿拉伯聯合大公國	Dubai International Airport	杜拜	DXB
沙烏地阿拉伯	Dharan International Airport / King Abdul Aziz Mil	達蘭	DHA
沙烏地阿拉伯	King Khalid Airport	利雅德	RUH
埃及	El Nouzha Airport	亞力山卓	ALY
埃及	Cairo International Airport	開羅	CAI
敘利亞	Damascus International Airport	大馬士革	DAM
黎巴黎	Beirut Rafic Hariri International Airport	貝魯特	BEY
澳洲	Brisbane Airport	布利斯班	BNE
澳洲	Cairns International Airport	凱恩斯	CNS
澳洲	Melbourne International Airport	墨爾本	MEL
澳洲	Perth International Airport	伯斯	PER
澳洲	Kingsford Smith International Airport	雪梨	SYD
紐西蘭	Auckland International Airport	奧克蘭	AKL
紐西蘭	Christchurch International Airport	基督城	CHC

二、歐洲及非洲地區

國名	機場名（英文）	座落地點	機場代號
西班牙	Aeropuerto de Barcelona-El Prat	巴塞隆納	BCN
西班牙	Madrid Barajas International Airport	馬德里	MAD
葡萄牙	Aeroporto da Portela de Sacavem	里斯本	LIS

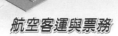
國名	機場名（英文）	座落地點	機場代號
丹麥	Kastrup International Airport	哥本哈根	CPH
挪威	Oslo Gardermoen Lufthavn	奧斯陸	OSL
瑞典	Ska-Edeby	斯德哥爾摩	STO
芬蘭	Vantaa Airport	赫爾辛基	HEL
英國	Birmingham International	伯明罕	BHX
英國	Heathrow Airport	希斯洛機場	LHR
英國	Gatwick Airport	蓋特威機場	LGW
英國	Abbotsinch International Airport	格拉斯哥	GLA
英國	John Lennon Airport	利物浦	LPL
英國	Ringway / Manchester International Airport	曼徹斯特	MAN
愛爾蘭	Dublin International Airport	都柏林	DUB
匈牙利	Ferihegy International Airport	布達佩斯	BUD
羅馬尼亞	Aeroportul International Henri Coanda	布加勒斯特	OTP
保加利亞	Vrajdebna International Airport	索非亞	SOF
捷克	Ruzyne International Airport	布拉格	PRG
南斯拉夫	Nikola Teslae Airport	貝爾格勒	BEG
俄羅斯	Kiev International Airport	基輔	IEV
俄羅斯	Domodedovo International Airport	莫斯科	MOW
俄羅斯	Pulkovo-2 Airport	聖彼得堡	LED
波蘭	Okecie Airport	華沙	WAW
冰島	Reykjavik Airport	雷克雅維克	REK
土耳其	Ankara International Esenboga Airport	安卡拉	ESB
土耳其	Yesilkov International Airport	伊斯坦堡	IST
希臘	Eleftherios Venizelos / Athens International Airport	雅典	ATH
義大利	Amerigo Vespucci Airport	佛羅倫斯	FLR
義大利	Malpensa International Airport	米蘭	MXP
義大利	Leonardo da Vinci / Fiumicino Airport	羅馬	FCO
義大利	Marco Polo International Airport	威尼斯	VCE
奧地利	Vienna International Airport	維也納	VIE
瑞士	Cointrin Airport	日內瓦	GVA
瑞士	Zurich Airport	蘇黎世	ZRH

國名	機場名（英文）	座落地點	機場代號
法國	Roissy Charles-de-Gaulle	巴黎（戴高樂機場）	CDG
法國	Orly	巴黎（奧里機場）	ORY
法國	Saint-Exupery / Satolas Airport	里昂	LYS
法國	Marignane-Provence	馬賽	MRS
德國	Tegel International Airport	柏林	TXL
德國	Flughafen Konrad Adenauer	科隆	CGN
德國	Flughafen Düsseldorf International	杜賽道夫	DUS
德國	Frankfurt International Airport	法蘭克福	FRA
德國	Fuhlsbuttel Airport	漢堡	HAM
德國	Franz Josef Strauss Airport	慕尼黑	MUC
盧森堡	Luxembourg International Airport	盧森堡	LUX
荷蘭	Schiphol Airport	阿姆斯特丹	AMS
比利時	Zaventem Airport	布魯塞爾	BRU
摩洛哥	Mohammed V International Airport	卡薩布蘭加	CAS
馬爾他	Luqa Airport	馬爾他	MLA
利比亞	Idris Airport	的黎波里	TIP
塞內加爾	Yoff Airport	達卡	DKR
肯亞	Nairobi Airport	奈洛比	NBO
南非	Johannesburg	約翰尼斯堡	JNB
模里西斯	Johannesburg O.R. Rambo International Airport	模里西斯	MRU

三、美洲地區

國名	機場名（英文）	座落地點	機場代號
美國	Atlanta-Hartsfield-Jackson International Airport	亞特蘭大	ATL
美國	Billings Logan International Airport	畢林斯	BIL
美國	Baltimore / Washington International Thurgood Marshall Airport	巴爾的摩	BWI
美國	General Edward Lawrence Logan International Airport	波士頓	BOS

航空客運與票務

國名	機場名（英文）	座落地點	機場代號
美國	Buffalo Niagara International Airport	水牛城	BUF
美國	Chicago-O'Hare International Airport	芝加哥	ORD
美國	Dallas / Ft. Worth Airport	達拉斯	DFW
美國	Denver International Airport	丹佛	DEN
美國	Detroit Metro Airport	底特律	DTT
美國	George Bush Intercontinental Airport	休斯頓	IAH
美國	McCarran International Airport	拉斯維加斯	LAS
美國	Miami International Airport	邁阿密	MIA
美國	Minneapolis-St. Paul / Wold Chamberlain Field	明尼阿波利斯 / 聖保羅	MSP
美國	New Orleans International / Moisant Field Airport	紐奧良	MSY
美國	John F. Kennedy International Airport	紐約市	JFK
美國	Philadelphia International Airport	費城	PHL
美國	Phoenix Sky Harbor International Airport	鳳凰城	PHX
美國	Portland International Airport	波特蘭	PDX
美國	Salt Lake City International Airport	鹽湖城	SLC
美國	San Francisco International Airport	舊金山	SFO
美國	Seattle-Tacoma International Airport	西雅圖	SEA
美國	Lambert-St. Louis International Airport	聖路易	STL
美國	Washington Municipal Airport.	華盛頓特區	AWG
加拿大	Pierre Elliott Trudeau International Airport	蒙特婁	YUL
加拿大	Macdonald-Cartier International Airport	渥太華	YOW
加拿大	Jean Lesage International Airport	魁北克市	YQB
加拿大	Lester B. Pearson International Airport	多倫多	YYZ
加拿大	Vancouver International Airport	溫哥華	YVR
墨西哥	Benito Juarez International Airport	墨西哥城	MEX
瓜地馬拉	La Aurora Airport	瓜地馬拉	GUA
哥斯大黎加	Juan Santamaria International Airport	聖約瑟	SJO
巴拿馬	General Omar Torrijos Herrera / Tocumen Airport	巴拿馬市	PTY
委內瑞拉	Simon Bolivar International Airport	卡拉卡斯	CCS
哥倫比亞	El Dorado International Airport	波哥大	BOG

國名	機場名（英文）	座落地點	機場代號
秘魯	Aeropuerto Internacional Jorge Chavez	利馬	LIM
智利	Aerodrome A. M. Benitez International	聖地牙哥	SCL
阿根廷	Ezeiza International Airport / Ministro Pistarini	布宜諾斯艾利斯	EZE
巴西	Brasilia International Airport	巴西利亞	BSB
巴西	Antonio Carlos (Tom) Jobim International Airport	里約熱內盧	GIG
巴西	Aeroporto International Guarulhos	聖保羅	GRU
玻利維亞	El Alto International Airport	拉巴斯	LPB
烏拉圭	Carrasco International Airport	蒙特維的亞	MVD

附錄三　貨幣代號

幣值及其代號在計算票價及機票上經常使用到，計算票價時均以NUC為計算單位，但最後須轉換成當地貨幣，各國貨幣均有由三個英文字母所組成的代號，填機票票價時除了須註明NUC的價格外，亦須轉換成購買機票地方的幣值。以下是常用的各國貨幣名稱及代號。

國家	貨幣	代號
Australia	Australian Dollar	AUD
Canada	Canadian Dollar	CAD
China	Ren Min Bi	RMB
Egypt	Egyptian Pound	EGP
Guam	Dollar	USD
Hong Kong	Dollar	HKD
India	Rupee	INR
Japan	Yen	JPY
Korea Rep.	Won	KRW
Malaysia	Ringgit	MYR
Indonesia	Rupiah	IDR
New Zealand	Dollar	NZD
Philippines	Philippine Peso	PHP
Russian Federation	Rouble	RUR
Singapore	Dollar	SGD
South Africa	Rand	ZAR
Switzerland	Swiss Franc	CHF
Taiwan	New Taiwan Dollar	TWD
Thailand	Baht	THB
United Kingdom	Pound	GBP
U.S.A	Dollar	USD
European Union	EURO	EUR

附錄四　各國機場稅

國名	地名	機場稅 (以新台幣計)	機場稅（當地幣值）
台灣	桃園國際	500	TWD500
日本	東京	600	JPY2,040
日本	大阪	770	JPY2,650
韓國	首爾	245	KRW9,000
香港	香港	400	HKD100
澳門	澳門	530	MOP130
菲律賓	馬尼拉	400	PHP550
高棉	金邊	約480	USD15
印度	德里	230	INR300
尼泊爾	加德滿都	700	RUPEES700
土耳其	伊斯坦堡	132	1,901,000
馬來西亞	吉隆坡	330	MYK40
	檳城	330	MTK40
澳洲	雪梨	580	AUD27
	布里斯本	580	AUD27
	墨爾本	580	AUD27
紐西蘭	奧克蘭	330	NZD20
英國	倫敦	約1,450	GBP28.4
法國	巴黎	110	FRF21
義大利	羅馬	260	ITL15,000
德國	法蘭克福	330	DEM19
瑞士	蘇黎世	330	CHF15.5
新加坡	新加坡	290	SGD15
印尼	雅加達	260	IDR25,000
	巴里島	260	IDR25,000
越南	胡志明市	210	USD10
泰國	曼谷	400	THB500

國名	地名	機場稅（以新台幣計）	機場稅（當地幣值）
中國大陸	國際（內）機場	國際360	國際RMB90
		國內200	國內RMB50
西班牙	馬德里	30	ESP150
希臘	雅典	660	GRD6,100
奧地利	維也納	350	ATS140
葡萄牙	里斯本	272	PTE1,587
荷蘭	阿姆斯特丹	160	NLG10
挪威	奧斯陸	595	NOK141
瑞典	斯德哥爾摩	59	SEK15
丹麥	哥本哈根	300	DKK65
盧森堡	盧森堡	86	LUF100
芬蘭	赫爾辛基	330	FIM56
捷克	布拉格	297	CZK311
匈牙利	布達佩斯	230	USD7
波蘭	華沙	330	USD10
比利時	布魯塞爾	45	BEF530
加拿大	溫哥華	330	CAD15
美國	紐約	100	USD3
	舊金山	100	USD3
	西雅圖	100	USD3
	洛杉磯	100	USD3
	夏威夷	150	USD5
巴拿馬	巴拿馬	660	PAB20
阿根廷	布宜諾艾利斯	430	USD13
智利	聖地牙哥	595	USD18
祕魯	利馬	825	USD25
玻利維亞	拉巴斯	595	USD18
巴西	里約	595	USD18
	熱內盧	595	USD18
埃及	開羅	19	EGP2
南非	約翰尼斯堡	317	ZAR61

資料來源：易遊網。http://www.eztravel.com.tw/info/tax.htm。

附錄五　航空飛行相關術語與解釋

　　無論是旅客使用機票搭機或航空公司人員在接受旅客訂位、買票、劃位、登機飛行，或者在計算票價時均會使用到一些相關之名詞，了解這些名詞能有助於增進溝通、減少錯誤。

1.**出發城市**（origin city）：指一個飛行旅程的起點城市。如：東京→大阪→首爾→台北，東京為出發城市。

2.**目的地城市**（destination city）：指一個飛行旅程的終點。如：東京→大阪→首爾→台北→東京，東京為目的地城市。

3.**折返點**（outward destination）：折返點指一個飛行旅程中，離出發城市最遠的城市。如：台北→東京→洛杉磯→首爾→台北，洛杉磯為折返點。

4.**停留城市**（stopover city）及**轉機城市**（connecting或transit city）：在飛行旅程中，停留城市和轉機城市會影響到票價的計算。所謂停留城市即為旅客事先安排，自願要停留下來的城市，在機票上面會明示。在美國國內航線，不論是自願或是轉換班機，只要在一地停留四個小時以上即為停留，但是停留城市就必須付機票費用。所謂轉機城市或經由城市，亦即在一飛行旅程中，旅客並未要求停留，但因所搭乘班機飛行航線因素而停留下來之城市。如果行程中是轉機城市，旅客不需額外付費。在國際航線，旅客停留在轉機城市有可能會超過四個小時。

5.**on-line**：指該航空公司有提供服務的航線或城市。

6.**off-line**：指該航空公司沒有提供服務的航線或城市。

7.**interline**：指不論在價格、航線、城市均必須使用到兩家以上航空公司的服務。

8.**ETD**（Estimated Time of Departure）：預定起飛時間。

9.**ETA**（Estimated Time of Arrival）：預定到達時間。

10.**NOSUB**（Not Subject to Load）：可以預約訂位。

11.**SUBLO**（Subject to Load）：不可預約訂位。

12.**BSP**（Billing and Settlement Plan）：銀行清帳計畫。

13.**PNR**（Passenger Name Record）：旅客訂位記錄，含姓名、行程、電話、開票、資料來源及其他。

14.**bump**：旅客有事先訂好機位，可是最後名字被刪除。

15.**overbooking**：超額訂位，航空公司為預防旅客臨時取消訂位，造成機位剩餘，乃實施超過機位數之訂位。

16.**reconfirmation**：於國際航線，航空公司要求旅客在下一班飛機搭機前72小時，須作機位再確認的手續，否則航空公司取消其已訂妥之機位。

17.**sticker**：更改行程使用之空白貼紙。

18.**noshow**：旅客訂好機位後，臨時取消搭機。

19.**stand-by**：使用免費票或高折扣票之旅客，不可預先劃位，須在機場排隊等候空位。

20.**open**：旅客開好機票後，出發時間未定，可在機票上寫「OPEN」，待決定出發日期後，訂好機位再貼上sticker。

21.**upgrade**：機位升等，因某種因素，旅客可由低艙等升格到較高艙等。

22.**downgrade**：機位降等，因某些因素，由較高艙等降到較低艙等。

23.**validation**：加蓋鋼印，使之有效。

24.**minimum connection time**：飛機於機場最低銜接時間。由於

機場設計方式不同，飛機的銜接時間各異，可分國內線接國內線，國內線接國際線，國際線接國內線，以及國際線接國際線最低轉機時間。航空公司的銜接可分on-line及off-line，亦即同一家航空公司互接及不同航空公司互接。旅遊規劃者必須注意飛機至少須多少的銜接時間，否則會造成旅客趕不上下一班飛機，尤其是國際線接國內線時必須經過驗關及檢查行李手續，時間較易延誤。

25. **void**：使之失效。在機票上未填之空白處，應打上「VOID」使該空白處失效。

26. **中性機票（標準化機票）**：透過BSP製作統一規格、未事先印有航空公司名稱的電腦化機票。

27. **ABC與OAG（Official Airline Guide）**：世界性的航空時間表有ABC與OAG兩種，ABC為歐洲版，OAG為美國版，如今ABC與OAG合併，通稱OAG，按城市第一字英文字母排列順序，共分上、下兩本。

28. **Air Tariff及Air Passenger Tariff**：航空公司所列印之票價書。

29. **CAB（Civil Aeronautics Board）**：美國民用航空局，由五人小組所組成，此五人由總統提名，是個獨立並向國會負責的單位，主要是負責核定運費、票價及審查航線。此外對航空公司之盈餘、飛航服務等事項有調查管理之責。美國民用航空局通常會概略性地公布合理且有彈性的運費原則，再由各家航空公司在此原則下個別擬定票價及運費。

30. **FAA（Federal Aviation Administration）**：美國聯邦航空署，是美國交通部內的一個部門，主要宗旨是負責全國航空交通的安全。美國聯邦航空署工作項目可包含：
(1)負責美國民航業務及貨運的督導。
(2)訂定民航機的飛航標準，如民航機之設計、製造等。

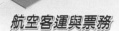

(3)發行所謂的「機型執照」，每一種機型在問世前必須先通過FAA的審核，並發給飛航性能執照。

(4)監督飛航管制台及飛航輔助設施的操作，限制航線之交通量，如每兩架飛行中的飛機必須相互保持4.8公里距離，以及505公尺以上的高度差。

(5)制定合格飛行員的條件及測試其飛航技術。

(6)制定飛機維修和檢驗的標準，如使用多少小時後引擎應拆下來維修或換個新引擎。

31.**NUC（Neutral Unit of Construction）**：NUC是一種假設貨幣，是一種計算票價的單位，其價值等於一美元。當計算一個行程的票價時，因行程涉及數個位於不同國家的城市，無法單用一國之貨幣來計算，因此在國際票價書上會列出各個城市當地貨幣（local currency）及NUC，以NUC相加再根據IATA所列之Rate of Exchange（ROE）轉換成出發城市之貨幣。

附錄六　導遊領隊航空票務25題

答案	題目內容	出處
A	使用ABACUS航空訂位系統，輸入旅客姓名-CHEN/JENNYMISS*C10，此位旅客的年齡為：　(A)10歲　(B)10個月　(C)10週　(D)10天	103年導遊實務（一） 1401-45
D	關於乘客不得攜帶或託運危險物品進入航空器，是依據我國下列那一項法律條文規定？　(A)航空貨運承攬業管理規則第20條　(B)民用航空運輸業管理規則第28條　(C)民用航空法第23條　(D)民用航空法第43條	103年導遊實務（一） 1401-47
B	依據我國交通部民用航空局規定，桃園國際機場（TPE），是屬於何種等級航空場站？　(A)超等級　(B)特等級　(C)甲等級　(D)乙等級	103年導遊實務（一） 1401-51
C	若旅客航空行程為大阪─臺北─新加坡─墨爾本，第一段搭乘JL，第二段搭乘CI，最後一段搭乘SQ，在墨爾本機場提領行李時，發現託運行李箱嚴重損壞，依據IATA規定，建議旅客應向那一家航空公司提出賠償申請？　(A)JL　(B)CI　(C)SQ　(D)QF	103年領隊實務（一） 1601-31
B	依據IATA規定，在機票票務方面，被視為同一國區域行程（One Country Rule），下列何項正確？　(A)日本、韓國　(B)澳洲、紐西蘭　(C)挪威、瑞典、丹麥　(D)荷蘭、比利時、盧森堡	103年領隊實務（一） 1601-32
C	臺北旅行社接獲客人要求幫父母親購買由臺北飛往洛杉磯商務艙來回機票，機票款在美國支付，旅客則在臺北取票，在航空票務上，此種方式稱為：　(A)SITI　(B)SITO　(C)SOTI　(D)SOTO	103年領隊實務（一）1601-36
A	由臺北(+8)15時25分飛往美國洛杉磯(-8)的班機，假設總飛行時間需13小時，則抵達洛杉磯的時間為：(A)12時25分　(B)13時25分　(C)4時25分　(D)15時25分	102年導遊實務（一） 1401-49

答案	題目內容	出處
A	我國民用航空法規定,航空公司就其託運貨物或登記行李之毀損或滅失所負之賠償責任,在未申報價值之情況下,每公斤最高不得超過新臺幣多少元? (A)1千元 (B)1千500元 (C)2千元 (D)3千元	102年導遊實務(一) 1401-50
A	旅客於航空器廁所內吸菸,依民用航空法第119條之2規定,最高可處新臺幣多少之罰鍰? (A)5萬元 (B)6萬元 (C)7萬元 (D)10萬元	102年導遊實務(一) 1401-52
B	將航空公司登記國領域內之客、貨、郵件,運送到他國卸下之權利,亦稱卸載權,此為第幾航權? (A)第二航權 (B)第三航權 (C)第四航權 (D)第五航權	102年導遊實務(一) 1401-54
D	Open Jaw Trip簡稱為開口式行程,其意義下列何項不正確? (A)去程之終點與回程之起點城市不同 (B)去程之起點與回程之終點城市不同 (C)去程之起點、終點與回程之起、終點城市皆不同 (D)去程之起、終點與回程之起、終點城市皆相同	102年導遊實務(一) 1401-55
D	在機票票種欄(FARE BASIS)中,註記「YEE30GV10/CG00」,其機票最高有效效期為幾天? (A)7天 (B)10天 (C)14天 (D)30天	102年導遊實務(一) 1401-56
D	旅行業者設計產品時常用來參閱行程相關國家之所需旅行證件、簽證、檢疫、機場稅、海關出入境等規定之重要工具書為: (A)OAG (B)PIR (C)FIM (D)TIM	102年領隊實務(一) 1601-25
D	某航空公司由臺北飛往紐約班機,臺北起飛時間16:30,抵達安克拉治為09:25。略事停留後續於10:40起飛,抵達紐約為21:30,其飛行時間為多少?(TPE/GMT+8,ANC/GMT-8,NYC/GMT-4) (A)17時15分 (B)11時45分 (C)13時15分 (D)15時45分	102年領隊實務(一) 1601-41
D	有關嬰兒機票(Infant Fare)的敘述,下列何者錯誤? (A)不能占有座位 (B)未滿二歲之嬰兒 (C)旅客於出發前,可申請機上免費提供的尿布和奶粉 (D)每一位旅客最多能購買嬰兒票二張	102年領隊實務(一) 1601-44
C	若旅客購買的票種代碼(FARE BASIS)為XLP3M19,其效期最長為: (A)19個月 (B)109天 (C)3個月 (D)19天	102年領隊實務(一) 1601-45

答案	題目內容	出處
C	遺失機票時，要緊急填寫一份「遺失機票退費申請書」，其正確的英文是： (A)Lost Ticket Form (B)Lost Ticket Application (C)Lost Ticket Refund Application (D)Ticket Application	101年導遊實務（一）1401-07
C	航空票務之中性計價單位（NUC），其實質價值等同下列何種貨幣？ (A)EUR (B)GBP (C)USD (D)TWD	101年導遊實務（一）1401-58
B	若機票有「使用限制」時，應加註於下列那個欄位？ (A)ORIGINAL ISSUE (B)ENDORSEMENTS/RESTRICTIONS (C)CONJUNCTION TICKET (D)BOOKING REFERENCE	101年導遊實務（一）1401-59
A	下列機票種類，何項折扣數最為優惠？ (A)Y/AD90 (B)Y/AD75 (C)Y/AD50 (D)Y/AD25	101年導遊實務（一）1401-62
D	假設某航班於星期一22時50分自紐約(-4)直飛臺北(+8)，於星期三8時抵達目的地，試問飛航總時間為多少？ (A)18小時又10分 (B)19小時又10分 (C)20小時又10分 (D)21小時又10分	101年導遊實務（一）1401-63
B	下列空中巴士的機型，何者酬載量（可載客數）最小？ (A)A310 (B)A320 (C)A330 (D)A340	101年導遊實務（一）1401-64
A	旅客SHELL Y CHEN為16歲之未婚女性，其機票上的姓名格式，下列何者正確？ (A)CHEN/SHELLY MS (B)CHEN/SHELLY MRS (C)CHEN/SHELLY MISS (D)I/CHEN/SHELLY MISS	101年領隊實務（一）1601-29
B	中華航空公司加入下列那一個航空公司合作聯盟？ (A)Star Alliance (B)Sky Team (C)One World (D)Qualiflyer Group	101年領隊實務（一）1601-30
D	旅客帶著一歲八個月大的嬰兒搭機，由我國高雄到美國舊金山，請問下列有關嬰兒票之規定，何者正確？ (A)不託運行李，則免費 (B)兩歲以下完全免費 (C)如果不占位置，則免費 (D)付全票10%的飛機票價	101年領隊實務（一）1601-35

參考書目

一、中文部分

丁錫鏞（1992）。《21世紀航空產業戰略》。台北：嵐德出版社。

中央廣播電台（2010）。「IATA：亞太區域成爲全球最大航空市場」，網址：http://news.rti.org.tw/index_newsContent.aspx?nid=231407。線上檢索日期：2011年4月14日。張子清報導。

中華民用航空學會。網址：http://www.csoca.org/index.php。

王笙（1992）。《國際運輸學》。台中：台中市逢甲大學交通工程與管理學系。

世界民航雜誌。《世界民航雜誌》，第1期-14期。

台北市旅行商業同業公會（1991）。《航空旅行業務基本知識與規定》。台北。

民用航空局（1996）。《民用航空運輸業管理規則》。台北：交通部。

交通部民航局。網址：http://www.caa.gov.tw/。

先啓資訊（1996）。《ABACUS使用手冊》。台北：先啓資訊系統股份有限公司。

易遊網。網址：www.eztravel.com.tw/info/tax.htm。

林燈燦（2009）。《旅行業經營管理》。台北：五南。

阿聯酋航空公司。網址：http://www.emirates.com/ca/English/。

香港新聞網（2011）。「空客料未來20年亞太地區航空市場將冠全球」，網址：http://www.hkcna.hk/content/2011/0308/90488.shtml。線上檢索日期：2011年4月14日。黎群英編譯。

科學月刊。《科學月刊》，第292期。

容繼業（1996）。《旅行業理論與實務》。台北：揚智文化事業股份有限公司。

財經日報（2011）。「亞太地區成全球最大航空市場」，網址：http://www.businesstimes.com.hk/a-20110222-108886/Aviation-market。線上

檢索日期：2011年4月14日。

國際航空運輸協會台灣辦事處網站。網址：http://www.iata.org/Pages/default.aspx。

陳嘉隆（1996）。《旅運業務》。台北：新陸書局。

福建公務員考試網。網址：http://www.fjgwy.org/。

環球旅訊（2010）。「亞洲地區成為全球最大航空市場」，網址：http://www.traveldaily.cn/article/37938.html。線上檢索日期：2011年4月14日。Gary編譯。

謝碧珠（1995）。《空運學》。台北：五南圖書出版有限公司。

二、外文部分

AIRBUS ANEADS COMPANY。網址：http://www.airbus.com/company/history/。

Davidoff, Philip G. and Davidoff, Doris S. (1995). *Air Fares and Ticketing* (3th ed). Englewood Cliffs, New Jersey: Prentice-Hall, Inc.

European Commission Trade。網址：http://ec.europa.eu/trade/。

Gee, Chuck Y., James C. Makens, and Dexter J. L. Choy (1989). *The Travel Industry*. New York: Van Norstrand Reinhold.

Gilbert, D. C. (1996). "Relationship Marketing and Airline Loyalty Schemes." *Tourism Management. Vol. 17*, No. 8.

Holloway, J. Christopher (1985). *The Business of Tourism* (2nd ed). London: Pitman Published Limited.

Howell, W. David (1989). *An Introduction to the Travel and Tourism Industry*. Cincinnati, Ohio: South-Western Publishing Co.

International Air Transportation Association (1996). *Ticketing Handbook* (28th ed).

International Air Transportation Association (1991). *Passenger Reservations Manual* (8th ed).

Lundbert, Donald E. (1993). *International Travel and Tourism*. New York: John Wiley & Sons, Inc.

Mak, Barry and Go, Frank (1995). "Matching Global Competition."

Tourism Management. Vol. 16, No. 1.

Semer-Purzyoki, Jeanne (1990). *A Practical Guide to Fares and Ticketing*. Albany, New York: Delmar Publishers Inc.

Semer-Purzyoki, Jeanne (1992). *A Practical Guide to SABRE Reservations and Ticketing*. Albany, New York: Delmar Publishers Inc.

Sorensen, Helle (1995). *International Air Fares Construction and Ticketing*. Cincinnati, Ohio: South-Western Publishing Co.

觀光旅運系列

航空客運與票務

作　　　者／張瑞奇
出　版　者／揚智文化事業股份有限公司
發　行　人／葉忠賢
總　編　輯／閻富萍
特　約　執　編／鄭美珠
地　　　址／新北市深坑區北深路三段 258 號 8 樓
電　　　話／(02)8662-6826
傳　　　真／(02)2664-7633
網　　　址／http://www.ycrc.com.tw
　E-mail　／service@ycrc.com.tw
　I S B N　／978-986-298-339-3
五版一刷／2020 年 5 月
定　　　價／新台幣 450 元

國家圖書館出版品預行編目（CIP）資料

航空客運與票務 / 張瑞奇著. -- 五版. -- 新北
市：揚智文化, 2020.05
面； 公分. --（觀光旅運系列）

ISBN 978-986-298-339-3（平裝）

1.航空運輸管理 2.客運

557.943   109002662

Note

Note